GAME CONCEPT ART
DIGITAL BRUSH TUTORIAL

[게임 컨셉 아트 디지털 브러시 튜토리얼]

이준희 저

DIGITAL BOOKS
디지털북스

GAME CONCEPT ART
DIGITAL BRUSH TUTORIAL
[게임 컨셉 아트 디지털 브러시 튜토리얼]

| 만든 사람들 |
기획 IT·CG기획부 | **원고관리** 양종엽 | **집필** 이준희 | **편집·표지디자인** D.J.I books design studio

| 책 내용 문의 |
도서 내용에 대해 궁금한 사항이 있으시면
저자의 홈페이지나 디지털북스 홈페이지의 게시판을 통해서 해결하실 수 있습니다.
디지털북스 홈페이지 digitalbooks.co.kr
디지털북스 페이스북 facebook.com/ithinkbook
디지털북스 인스타그램 instagram.com/digitalbooks1999
디지털북스 유튜브 유튜브에서 [디지털북스] 검색
디지털북스 이메일 djibooks@naver.com
저자 이메일 junheeba@nate.com

| 각종 문의 |
영업관련 dji_digitalbooks@naver.com
기획관련 djibooks@naver.com
전화번호 (02) 447-3157~8

GAME CONCEPT ART
DIGITAL BRUSH TUTORIAL

[게임 컨셉 아트 디지털 브러시 튜토리얼]

이준희 저

게임 산업의 급격한 성장에 따라 게임 제작 프로세스는 점차 세분화되어 각각의 파트별로 업무를 분업하는 추세입니다. 프로젝트의 기획력이 중요해지고 각 팀별 커뮤니케이션의 활성화 정도에 따라 게임의 성패가 갈릴 정도로 게임의 이미지를 담당하는 컨셉 아트의 중요성이 커지고 있습니다.

"그림을 그리는 게 끝이 아니다.
 그림보다 자신이 생각한 컨셉의 디테일을 고민해야 한다."

이 책은 게임 컨셉 아트의 디자인 제작 구상에서 여러 가지 기능들의 브러시를 어떻게 접근하고 표현해야 하는지, 그 결과물이 어떤 의미를 가지는지 알고, 자신만의 가상의 프로젝트를 진행해 창작 게임 컨셉 아트를 만들어 내는 것에 가장 큰 의미를 두었습니다.

게임 컨셉 아트를 잘 그리기 위해서는 자기만의 정확한 세계관이 필요하며 그것을 충실히 도출했을 때 좋은 게임 컨셉 아트가 탄생된다는 것을 알아주었으면 합니다.

이준희

게임 컨셉 아트 디지털 브러시 튜토리얼

게임 개발의 시작은 기획자의 글과 컨셉 아티스트 원화가의 그림입니다.

즉 게임은 글과 그림으로 이어가면서 완성되어 갑니다.

모든 일들이 그렇듯 처음부터 모든 일은 일사천리로 이루어지지 않습니다.

많은 생각과 많은 드로잉 속에서 하나의 컨셉 아트 작품이 탄생됩니다.

어떤 완성작이라도 쉽고 간단히 만들어지는 경우는 결코 없습니다.

Intro

⬡ 책을 읽기에 앞서 드리는 말 ○

안녕하세요. 필자는 이 책을 읽기 전에 우선 여러분들께 게임 컨셉 아트 그림을 잘 그리려면 어떤 마음가짐을 가져야 하는지 어떤 습관을 들여야 하는지부터 말하고 싶습니다.

첫째로 "많은 것을 시각적으로 보며 머릿속에 담아 놓자."라고 말하고 싶습니다.

평소에 보는 일상의 모습들 사물을 볼 때, 그 물건의 형태, 여러 가지 콘텐츠들을 경험할 때 소설이나 만화, 영화, 애니메이션, 다큐 등 여러 영상물들을 맞이했을 때 그냥 보시지 말라고 말하고 싶습니다.

"항상 시각적으로 보며 머릿속에 담아 보고 생각이 나지 않으면 또 찾아서 보자."
라고 말하고 싶습니다.

두 번째로는 게임을 많이 해보자 입니다.

콘솔 게임이든 모바일 게임이든 PC 게임이든 온라인 게임이든 우선은 많이 해보아야 합니다.
그렇다고 너무 빠져서 하시라는 건 아닙니다.
게임을 하며 게임 속에 나오는 캐릭터나 배경 오브젝트 등 게임 세계관을 보고 생각하며

'이렇게 디자인되었구나 나라면 어떻게 하지 않았을까?'
'이 게임 디자이너는 이렇게 패턴을 돌렸구나'
'아하 이런 것에서 영감을 얻었구나'

등등을 파악하며 즐겨 보십시오.

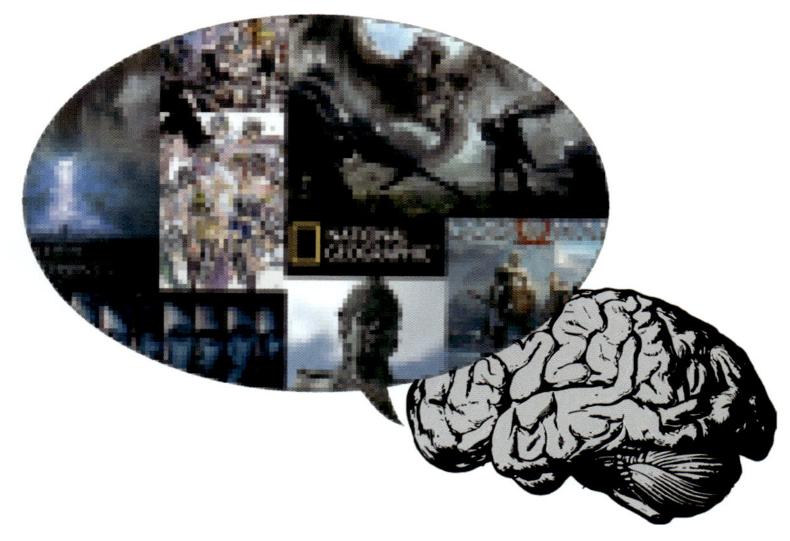

그림을 좋아하는 것은 자신이 좋아하는 것에서 시작됩니다.
즉 '덕질'하며 늘려 나가는 것이 당연한 이치이자 방법입니다.
특히나 게임 컨셉 아티스트를 지향하며 달려 나가시는 그림 그리는 분들이라면 이런 끼가 없이는 좋은 게임 컨셉 아트를 만들 수 없습니다.

우선은 시대 트렌드를 읽어야 하며 많은 영상물들과 그림 스타일들을 파악하고 있어야 합니다.
이렇게 많은 영상물들과 게임들을 하게 되면, 자동적으로 머릿속에 자신이 지향하는 라이브러리가 생기게 되며 자신이 나가야 할 그림 스타일과 성격을 가질 수 있습니다.

"머릿속에 많은 것을 담아 넣으세요."

필자 또한 많은 게임과 많은 애니메이션, 영화를 봅니다.
자신이 이런 것들을 좋아하지 않으면 절대로 좋은 컨셉 아트가 나올 수 없다는 것입니다.

당연히 이 책을 구입해 주신 모든 분들은 저와 같을 것이라 생각합니다.
애니메이션, 만화책, 영화, 다큐, 게임 등등 많이 보고 많이 즐기는 것을 추천합니다.

이런 것이 모여서 자신의 그림 '비쥬얼 라이브러리'를 많이 만들게 되는 것입니다.

'비쥬얼 라이브러리'란 바로 머릿속에 자신이 본 것들을 많이 담아 놓은 것을 의미합니다.
그렇게 해야 컨셉 아트를 그릴 때 많은 아이디어와 좋은 디자인을 자료 참고 없이 즉각 그릴 수 있습니다.
무언가를 그릴 때 생각이 나지 않아 자료에 의존하고, 인터넷 검색을 하지 못하면 그림을 그릴 수 없는 사람이 되어서는 안 되겠지요.

셋째로 그림을 그리는 마음가짐입니다.

그림을 그리는 일은 생각보다 장시간 의자에 앉아서 자신과 자신이 그리는 그림과 정신 싸움을 하는 일입니다.
한마디로 자신과의 힘든 결과물 싸움이라 할 수 있지요.
그렇기에 그림을 그릴 때는 마음가짐을 편안하게 해야 합니다.

"그림은 손으로 그리는 것이 아니다. 엉덩이의 힘으로 그리는 것이다."
라고 필자는 학생들에게 말하곤 합니다.
내 엉덩이가 얼마나 의자와 오래 친하게 앉아서 작업할 수 있는지가 가장 문제란 것이지요.
그러니 차분한 마음가짐으로 편안하게 스트레스 없이 그림 그리는 것을 습관화했으면 합니다.

책을 읽기에 앞서 필자의 드리는 말이었습니다.

자 그럼 책을 시작해 보겠습니다!

지금은 게임 컨셉 아트 원화가 움직이는 게임 그래픽 시대!

게임 그래픽 중 3D가 아닌 2D는 도트 그래픽으로만 표현할 수밖에 없었던 시절이 있었습니다. 지금은 2D 컨셉 아트로만 만들어진 게임이 존재할 만큼 많이 발전했습니다.

게임 컨셉 원화 자체에 3D 모델링에 뼈를 심듯이 게임 컨셉 아티스트들이 그린 그림 자체에 뼈를 심어서 움직이게 하는 툴인 'LIVE2D(라이브2D)'와 'SPINE2D(스파인2D)' 프로그램 툴을 이용해 지금은 게임 컨셉 아트 원화를 움직이게 하는 것이 가능해졌습니다.

아래의 예시 첨부 스샷들이 원화를 움직여 그래픽을 표현한 대표적인 게임들입니다.

이렇게 게임 원화를 창작하는 컨셉 아티스트들의 그림 실력만으로 3D 모델링 게임이 아닌 2D게임 그래픽 원화만으로 게임들이 만들어지고 있으며 앞으로도 많은 게임들이 개발 출시될 것입니다. 게임 그래픽의 역사 중 초창기의 2D 도트 그래픽부터 3D 모델링 그래픽 시대를 지나 다시 도트보다는 더 많은 색감을 표현할 수 있으며 원화가의 그림 필력이 그대로 느껴지는 게임 컨셉 아트 자체가 게임 그래픽이 되는 시대인 것입니다.

드래곤즈 크라운(dragons-crown.com)

아홉 번째 하늘(m.playwith.co.kr/ninesky/20180223)

오딘 스피어(atlus-vanillaware.jp/osl)

그랜드 나이츠 히스토리
(en.wikipedia.org/wiki/Grand_Knights_History)

오보로 무라마사(playstation.co.kr/psvita_portal/game/2945)

앞으로 게임 컨셉 아티스트의 그림 실력이 정말 중요한 시대가 온 것입니다.
3D 게임이 계속 실사를 추구하며 여러 방법으로 발전하듯 2D 또한 계속 발전하고 있습니다.
이렇게 게임 그래픽은 시대가 흐른다고 해도 2D와 3D가 같이 공존하며 발전할 것입니다.

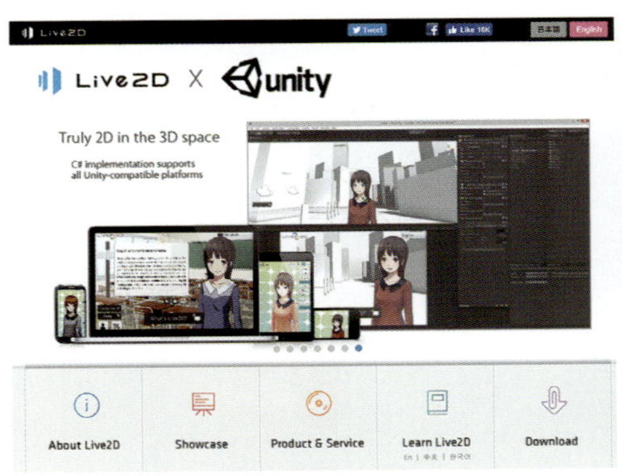

라이브2D 홈페이지 화면
(live2d.com/en)

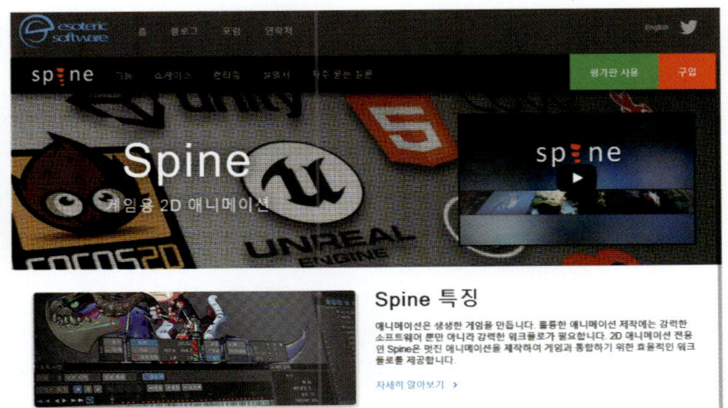

스파인2D 홈페이지 화면
(ko.esotericsoftware.com)

PART 1

게임 그래픽 이론

⬡ 게임 그래픽의 정의 ○

게임 그래픽(Game Graphic)이란 사용자의 욕망과 시스템의 기술, 디자인을 유기적으로 연관시킨 컴퓨터 게임의 조형 활동입니다.

일반적으로 게임 그래픽이라면 당연히 컴퓨터 그래픽이라고 생각하지만 같은 컴퓨터 그래픽이라도 전자 출판과 게임 그래픽은 다릅니다. 다시 말해 게임 그래픽은 '게임의 세계를 구성하는 구성물로서 존재하는 데이터베이스'라고 정의 내릴 수 있습니다.

게임 제작이란 것은 팀 단위로 이루어지는 유기적인 프로젝트이기 때문에, 기획, 그래픽, 프로그램 등 모든 부분이 중요합니다. 하지만 유저들의 호감도를 높이는데 가장 중요한 부분, 혹은 판매를 결정짓는 가장 큰 요인은 바로 그래픽입니다.

게임에서의 얼굴이라고 할 수 있는 그래픽은 유저들이 게임을 즐길 당시 가장 1차적으로 접하게 되는 가장 중요한 시각적 전달 수단입니다.

물론 단순히 그래픽이 좋다고 게임성이 높은 것은 아니므로 게임의 내용이 뒷받침되어야 함은 빼놓을 수 없지만, 사람들은 먼저 화면을 통해 자극받고 반응합니다. 물론 이는 게임의 구매 현상으로도 즉각적으로 나타나는데, 소비자의 구매 욕구를 자극하는 첫 번째 요인은 바로 그래픽의 질입니다. 요즘 게임 제작업체들이 대부분 고해상도 모드로 게임을 제작하고, 그래픽에 투자를 아끼지 않는 것은 이러한 이유 때문입니다.

이렇듯 게임개발에 있어 큰 역할을 차지하지만 기술적 측면에서의 제약이 따르게 됩니다. 게임의 중요 요소인 속도감은 게임이 가진 데이터의 용량을 줄일수록 높아지는데, 보통 그래픽 이미지가 전체의 80%를 차지합니다. 그래서 이미지 용량을 최적화하는 것이 게임개발의 관건이며, 이 과정에서 높은 프로그램의 기술력이 요구되고 디자인에 있어서도 많은 제약이 따릅니다.

본문인용 : 송지원, 온라인게임 컨셉아트에 대한 연구, 숙명여자대학교, 2007, p19.

그래픽과 이미지의 표현

일반적으로 그래픽과 이미지의 용어는 구별 없이 사용되고 있습니다. 그러나 이의 구분을 좀 더 명확하게 해보면, 그래픽 편집기 등을 이용해 제작한 데이터를 그래픽 데이터라 하고, 스캐너나 비디오 보드를 이용해 얻어진 데이터를 이미지 데이터라 합니다.

1) 픽셀(pixel)

픽셀(Pixel)은 디지털 이미지를 구성하는 최소 단위로서 이미지를 구성하는 점 요소를 말하며, 컴퓨터는 모니터에 이미지를 나타낼 때 점들을 찍어서 나타냅니다. 보통 컴퓨터 모니터의 해상도를 이야기할 때 640x480모드 800x600모드 등을 사용하는데, 이는 모니터에서 화면에 찍을 수 있는 픽셀의 크기를 나타내는 말입니다. 따라서 모니터가 640x480으로 해상도가 설정되면 가로로 640개의 픽셀과 세로로 480개의 픽셀을 화면 내에 찍을 수 있게 되는 것입니다. 픽셀 = 점 = 화소는 같은 의미입니다. 픽셀 해상도는 하나의 픽셀이 몇 비트로 구성되어 있는가를 나타내며, 24bit 일 때 16,777,216컬러를 재현합니다. 디지털 카메라에서는 가로 1280 세로 1024개의 점으로 구성될 때 약 131만 화소 정도 됩니다. 인쇄 해상도는 DPI(Dot Per Inch)라고 하며, 화면에 표시되는 이미지의 선명도를 나타내기 위해 사용하기도 하는데, 이는 1인치에 몇 개의 픽셀을 나타낼 것인가를 의미합니다.

2) 해상도(Resolution)

해상도는 이미지 스캐닝, 화면 디스플레이, 프린터의 출력 이미지 등에서 데이터의 양이나 컬러 정보를 가리킬 때 쓰는 단어로, 정확한 정의는 단위 길이 당 표시할 수 있는 픽셀 또는 점의 수입니다. 단위 길이로는 인치를 많이 사용하며, 이 경우 해상도의 단위는 DPI로 표현됩니다. 해상도가 높을수록 정교한 이미지를 얻을 수 있습니다.

3) 비트맵 이미지(포토샵 방식)

픽셀의 집합으로 이루어진 그림을 0과 1로 표현해 나타내는 표현 방식입니다. 영상이 컬러이면 한 개의 픽셀 당 24비트를 할당해 주고 흑백인 경우에는 1bit를 할당해 나타냅니다. 화면의 한 픽셀에 대한 정보는 비트들의 그룹으로 표현되고, 전체 그래픽은 이러한 그룹들의 배열로 표현됩니다. 비트맵은 픽셀의 집합이므로 영상에 대한 회전, 확대, 축소 등의 독립적인 연산은 불가능합니다. 사진이나 비디오 정지 화면을 캡쳐한 경우는 주로 비트맵 방식으로 표현됩니다.

게임 그래픽 제작 과정

게임의 규모와 시스템에 따라 전체 그래픽용량을 결정하며, 세부적으로 그래픽분야별 제작내용을 준비합니다. 원화, 배경, 캐릭터 등 각 분야별 작업은 다르나 그 제작 과정은 다음과 같이 진행을 합니다.

1) 그래픽 컨셉(Graphic Concept)과 자료 수집

게임 기획서는 하드웨어 사양과 플레이어 연령층, 해당 타겟의 선호도가 높은 그래픽 유형 등을 고려해 시대적, 시간적, 게임성에 따라서 그래픽 컨셉을 결정합니다. 그 후 샘플링(Sampling) 작업과 자료 수집을 합니다. 내용은 원화, 캐릭터, 배경, 이펙트(Effect), 인터페이스(Interface) 등으로 나뉘는데 이 구성을 세부적으로 분류해 놓습니다. 이렇게 분류한 뒤 필요한 이미지와 각 분야별 그래픽량을 정합니다.

2) 컨셉 아트(Concept Art) 제작

기획과 함께 설정된 컨셉으로 초기 그래픽 디자인 작업입니다. 그래픽 디자이너들에게 제작의 수월함과 공동 작업으로 인해 생기는 이미지의 다양화를 균형 있게 잡아주기 위해 캐릭터나 배경의 기본 스타일을 구축합니다.

3) 이미지(Image) 리소스 제작

캐릭터 분야는 모델링과 애니메이션 작업을 하고, 배경 분야는 지형 맵과 그 위에 올라가는 구조물을 제작합니다. 그 외 인터페이스와 이펙트 등도 캐릭터 형태와 배경의 전체 분위기를 고려해 제작합니다. 각 게임마다 그래픽 최적화를 위해 만든 에디터로 배경과 캐릭터를 데이터처리하기 쉽도록 구성합니다.

4) 에디터(Editer) 작업

캐릭터 분야는 캐릭터의 모습, 각 방향별로 렌더링된 이미지에 중심점처리를 하고 각 동작별로 나누어 놓으며, 배경 분야는 지형 맵과 구조물이 제작이 되었으면 에디터에 올려 배경 이미지를 만듭니다. 이러한 에디터 작업은 여러 제한조건 안에서 제작된 그래픽 이미지들에게 현실성을 부여하는 일입니다.

5) 테스트(Test)

기획내용에 맞게 지형 맵 위에 구조물과 캐릭터의 배치, 미로형태 구성의 정확도, 충돌체크, 자연스러운 캐릭터의 동작, 인터페이스의 편리성 등을 직접 플레이를 해본 후 수정작업을 거쳐 마무리를 합니다.

게임 컨셉 아트의 디자인 제작 과정은 아래의 표와 같이 진행합니다.

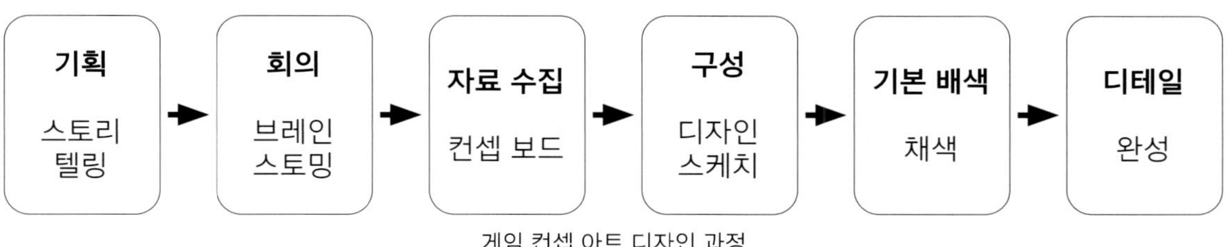

게임 컨셉 아트 디자인 과정

컨셉의 개념과 정의

컨셉(Concept)의 사전적 의미는 개념, 구상, 발상이란 뜻으로 현대에는 마케팅(Marketing)이나 산업, 특히 디자인 분야 전반에 걸쳐 쓰이고 있습니다.
상품의 컨셉은 그 제품이 가지는 의미나 상징적인 의미를 일컫는데, 디자인 컨셉은 어떤 의도로 어떻게 기획되었고 무엇을 표현하려고 한다는 모든 것을 다 포괄하는 것입니다.

컨셉이란 단어 자체는 실생활에서 넓게 쓰이기에 구체적인 정의는 해당 분야에 따라 의미는 유사하지만 각기 다른 형태로 설명됩니다.
현대에는 컨셉 이상으로 컨셉을 추출해내는 능력이 중요합니다.
컨셉에 도달하기 위해서는 머리로 설계하고 건축하며, 달성 가능한 구체적이고 사실적인 목표를 정하고, '나'에 대한 철저한 분석과 상황 파악, 컨셉에 대한 집착을 버리는 데서 실마리를 찾습니다. 마케팅에 있어서 컨셉은 상품과 기업의 운명까지 좌우합니다.
도요타(Toyota)의 비츠(Vitz), 혼다(Honda)의 피트(Fit)가 잘 팔린 것은 저렴하면서 환경을 생각한 경차, 경차지만 내부가 넓은 차이기 때문입니다.

컨셉이 있는 기업은 변화에 신속하게 대응합니다. 컨셉을 산출하기 위해서는 무엇보다, 해당 산업의 보편화된 트렌드(Trend)를 명확하게 파악하고 있어야 합니다.
주요 고객들의 성별, 연령별 특성을 알고 있어야 하고 타겟(Target)이 정해지면 그들의 니즈(Needs)에 대한 구체적인 통찰(Insight)이 필요합니다. 의류업의 경우 30대 직장여성들이 옷을 구매하거나 입을 때 어떤 어려움을 겪고 있는지, 또는 쇼핑할 때 어떤 습성을 가지고 있는지를 알 수 있다면 좀 더 구체적인 컨셉이 나올 수 있습니다.

컨셉은 이미 특정 분야의 전유물이 아닙니다.
컨셉은 경영과 마케팅, 제품 개발, 광고, 홍보의 전유물을 넘어, 인생의 좌표를 정해 중장기계획을 세우고, 사업 구상, 투자, 건축설계, 만남을 주선하는 일에 이르기까지 그 영역을 점차 확대하고 있으며, 불확실성의 시대에 몰라서는 안 될 지식이 되고 있습니다.

⬡ 게임과 컨셉 아트 ○

게임 컨셉 아트(Game Concept Art)는 단순히 게임 캐릭터나 배경 몬스터들을 디자인하는 것이 아니라 세계관을 만드는 작업입니다.
디자인된 세계관은 다양한 분야에 활용될 수 있습니다.
특히, 게임에서 컨셉 아트의 비중은 과거의 원화라는 단순한 개념에서 벗어나 지금은 비주얼 기획으로까지 확장되어 게임의 전체적인 스타일까지 좌우하는 상황입니다.

온라인 게임에서는 그 중요도가 더욱 극명해집니다.
예를 들어 웹 환경에서 클라이언트를 다운받아서 이용료를 지불하고 게임을 즐긴다는 것부터 기존 패키지 게임들과 가장 큰 차이점이며 그렇기 때문에 게임을 선택하는 것도 웹에서 원클릭으로 이루어집니다.
마치 마켓에서 상품을 고르는 상황과 비슷합니다.
신상품도 눈에 띄고 이미 구입해본 것도 있을 것이지만 상품을 고르는 데 걸리는 판단은 거의 반사적으로 반응해 상품을 구입하게 됩니다.

온라인 게임이나 모바일 게임 그리고 패키지게임도 대표 이미지를 보고 일러스트의 퀄리티나 소비자의 취향에 따라 반사적으로 접근하기 때문에 더욱 차별화되고 완성도 있는 하나의 이미지가 중요합니다.

새로운 게임을 개발한다고 할 때 제일 처음 이루어져야 할 것은 그 게임에 대한 세계관입니다. 텍스트와 생각으로만 떠오르는 단어들을 구체화시키는 첫 과정이 컨셉 아트 디자인인 것입니다.

실제 프로젝트에서 단순히 컨셉을 도출하는 과정에서만 필요한 것이 아니라 2D나 3D 그래픽으로 구현하는 과정에서도 컨셉 아트는 구체적인 데이터베이스의 역할을 하게 됩니다.

그리고 다양한 프로모션 소스까지 게임개발의 시초에서부터 마지막까지 지배적인 역할을 담당합니다.

⬡ 게임 컨셉 아트의 분류 ○

다시말해 게임 컨셉 아트는 게임에 등장하는 요소들을 창작해 그림을 그리는 일입니다.
컨셉 아트는 무엇을 그리느냐에 따라 크게 4가지로 분류할 수 있습니다.

1) 캐릭터 컨셉 아트(캐릭터, 몬스터, NPC, 아이템 디자인)

2) 배경 컨셉 아트(건물이나 오브젝트 자연의 분위기를 디자인)

3) 컨셉 시트 작업 원화(3D 모델링을 만들기 위한 컨셉 시트 설정)

4) 일러스트(홍보를 위한 완성도 높은 컨셉 아트 작업)

⬡ 캐릭터 컨셉 아트와 배경 컨셉 아트란? ○

캐릭터 컨셉 아트란?

캐릭터에 성격을 부여하고 그것을 설정하고 기획함으로써 표현해내는 예술, 즉 캐릭터 컨셉 디자인화
하는 것으로 아트를 만드는 것을 의미합니다.

배경 컨셉 아트란?

게임, 영화, 애니메이션 등에는 모두 그 스토리에 맞는 무대나 배경이 존재합니다.
컨셉 아티스트는 이 배경에 관련된 내용을 기획의도에 맞게 상상해 이미지화하고, 그것을 바탕으로
다른 분야의 사람들이 실물 제작하거나, 3D로 제작하게 됩니다. 여기에서 배경은 캐릭터와 캐릭터가
착용하는 소품을 제외한 거의 대부분에 해당된다고 해도 될 것입니다.
캐릭터는 디자인 영역에 국한되지만, 배경은 공간과 빛의 장면연출, 입체적 공간구성, 레이아웃, 각종
디자인(소품, 건물, 탈것) 등보다 많은 영역을 포함하고 있습니다.
그렇기 때문에 공부해야하는 내용도 더 많고, 재미있는 다양한 작업도 더 많다고 생각됩니다.

이 책에서 필자는 모작, 캐릭터, 아이템, 크리쳐, 배경 컨셉 아트 순으로 진행합니다.

⬡ 게임 컨셉 아트 영감과 연상의 단계 ○

컨셉 디자인(Concept Design)은 크리에이트(Create)에서 솟아난 구상을 이론 체계로 만드는 영양소입니다. 디자이너 리처드 후텐(Richard Hutten)은 컨셉이 형태보다 중요하다고 했으며 레오나르도 다빈치(Leonardo da Vinci)의 스케치에는 발명가이자 디자이너로서 기발한 장치를 고안하기 위해 그가 생각한 컨셉들이 고스란히 담겨 있습니다. 레오나르도 다빈치는 최후의 만찬을 그리기 위해 수 없이 많은 구상 스케치 작업을 했다고 합니다.

아래는 FZD School을 운영하고 있으며 베테랑급 컨셉 아티스트로 유명한 팽쥬(FENG ZHU)의 인터뷰 내용입니다. 컨셉 아트 한 장을 만들기 위해 얼마나 많은 고민을 해야 하는지 알 수 있는 인터뷰 내용입니다.

레오나르도 다빈치,
<'최후의 만찬'을 위한 드로잉>,
1494-1495. 종이 위에 붉은 색분필,
26X39.2cm. 윈저 궁 왕립도서관.

FZD의 컨셉 아티스트
팽쥬(FENG ZHU)
fengzhudesign.com/about.html

팽쥬(FENG ZHU) : "컨셉 아트를 그리는 일은 실제로 절대 쉬운 일이 아닙니다. 왜냐하면 이전에 존재하지 않았던 아이디어를 만들어내야 하지만, 다른 사람들이 보고서 바로 무엇인지 한눈에 알아볼 수 있는 것이여야 하기 때문입니다. 사람들이 이해를 못 해서도 안 되고 너무 식상해서도 안 되기 때문에 둘 사이에 딱 적절한 중간치를 쳐야 합니다. 그러기 위해선 기존에 존재하던 거지만 10~20퍼센트 정도만 색다른 것이 가장 좋은 답입니다."

이처럼 컨셉 아트를 만들기 위해서는 많은 생각과 고민을 해 영감을 얻고 연상하는 단계가 필요합니다.

⬡ 게임 컨셉 아트의 이해 ○

일반적으로 게임 컨셉 아트란 게임 캐릭터를 멋지게 그린 그림 또는 패키지일러스트 정도로 생각하는 경우가 많습니다. 하지만 필자의 책에서 다뤄지는 게임 컨셉 아트는 단지 그림, 삽화가 아닌 조금 더 넓은 아트를 의미합니다.

게임 제작에 있어 기획이 최초 방향의 제안이라면, 게임 컨셉 아트는 최초의 이미지 제시로 디자인과 이미지 퀄리티의 방향을 잡아나가는 단계입니다.

창출된 아이디어를 시각화하고 가장 적합한 디자인을 연구합니다. 컨셉 아트에 속하게 되는 원화란 이미지의 확정입니다. 아트컨셉과 이어지는 단계이지만 제시된 이미지보다 객관적, 설명적으로 그려지며, 보통은 설명서를 첨부한 설계도의 형태로서 매우 정확하고 친절하게 그려지는 단계입니다. 이를 바탕으로 실제 그래픽이 제작됩니다.

창출된 많은 결과물들을 종합하고 정리하는 결정의 단계로 결과물을 직접 유저가 접하게 되는 단계이며 결과물은 2D 컨셉 시트 작업 원화로 작업합니다.

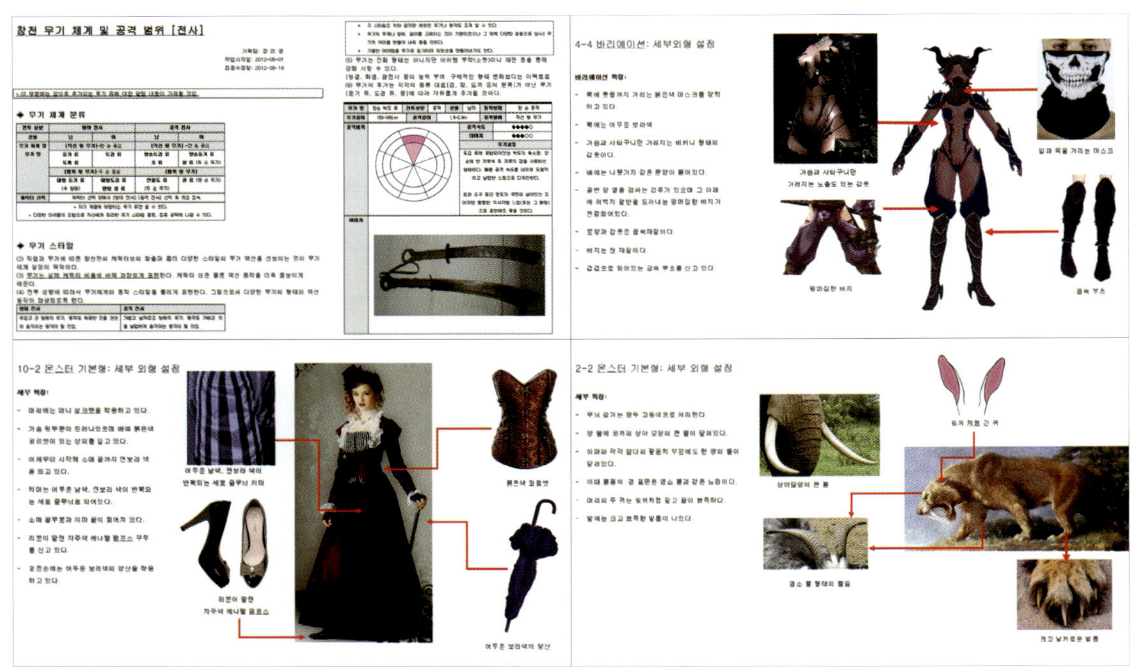

최초의 방향을 제시하는 게임 기획 문서의 모습(카뮤즈모바일 이규리)

⬡ 게임 기획과 컨셉 아트 ○

기획단계에서 나오는 캐릭터 스타일에서부터 게임 전반적인 분위기를 나타내는 레이아웃(Layout) 작업까지 게임 그래픽의 초반 작업 시 기획자와 프로그램 팀장, 그래픽 팀장은 회의를 통해 제작할 게임의 특성과 방향을 설정하게 됩니다.

게임의 기본적 특성이 설정되면 그래픽팀장은 세부적인 부분을 고려해 컨셉 아티스트와 회의를 통해 분위기와 특징에 대한 부분을 잡아 나가게 됩니다.

기획회의는 일단 언어를 중심으로 진행되므로 회의 결과물은 대부분 서면화됩니다. 산출된 기획서는 게임 자체의 세계관이며 게임 전체의 기본 윤곽을 나타내는 것입니다. 하지만 게임은 소설과는 달리 시각적, 청각적으로 즐거움을 주는 다중영상매체의 엔터테인먼트입니다.

따라서 그 컨셉은 글이 아닌 다른 시각적 제시가 필요하며 그것이 바로 게임의 전체적인 세계관과 느낌을 전달하는 컨셉 아트가 됩니다. 어떤 게임을 만들 것인가라는 가장 기초적인 질문에서부터 컨셉 드로잉의 본격적인 작업이 시작됩니다.

따라서 게임 원화는 언제나 기획과 함께 진행되는 것이 바람직합니다. 업무에 있어서도 이미지작업이지만 그래픽보다 기획에 가깝습니다. 단순한 러프스케치(Rough Sketch)를 그릴 때도 아이디어와 기획의도를 충분히 반영한 작품이 나올 수 있도록 항상 메인 컨셉을 염두에 두고 작업에 임해야 합니다. 실무 제작자들처럼 일정한 의뢰(Order)가 내려지고 그 의뢰 안에서 문제를 해결해 나가는 것이 아니라 컨셉 아티스트가 그리는 그림 하나하나가 설정이 됩니다.

단순히 제시된 오더만 받아서 재현한다면 크리에이터(Creator)로서의 능력이 부족하다고 볼 수 있습니다. 컨셉이 나오면, 그것을 자신의 것으로 소화시켜서 새로운 창조물을 만드는 것이 필요하며, 그 컨셉워크(Concept Work)가 채택되거나 혹은 전혀 새로운 컨셉을 발전시킬 경우 제작책임자, 또는 개발자 전원과 장시간의 회의를 거치는 경우도 있습니다.

즉 브리핑(Briefing)과 토론을 통해 자신의 생각을 표현할 줄 알아야 하며 채택된 부분은 확실히 반영할 수 있어야 합니다.

이 역시 컨셉 아티스트의 중요한 자질이며 역량입니다.

⬡ 게임 제작에 있어서 컨셉 아티스트 직군이란? ⭕

게임회사, 기업, 그리고 팀의 구성에서 컨셉 아트 디자인(Concept Arts Design)파트는 다른 프로젝트 아트 부분들의 일정을 유지할 수 있도록 끌고 나가는 아트 컨셉 리더(Leader)입니다.
컨셉 디자인 파트는 게임 상에 등장할 인물들의 의상, 외모 등에 대한 컨셉부터 배경설정, 각종 구조물의 컨셉 등을 디자인하는 파트로 미적인 감각이 우선시 되는 파트이기도 합니다.

일반적으로 디자인 팀장이 직접 아티스트들의 작업을 확인하는 과정에서 게임의 분위기와 맞는지를 판단해 수정 등의 지시를 내리는 경우가 대부분이나, 전문적으로 게임의 조명 분위기나 텍스처의 색상 조정 등의 역할을 주도하는 컨셉 아티스트 직군이 있는 것이 게임개발에서 상당히 유리합니다.

컨셉 아티스트(Concept Artist)는 과거에는 주로 원화가라든가, 게임 디자인파트를 보조하는 업무로 인식되기도 했으나 근래에는 부수적이기보다는 오히려 게임디자인 파트를 주도할 수 있는 파트로 평가받고 있습니다. 게임 디자이너들은 보통 아이디어로 시작하는 경우가 대부분이며 자신의 아이디어를 문서와 함께 컨셉스케치(Concept Sketch)나 스토리 보드(Story Board) 등을 통해서 표현하려 합니다.

만약 어느 정도의 미술 능력이 있다면 자신의 아이디어를 스케치로 표현하는 것이 가능하겠지요. 하지만 게임산업의 성장에 따라 출시 프로젝트의 규모가 커지면서 업무는 보다 세분화되므로 근래는 컨셉 아티스트에게 자신의 이미지를 전달하고, 이를 바탕으로 컨셉 아티스트는 디자이너의 상상 속의 이미지들을 눈에 보이는 상세한 스케치로 표현합니다.

때문에 일정 수준 이상의 데생(Dessin)능력과 색채감각 그리고 채색 능력까지 이르는 미술의 기본적인 실력과 이러한 능력을 바탕으로 표현되는 예술가의 감각적 독창성까지 요구됩니다. 하지만 게임에서 좋은 컨셉 아트란 그 게임의 컨셉을 얼마나 훌륭하게 표현한 디자인인가에 따라서 결정이 됩니다. 타 게임과 차별되는 독창성이 있어야 하며 시대의 트렌드에 뒤쳐지지 않는 상업성도 필요합니다. 대기업에서 진행되는 프로젝트일수록 컨셉 아트의 역할은 상당히 중요해집니다. 개발팀원이 하나가 되어 팀워크(Teamwork)를 유지한다면 문제가 없겠지만 게임 개발 경력이 짧고 단시간에 급성장한 국내 게임 개발환경의 현실에 비추어보면 모든 팀원이 원활하게 소통되는 프로세스를 가지는 기업은 흔치 않습니다.

실제 세계 게임시장을 주도해온 미국의 개발팀의 경우도 프로젝트 팀끼리 불화가 생기고, 기대를 받던 프로젝트가 무산되는 일이 흔한 것을 보면 프로젝트 진행에서의 커뮤니케이션(Communication)은 그 어떤 것보다 중요합니다.

컨셉 아티스트가 그래픽 팀에 소속되어 있는 경우 작업은 일러스트나 실무디자인 위주로 진행됩니다. 이렇게 되면 기획팀은 더 이상 의뢰를 내리기 힘들게 되고 나올 수 있는 아이디어는 제한적이게 됩니다. 결국은 몇 번의 충돌의 반복되고 나중에서야 컨셉 아티스트가 기획팀으로 이전하게 되는 경우도 생깁니다. 이렇듯 컨셉 아트는 기획의 입장에서 작업될 때 본연의 작업에 충실할 수 있으며 컨셉 아티스트 역시 철저히 기획자의 입장에서 업무에 임하는 것이 바람직합니다.

작업결과가 꼭 완성작의 형태일 필요는 없으며 간략한 콘티(Continuity)나 스케치일 수도 있습니다. 그것은 프로그래밍을 시작하기 전의 프로그래머들을 이해시키고 그래픽디자이너들을 설득시키는 중요한 도구가 됩니다.

기획자와 그래픽 디자이너간의 생각이 다르다면 제대로 된 게임이 나올 수 없습니다.
그래픽 디자이너는 디자이너만의 컨셉을 잡으며 작업을 해나가고, 기획자는 기획자대로의 컨셉을 잡으며 게임의 이미지를 잡아간다면 최악의 경우 두 개(그래픽 디자이너와 기획자)의 결과물 중 한 가지를 버리고 새로 컨셉을 잡아야 하는 경우까지 발생합니다.

하루가 다르게 발전해 나가는 게임개발 현장에서 이렇게 재작업을 해야 할 경우 생기는 손실은 시간적, 금전적 문제를 떠나 프로젝트 전체에 막대한 손해를 끼칩니다. 때문에 이 사이를 중재하는 역할이 필요하며 여기에 컨셉 아티스트가 들어가는 것이 가장 이상적입니다.
게임개발에 있어 게임 컨셉 아트는 반드시 필요하며 개발팀에 방향성을 잃지 않게 그림으로서 팀원들에게 설명하는 직군인 것입니다.

경향게임스에서 필자를 취재했었던 예전 게임개발 모습

⬡ 게임 컨셉 아티스트의 역량 ○

게임 제작을 진행하기 시작하면 대략의 기획문서가 나오는데 그 문서를 토대로 디자이너의 상상력을 발휘해 이미지화하는 작업을 합니다. 쉽게 말해 문서나 개인이 갖고 있는 생각을 이미지화하는 일이라고 보면 됩니다. 클라이언트는 다양한 생각의 모음들을 빠른 시간 안에 눈에 보이는 이미지로 보고 싶어 합니다.

그렇기 때문에 최대한 빠른 시간 안에 다양한 이미지들을 문서의 내용 또는 개인의 생각이 잘 녹아들도록 작업해야 합니다. 그 컨셉 아트를 만드는 컨셉 아티스트들의 역량이 게임 컨셉 아트 제작에서 얼마나 중요한가를 살펴보도록 하겠습니다.

게임은 다양한 분야의 사람들이 모여 각각의 역할에 맞는 파트에 소속되어 진행됩니다. 그래픽 파트, 기획 파트, 프로그램 파트 등 기본적인 개발팀에 포함되는 파트를 제외하고도 QA팀, 사업팀, 마케팅팀 등 개발팀을 다양한 방면으로 지원하는 유관부서들이 있습니다. 이 중에 그래픽 파트는 또다른 세분화가 이루어지는데 원화, 3D 모델러, 애니메이터 등으로 나뉘고, 원화는 캐릭터원화, 몬스터원화, 배경원화로 크게 나뉩니다.

게임이 개발되는 때는 그래픽 파트를 감당할 수 있는 인원 수요가 많았으나, 산업이 발전함에 따라 파트별로 더욱 세분화되고, 그 세분화된 분야에서 확실한 실력을 발휘할 수 있는 인원들의 수요가 늘어나고 있습니다.

첫 번째는 그림을 많이 그려야 합니다.

두 번째는 오픈마인드를 가지고 디렉터의 비전을 정확히 파악하는 것이 중요합니다.
컨셉 아티스트의 원화는 디렉터와 팀원 간의 다리 같은 역할을 하기 때문에 디렉터가 머릿속에 어떤 그림을 그리고 있는지를 이해하고 그 그림을 어떻게 하면 정확히 제작팀에게 전달하느냐가 가장 중요한 관건입니다.

세 번째로 좋은 자료에서 좋은 영감이 나오기 때문에 좋은 자료를 찾는 것 또한 중요한 몫을 합니다. 그렇기에 컨셉 아티스트의 역량이 게임이미지에 얼마나 중요한 역할을 하는지 그 역량을 키우기위해서는 어떤 생각을 가져야 하는지 어떤 느낌으로 그림을 그려야 하는지 저자는 이 책을 쓰면서 분석, 연구하고자 합니다.

그림을 그리는 게 '끝'이 아닙니다. 그림보다 컨셉의 디테일과 커뮤니케이션을 고민해야 합니다. 모든 비주얼이 시작되는 컨셉 아트는 중요한 요소입니다. 그렇다면 설정이 잘 녹아든 컨셉 아트란 무엇일까요?

컨셉 아트 = 설정, 개념, 느낌(센스)(멋)(그림체)=이미지화

컨셉 아트는 설정, 개념, 느낌 등을 토대로 제작된 이미지입니다. 그러므로 컨셉 아트는 설정이나 개념을 빼고 말할 수 없습니다.

컨셉을 표현하기 위해서는 세밀한 작업이 필요합니다. 그러나 컨셉 아트는 일반 그림과 그리는 목적이 다릅니다. 그렇다면 여기서 중요한 건 '왜?'라는 질문입니다.

'이 캐릭터는 왜 여기 있는가?'

'이런 옷을 입는 이유는 무엇인가?'

'왜 이런 표정을 짓고 있는가?'

'이 오브젝트는 왜 여기 있는가?'

이처럼 의문점이 해결될 때까지 계속 자신에게 질문해야 합니다. 이것은 그림을 그리고 다듬는 일보다 중요합니다.

컨셉 아티스트는 혼자가 아닙니다. 결과물이 항상 팀 작업으로 이어지므로 컨셉 아티스트는 커뮤니케이션을 중요하게 생각해야 합니다. 이를 위해 팀과 관련된 모든 사람과 끊임없이 이야기를 해야 합니다.

그림 한 장으로 모든 것을 설명할 수 있다면 좋겠지만, 그것은 사실상 불가능하므로 지속적인 커뮤니케이션이 필요합니다.

⬡ 2D 컨셉 아트 디지털 프로그램 툴 ○

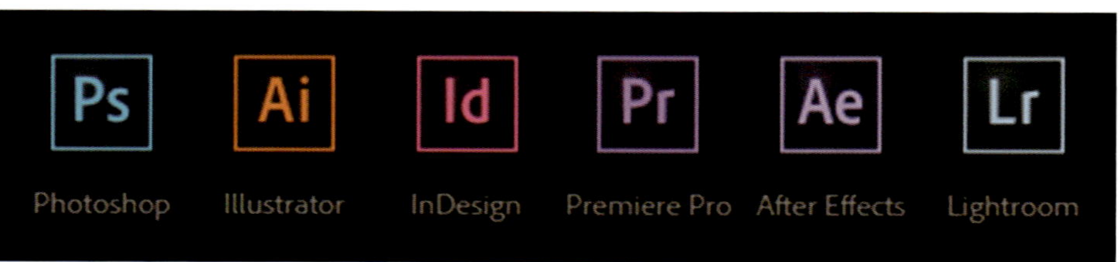

그림을 그릴 수 있는 프로그램은 계속 발전하고 있습니다.
하지만 가장 강력한 어도비사의 포토샵을 능가하는 툴은 필자
는 이때까지 보지 못했습니다.
물론 다른 훌륭한 프로그램들이 많습니다. 하지만 그림보다 더
정교한 사진을 다루는 툴을 이기는 툴은 이때까지 만나진 못했
네요.
이건 필자의 생각이며 페인터가 더 좋다는 분들도 있고 클립스
튜디오가 더 좋다는 분들도 있습니다.

하여튼 2D 페인팅 툴들은 계속해서 발전할 것입니다.
하지만 게임 업계에서는 포토샵을 기본으로 사용하므로
이 책에서는 가장 강력한 툴인 포토샵CC를 다룹니다.

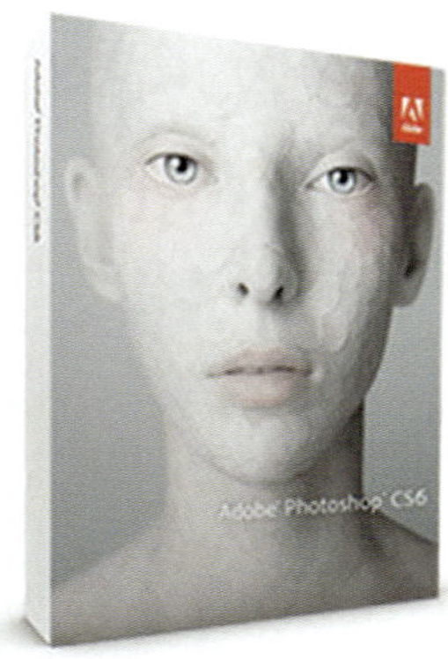

MediBang Paint Pro

장비(하드웨어)의 중요성

컴퓨터 사양이 좋아지면서 그래픽 작업용으로 자신의 컴퓨터를 셋팅하게 되면 상당히 고사양으로 셋팅이 됩니다. 우선 브랜드 PC는 피하시는 게 좋습니다.

조립식 컴퓨터로 자신의 본체를 맞추시는 걸 추천드립니다. 포토샵은 특히나 CPU와 RAM이 상당히 중요하다고 할 수 있는 툴입니다.

되도록이면 기본 사양보다는 한 번 셋팅 시 고사양으로 셋팅하길 권합니다.

하드드라이브는 M.2, SSD를 적극 추천합니다. 기본 하드디스크보다 SSD디스크로 셋팅시 그림파일을 불러오거나 저장할 시 상당히 빠른 속도로 작업을 수행할 수 있습니다.

그만큼 하드디스크의 속도가 중요합니다. 모니터는 꼭 듀얼로 셋팅해 쓰시길 바랍니다.

이렇게 데스크탑 셋팅은 자신이 최고사양을 원하시면 욕심은 끝이 없겠지만 필자는 되도록이면 CPU와 RAM과 SSD는 좋게 셋팅하는 것을 적극 추천드립니다.

그리고 자신이 컴퓨터 하드웨어적인 지식이 부족하다면 어느 정도는 꼭 하드웨어적인 지식을 습득하시길 바랍니다.

데스크탑 컴퓨터는 다나와(danawa.com)사이트에서 비교 분석해 자신에게 맞는 본체 장비를 셋팅하시길 바랍니다.

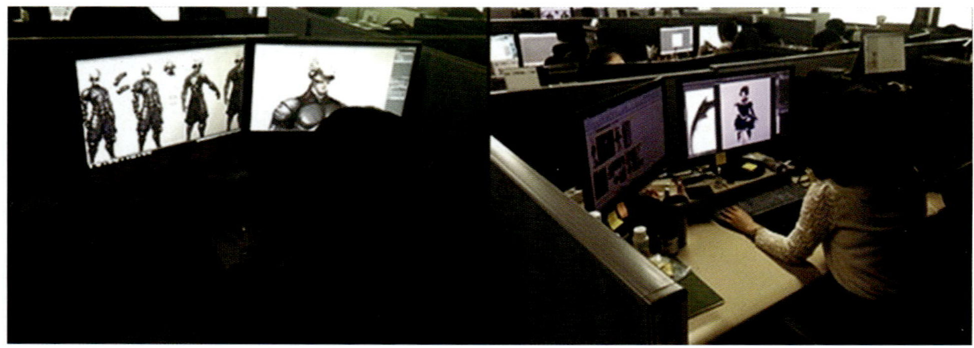

게임 컨셉 아티스트들의 작업 환경

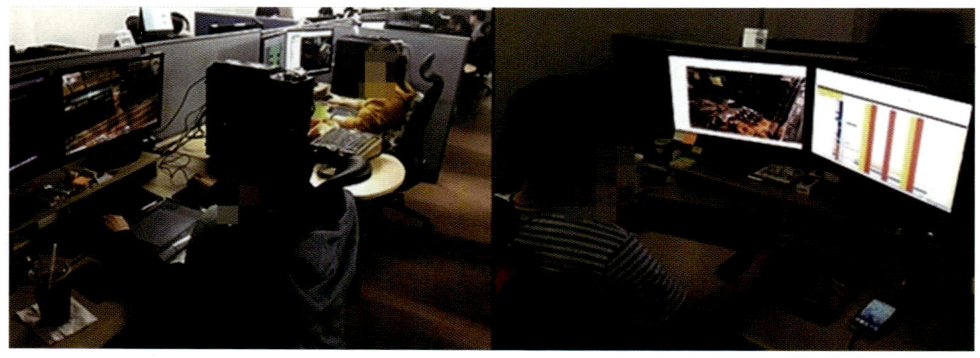

3D 모델러들의 작업 환경

모니터의 중요성

모니터는 디지털로 그림을 그리는 사람에게는 정말 중요한 역할을 하는 만큼 모니터 제품의 품질과 색상 수, 명암비 등등 따져볼 것이 상당히 많습니다. 물론 가격이 비싸면 좋은 것은 당연한 것이지만 가격대 성능비를 생각해 구입하는 것이 좋은 선택이겠지요.

되도록이면 모니터는 24인치 이상으로 선택하는 것이 좋습니다. 24인치부터 27~32인치를 업계에서는 많이 사용하며 꼭 QHD 1920 이상의 해상도가 설정되는 제품이어야 합니다.

모니터는 디지털 페인팅용으로 적합한 모니터가 있는 반면 문서용으로 적합한 모니터나 멀티적인 용도로 적합한 모니터, 게이밍 모니터 등등 각 유저 환경에 맞게 발전하고 있습니다.

그래서 필자는 꼭 디지털 페인팅용으로 적합한 모니터를 구입하라는 것입니다.

첫째로 모니터의 얼굴인 패널입니다. 패널의 종류는 다양하지만 크게 tn패널과 ips패널 로 나누어집니다. 이 중 모니터 패널은 ips패널의 제품을 사는 걸 추천드립니다.

두 번째 시야각입니다. tn패널 같은 경우, 측면에서나 조금 떨어져서, 아니면 위에서나 밑에서 모니터를 보게 되면 색상이 번지거나 흐릿하게 나오게 됩니다. 그렇기에 시야각은 그림을 그리기 위한 용도의 모니터에서는 정말 중요한 역할을 합니다.

꼭 광시야각의 왜곡이 적은 패널로 선택하시는 것이 좋습니다. ips의 종류는 s-ips , ah-ips 등등 종류가 다양하지만 일단 tn패널의 제품보다는 페인팅용으로는 색감이 풍부합니다.

이것저것 잘 모르겠고 그냥 좋은 페인팅용 모니터를 사고 싶다면 델사의 고사양 모니터를 필자는 추천드립니다. 그리고 여유가 된다면 꼭 모니터는 듀얼로 쓰시는 걸 추천드립니다.

체감상 모든 모니터를 느껴보는 것이 좋으며 그중에서 자신에게 맞는 모니터를 선택해 작업하는 것이 가장 좋은 선택입니다.

○ 모니터의 컬러 모드 ○

1) RGB 모드

RGB 모드는 색상의 빛을 물리적으로 검출하기 위해 사용하는 색상 공간으로 빛의 삼원색으로 불리는 적색(RED), 녹색(GREEN), 청색(BLUE)이 기본이 되는 컬러 모드입니다. 또한, 빛의 성질을 이용해 컬러를 표현하는 컬러 모드이며, 기본이 되는 세 가지 색을 더해 색을 만들어 내기 때문에 가산 모델이라고 불립니다. 주로 LCD모니터 등 빛으로 컬러를 표현하는 곳에서 많이 사용합니다.

2) CMYK 모드

빛의 혼합에 의해 발생하는 2차 색상들, 즉 청록색, 자홍색, 노란색을 기본으로 하는 컬러 모드입니다. CMY 또는 CMYK 모드에서 컬러를 표현하는 방식은 RGB 모드와는 정반대입니다. CMY 모드는 감법 혼색에 의해 컬러가 결정됩니다. 따라서 CMY 모드를 감산 모드라고 부르기도 합니다. 주로 컬러 프린터나 인쇄 등에서 유용하게 쓰입니다. 실제로 적용할 때는 CMYK 모드를 더 많이 사용합니다. (Cyan:청록색, Magenta:자홍색, Yellow:노란색, Black:검정색)

3) 색의 3요소

색상(Hue), 채도(Saturation), 명도(Brightness)입니다.

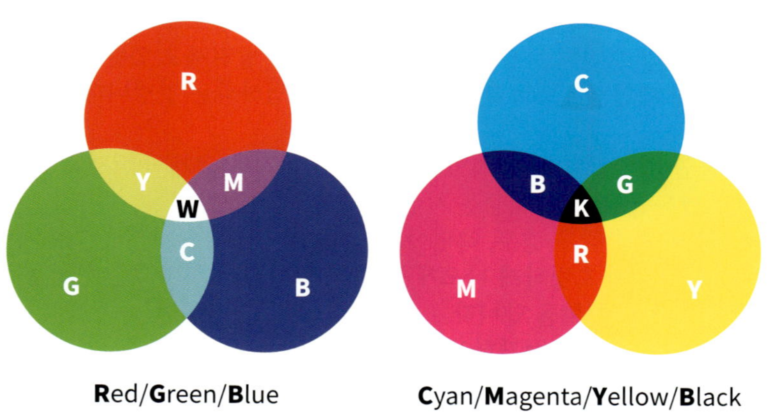

Red/**G**reen/**B**lue   **C**yan/**M**agenta/**Y**ellow/**B**lack

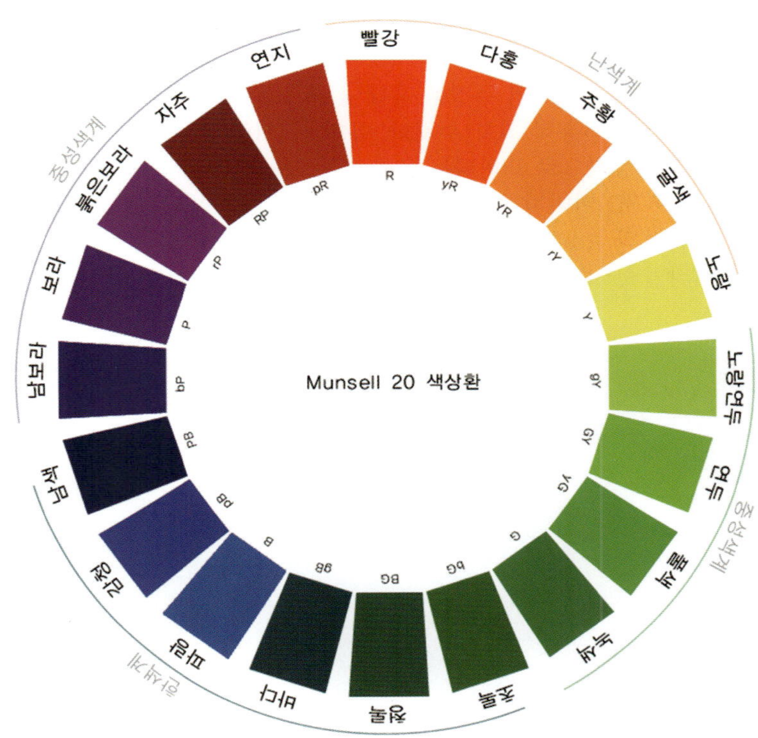

게임 컨셉 디자인에 있어서 명도와 채도에 의해 조합되거나 대비되는 색들의 배색을 사용해 다양한 색감 느낌을 줄 수 있습니다.

색상 배색을 효과적으로 표현하면 좀 더 캐릭터와 배경 오브젝트 컨셉에 특징과 개성을 표현할 수 있습니다.

먼셀의 20색상환을 살펴보면 근접해 있는 색상은 유사한 색감을 가지며 조화롭게 유사 대비를 이룹니다. 색상환표를 세로로 나누어 봤을 때 반대쪽에 있는 색은 보색이라고 합니다.

같은 계열의 색감을 반대의 색감과 조화롭게 컨트롤할 때 자신의 컨셉 아트의 색감은 풍부해질 수 있습니다.

이처럼 난색계, 중성색계, 한색계, 중성색계의 색상을 잘 인지해 캐릭터의 성격에 맞게 색지정을 할 수 있습니다.

색을 통해 전달되는 감정과 느낌을 충분히 이해하고 표현하면 형태와 명암, 양감의 효과적인 표현과 함께 설득력 있는 컨셉 아트를 연출할 수 있습니다.

⬡ 디지털 페인팅이란? ○

전통적인 수작업 기반의 페인팅 기법을 컴퓨터와 타블렛, 그리고 그것을 구현할 수 있는 프로그램의 디지털 툴로 표현하는 것입니다.

디지털 페인팅은 다양한 붓이나 재료의 특징을 흉내낸 프로그램 상의 툴을 이용해 작가의 감각적 손놀림으로 직접 컴퓨터 상에서 전통적 회화(수채화, 유화 등)처럼 그려내는 것으로, 컴퓨터의 난수 발생과 계산적 능력을 통해 추상적으로 표현되는 'digital art' 또는 'computer generated art'와 구별됩니다. 또한 rendering을 통해 3D 이미지를 표현하는 과정은 여기에 포함되지 않습니다. 대표적인 소프트웨어로 코렐사의 '페인터'와 Adobe사의 '포토샵'이 있으며 전통적 방법의 드로잉을 컴퓨터로 원활히 구현하기 위해서는 '타블렛'이라는 입력장치가 필요합니다.

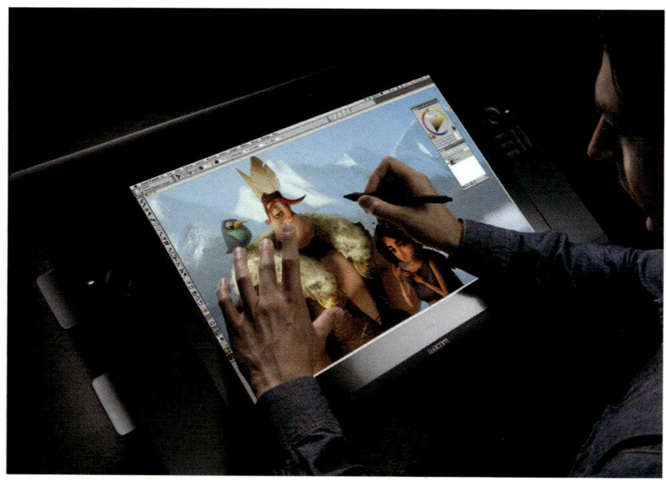

wacom.com

○ 도구(타블렛)의 이해 ○

예전에는 샤프나 연필로 수작업을 한 후 스캔받아 파일로 만들고 난 후 디지털 툴을 이용해 컬러작업을 해 마무리하는 방법이었다면, 지금 업계에서는 오로지 디지털로 시작해서 디지털로 끝내야 하는 상황입니다. 그렇기에 디지털 도구가 정말 중요합니다.
그림을 디지털로 그리기 위해서는 우선 타블렛이란 것이 꼭 필요합니다.
물론 당연히 타블렛을 다 잘 다루시는 분들이 이 책을 구입하겠지만요.

하지만 지금은 예전보다 더욱 많은 장비가 나와 있고 종류가 다양해지면서 어떤 걸 선호하는지에 대한 것이 필요할 것 같아 우선 첫 장인 만큼 짚고 넘어갈까 합니다.
필자는 와콤의 제품 중 인튜어스 제품으로 구입하는 것을 추천드립니다.
많은 전문가들이 와콤의 인튜어스 제품을 사용하고 있으며 모니터를 보면서 키보드의 단축키와 같이 병행하며 사용하고 있습니다. 인튜어스 제품은 사이즈 별로 S, M, L 크기로 나오고 있으며, 필자는 인튜어스 중간사이즈 6x9사이즈 미듐(M)사이즈를 추천드립니다.

고가의 장비로는 와콤 신티크 24, 27인치 제품을 추천합니다.
액정 타블렛의 경우 여러 제품이 있지만 우선 액정 타블렛은 작은 걸 쓰면 조금 불편합니다.
우선은 24~27인치 정도의 제품은 되어야 눈의 피로감 없이 그림 그리기 편할 것입니다.
단점은 너무 가격대가 높다는 것이지만 게임 업계의 컨셉 아티스트 직군에 뜻이 있으신 분들은 언젠가는 꼭 구입해야 하는 제품이기도 합니다.

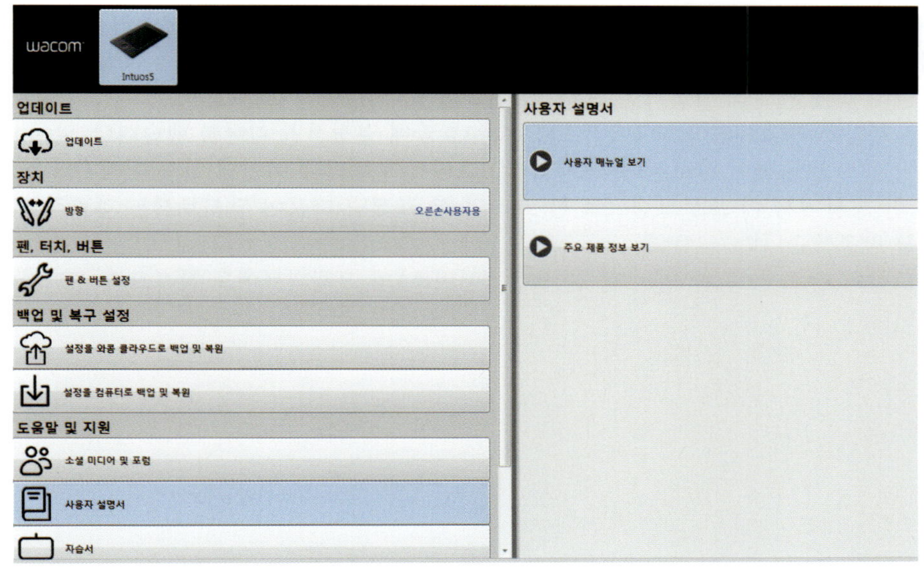

와콤사(wacom)의 타블렛 환경설정 화면

⬡ 어도비 포토샵 ○

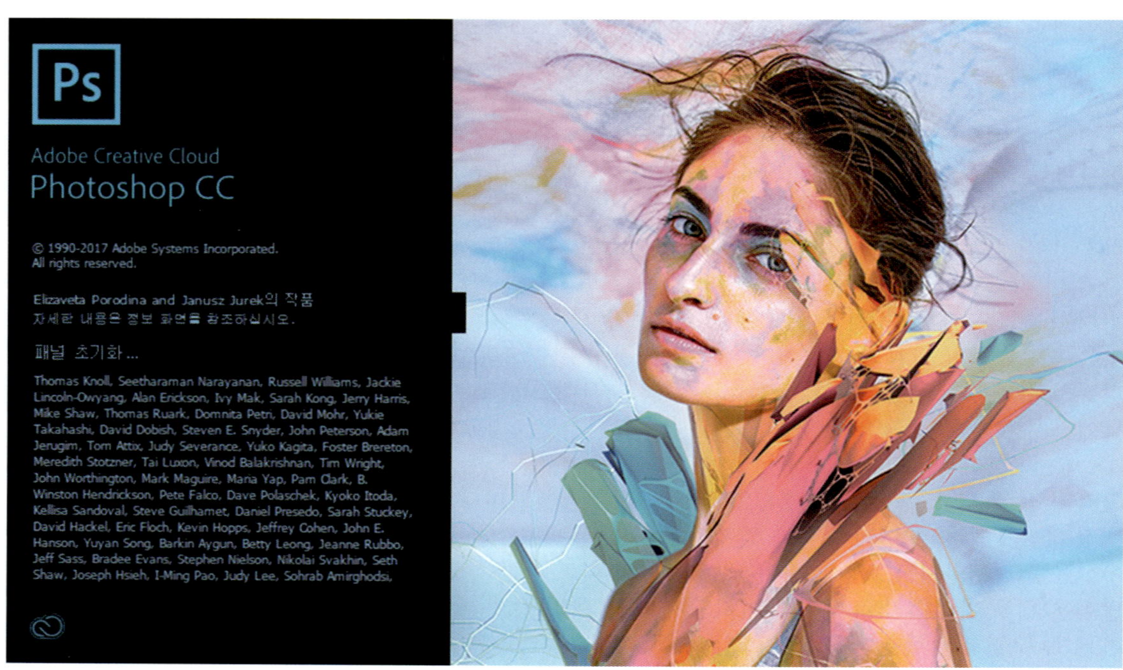

대학생이던 토머스 놀이 맥용 이미지 뷰어 프로그램을 만들고, 루카스필름 산하의 특수효과 전문 회사인 ILM에 다니던 그의 형 존 놀이 그 프로그램을 맘에 들어해 이미지 에디팅 프로그램으로 발전시키자고 제안해 함께 개발해 나온 것이 '디지털 인화실'입니다. 아직 '포토샵'이란 이름이 붙기도 전, 이 프로그램은 제임스 카메론의 영화 〈어비스〉의 특수효과에 결정적인 기여를 했습니다.

영화에 살아 움직이는 물이 나오는데, 당시의 3D 그래픽이 워낙에 어설퍼 실사 이미지와 합성하면 구려질 게 뻔한 상황에서 이 프로그램으로 한 프레임 한 프레임 다듬어 당시로서는 충격적으로 고퀄리티 이미지를 창조했습니다.

실제로 포토샵의 창조자 중 한 명인 형 존 놀은 〈어비스〉의 크레디트에도 특수효과 수퍼바이저로 이름이 나옵니다.

1990년에 1.0버전이 나왔고 2.5버전에서부터 윈도를 지원하기 시작해 3.0때 엄청난 도움이 되는 레이어 기능이 추가되었으며 5.0때 히스토리 기능이 추가되어 undo의 횟수제한이 없어졌고 7.0때 브러시 엔진이 추가되었습니다. 포토샵 7이후부터는 큰 기능 변화는 없으며 일반인은 쓸 일이 없는 외계 기술들이 추가되고 있는 상황. 실제로 CS버전이 무거운 탓에 7도 많이 쓰이고 있습니다.

CS1과 2의 경우 쓸데없이 리소스만 많이 먹는 괴물이라는 의견이 다수이지만 CS3는 매크로미디어를 합병해 먹으면서 뭔가 좀 얻어온 게 있는지 최적화가 나름대로 잘 되어 있습니다.
그러나 프로그램이 많아짐에 따른 일관성 유지를 위해서인지, 프로그램 아이콘 및 시작화면 디자인이 기존 시리즈와 많이 달라져 구버전부터 썼던 사람들은 위화감이 있습니다.

깔끔하다고 좋아하는 사람도 있는 반면, 구버전의 디자인을 맘에 들어 했던 사람들은 아름답지 못하다고 평합니다. 2012년 발매된 CS6을 끝으로 소프트웨어를 단품으로 판매하는 방식을 버리고 최신 버전인 CC부터 클라우드 스토리지와 연계된 온라인 연결이 강제된 버전으로 판매됩니다. CS6 버전도 다운로드 방식으로 구매할 수 있습니다.

사실 사진을 편집/보정/수정하는 것이 사진가게라는 이름을 가진 이 프로그램의 기능이 전부였지만, 어떻게 된 셈인지 "그림", 그러니까 디지털 작업으로만 만들어지는 그림을 그리게 되었습니다. 초창기에는 스케치나 라인 드로잉까지는 종이에다 수작업으로 하고 스캔해 보정, 채색 등을 하는 수준이었으나 이후로는 아예 포토샵 상에서 스케치부터 채색까지 다 마무리하는 만능 그림 툴로 바뀌어 버렸습니다.

처음에는 에어브러쉬 정도의 채색 기능만 지원하다가 7.0에서 새로운 페인팅 엔진이 도입되어 기초적인 자연 매체를 흉내낼 수 있게 되었고, 점점 기능이 더해져 CS5 버전에서는 브러시의 상세한 설정이 가능해졌으며 밑색이 묻어나오는 믹싱 브러시 기능이 추가되었습니다.

이젠 CC로 버전업이 되며 막강한 라이벌이였던 코럴의 페인터보다도 우위에 있는 그림 만능 툴이 되어 버렸습니다. 하지만 포토샵은 하나의 디지털 페인팅에 필요한 도구일 뿐입니다.

중요한 건 자신의 머릿속 컨셉입니다. 그리고 기본이 바탕이 되는 탄탄한 뎃생력과 색 감각, 형태감이 가장 중요합니다. 포토샵의 기능만을 잘 쓴다고 해서 결코 좋은 그림은 나오지 않습니다. 언제나 중요한 것은 자신의 머릿속의 생각을 표현한 그림 '컨셉'입니다.

⬡ 파일 저장 방식 ◯

1) PSD

포토샵의 기본포맷으로 색상모드, 레이어, 채널, 패스, 텍스트 등 모든 정보를 담고 있습니다.
포토샵에서 가장 중요한 저장 방식입니다.

2) GIF

256색상을 지원하며, 단순 도형이나 텍스트 저장에 적합, 애니메이션을 지원하며 투명 이미지 제작에
쓰이며 파일의 크기가 가장 작습니다.

3) JPG(JPEG)

인터넷상에 가장 많이 쓰이는 그래픽 포맷으로 사진 이미지 저장에 사용되며, 저장 시 압축률을 지정
할 수 있고, 손실 압축 기법이므로 압축률을 높일 경우 사진품질이 저하됩니다.
(디지털 카메라에도 SHQ : 초고화질, HQ : 고화질 등의 모드가 있다.)

4) PDF

어도비사의 아크로뱃에서 사용하는 포맷입니다.

5) EPS

PostScript 출력 장치로 출력할 이미지 저장을 위한 출력전용 포맷으로, CMYK 분판출력이 목적입니
다.

6) BMP

Windows에서 기본 지원되는 포맷으로 24bit컬러를 지원하나 파일 용량이 크므로 많이 사용되지 않
습니다.

포토샵의 화면 구성

❶ 메뉴바 : 포토샵을 이용해 작업할 수 있는 모든 메뉴를 사용 목적에 따라 구분하고 있고, 각각의 메뉴를 클릭하면 관련 메뉴가 하위로 표시됩니다.

❷ 툴박스 : 직접 이미지에 작업을 할 수 있는 도구를 모아둔 곳으로, 포토샵 CS부터는 적목현상을 쉽게 수정할 수 있는 Color Replace Tool이 추가되었습니다. 작업 형태에 따라 마우스로 툴을 클릭해 선택할 수 있으며, 작은 삼각형이 표시된 툴에서 마우스 왼쪽 버튼을 누르고 있으면 숨겨진 비슷한 기능의 관련 툴이 표시되어 선택할 수 있습니다.

❸ 옵션바 : 툴의 각종 옵션을 변경할 수 있는 곳입니다. 툴 박스에서 툴을 선택하면 설정할 세부 사항들이 나타납니다.

❹ 이미지 창 : 작업하려는 사진이나 이미지를 표시하는 창으로, 이미지 창 제목 표시줄에는 파일 이름 및 보기 배율 등이 표시됩니다.

❺ 레이어 창 : 이미지 수정 및 편집 작업에 도움을 주는 각종 기능 및 옵션들을 쉽고 간단하게 사용할 수 있도록 독립된 창으로 구성해 표시한 것을 말합니다.

⬡ 포토샵 각종 툴과 패널들 ◯

❶ 툴바 펼침, 닫음

❷ 이동 툴(Move tool) : 해당 레이어의 이미지를 이동시키는 데 사용됩니다. Alt 키를 누른 채 이동 위치로 드래그 시 복사&이동이 됩니다.

❸ 선택 툴(Marquee Tool) / 단축키(M) : 선택 영역을 설정할 수 있습니다. 선택 영역 잡은 상태에서는 선택 영역 내의 작업만 허용됩니다.

❹ 올가미 툴(Lasso Tool) / 단축키(L) : 원하는 모양의 선택 영역을 설정할 수 있습니다.
- 다각형 올가미 툴 : 선택 영역을 다각형으로 잡을 수 있습니다.
- 자석 올가미 툴 : 이미지의 모양의 외곽선을 따라 마우스를 움직이면 자동인식해서 선택 영역을 잡아줍니다.
※ Shift 키를 누른 상태에서 L 키를 누르게 되면 종류를 선택할 수 있습니다.

❺ 마법봉 툴(Magic wand Tool) / 단축키(W) : 컬러가 같은 영역에 클릭하면 선택 영역을 잡아줍니다.
- 빠른 선택 툴 : 원하는 영역을 몇 회 클릭하면 자동적으로 계산되어 영역설정이 됩니다.
※ Shift 키를 누른 상태에서 W 키를 누르게 되면 종류를 선택할 수 있습니다.

❻ 자르기 툴(Crop Tool) / 단축키(C) : 이미지의 원하는 부분만 선택해서 자를 수 있습니다.
- 슬라이드 툴 : 이미지를 HTML 코딩하기 전 필요한 부분만 조각조각 슬라이스할 수 있습니다. 영역을 설정해도 이미지가 바로 잘리진 않습니다.
- 슬라이드 선택 툴 : 슬라이스를 한 영역을 선택, 이동할 수 있습니다.
※ Shift 키를 누른 상태에서 C 키를 누르게 되면 종류를 선택할 수 있습니다.

❼ 스포이드 툴(Eyedropper Tool) / 단축키(I) : 이미지에서 원하는 부분을 클릭하면 전경색으로 색상이 지정됩니다.
- 컬러 샘플러 툴 : 클릭한 컬러의 RGB 정보가 Info 창으로 출력됩니다. 최대 4개의 정보까지 저장됩니다.
- 룰러 툴 : 비스듬한 이미지에 수평선을 그어서 이미지의 수평을 맞춰줄 수 있습니다.
- 노트 툴 : 현재 작업하고 있는 스테이지에 주석을 남길 수 있는 있습니다.
- 카운트 툴 : 현재 작업하고 있는 스테이지에 숫자로 주석을 남길 수 있습니다.
※ Shift 키를 누른 상태에서 I 키를 누르게 되면 종류를 선택할 수 있습니다.

❽ 스팟 힐링 브러쉬 툴(Healing Brush Tool) / 단축키(J) : 힐링 브러시 툴은 잡티 제거 보정을 도와줍니다. 같은 색상을 다른 부분에 덮어씌우는 툴입니다.

❾ **브러시 툴(Brush Tool) / 단축키(B)** : 브러시 툴은 붓으로 그림을 그리는 효과를 냅니다.
Alt 키를 누르고 연필 툴을 선택할 수 있습니다.

❿ **도장 툴(Clone Stamp Tool) / 단축키(S)** : 도장을 찍듯이 이미지의 일부를 복사해서 다른 부분에 붙여 이미지를 수정하거나 상태가 좋지 않은 부분을 보정할 때 사용합니다.

⓫ **히스토리 브러시 툴(History Brush Tool) / 단축키(Y)** : 브러쉬로 칠한 부분을 이전 작업 단계로 되돌릴 수 있습니다. 이전 상태로 되돌리는 기능입니다.

⓬ **지우개 툴(Eraser Tool) / 단축키(E)** : 이미지의 불필요한 부분이나 브러시로 그렸다 지우고 싶은 부분을 지웁니다.

⓭ **그라디언트 툴(Gradient Tool) / 단축키(G)** : 두 가지 다른 색상의 변화를 부드럽게 연결시켜주는 툴입니다.

⓮ **블러 툴(Blur Tool) / 단축키(B)** : 촛점이 안 맞는 것처럼 흐려진 효과를 내는 툴입니다.

⓯ **닷지 툴(Dodge Tool) / 단축키(O)** : 클릭하거나 드래그한 부분을 밝게 만들어줍니다.

⓰ **펜 툴(Pen Tool) / 단축키(P)** : 점을 연결해 선을 만들거나 각을 만들어 곡선을 만들어내는 툴입니다. 패스(Paths)를 만들다가 잘못 클릭했을 경우 돌아가기는 Ctrl + Z로 취소합니다. 계속 취소하는 경우는 Ctrl + Alt + Z로 취소합니다.

⓱ **문자 툴(Type Tool) / 단축키(T)** : 글씨를 입력하기 위해 사용하는 툴입니다.

⓲ **패스선택 툴(Path Selection Tool) / 단축키(A)** : 펜 툴이나 세이프 툴로 생성된 패스를 선택하는 툴입니다.

⓳ **셰이프 툴(Shape Tool) / 단축키(U)** : 사각형, 둥근 사각형, 원형, 다각형, 선, 커스텀셰이프를 선택할 수 있습니다. 사각형과 다양한 모양의 객체를 생성합니다.

⓴ **손바닥 툴(Hand Tool) / 단축키(H)** : 큰이미지의 전체를 보지 못할 때 창 안에서 움직이면서 볼 수 있는 툴입니다. 모든 작업 중 스페이스바를 누르면 손바닥 툴이 생성됩니다.

㉑ **돋보기 툴(Zoom Tool) / 단축키(Z)** : 잘 안보이는 부분을 확대하거나 너무 큰 이미지를 축소해 보는 툴입니다.

㉒ **전경색/배경색(Foreground Color/ Background Color)** :
- 전경색(Foreground Color) : 브러시 툴이나 연필 툴 등 작업 시 직접적으로 나타나는 색을 표시합니다. 기본값은 검정색이며 클릭해 컬러픽커에서 색을 바꿀수 있습니다.
- 배경색(Background Color) : 백그라운드 레이어를 잘라내거나 오려낼 경우 나타내는 색을 표시합니다. 기본값은 흰색이며 클릭해 컬러픽커에서 변경할 수 있습니다.

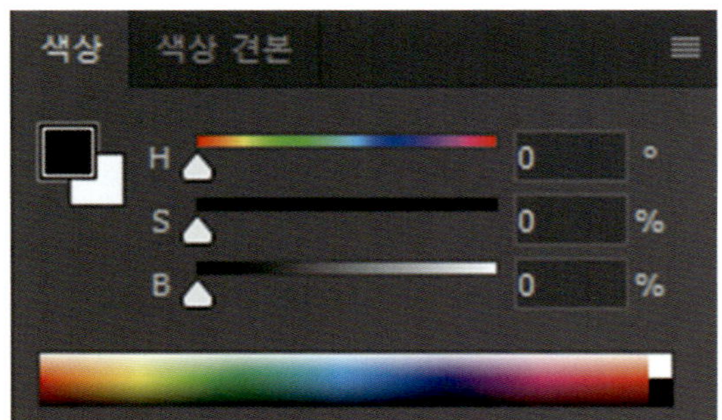

HSB 슬라이더 방식

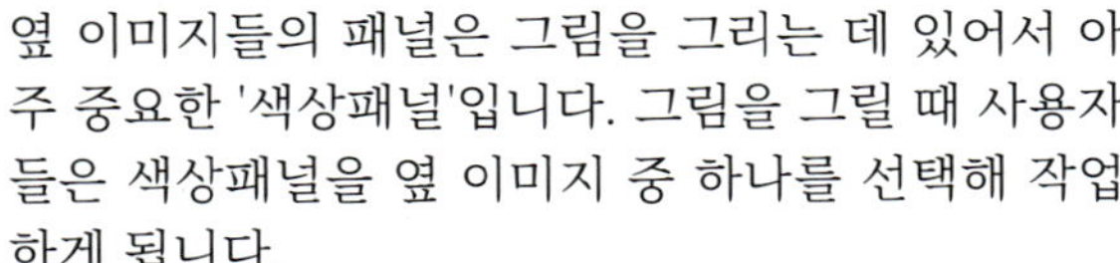

옆 이미지들의 패널은 그림을 그리는 데 있어서 아주 중요한 '색상패널'입니다. 그림을 그릴 때 사용자들은 색상패널을 옆 이미지 중 하나를 선택해 작업하게 됩니다.

필자가 추천하는 색상패널은 'HSB 슬라이더' 방식의 패널입니다.

위쪽부터 색상, 채도, 명도로 되어 있습니다. 색상을 먼저 잡고, 색의 선명도를 체크해 채도를 잡을 수 있으며, 밝고 어두움만의 명도를 차례로 설정해 색을 잡아낼 수 있기 때문입니다.

색조 육면체 방식

두 번째로 추천하는 색상패널은 '색조 육면체' 방식입니다. 오른쪽에 색상을 잡을 수 있도록 되어 있으며 가운데에는 선택한 색의 밝고 어둠의 명도로 시작해 채도로 펴지는 사각 색상바가 크게 나타나 있는 방식입니다.

어도비 포토샵 시리즈가 CS6 이후 CC로 넘어오면서 새로 생긴 색상패널 중 하나입니다.

상당히 색을 빨리 찾을 수 있는 장점을 가지고 있어 필자도 자주 배치해서 쓰고 있는 패널입니다.

RGB 슬라이더 방식

세 번째로 컴퓨터의 색상처리 기능인 'RGB 슬라이더' 방식 패널이 있습니다만 필자는 절대 추천 드리지 않는 색상패널입니다.

필자의 생각으로는 사진보정 쪽에 더 특화된 색상패널입니다. 그래서 그림 그리는 색상패널로는 추천하지 않습니다.

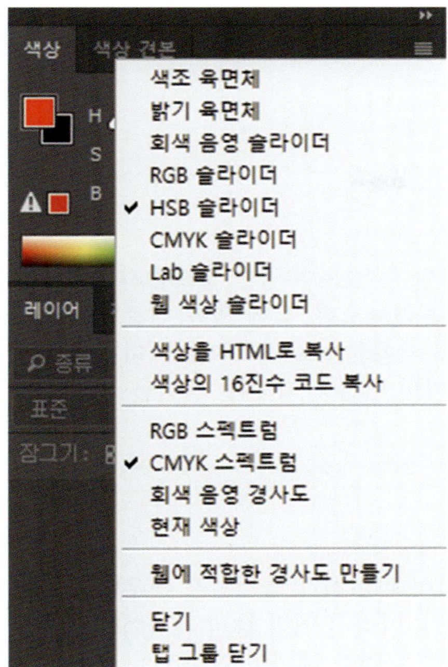

색상 패널은 옆 이미지처럼 자신에게 맞는 패널로 언제든지 바꾸어 가며 작업할 수 있습니다.

자신이 쓰고 있는 색상패널에는 체크표시가 되어집니다. 어떻게 보면 다른 그림 그리는 툴들보다 색상패널에 조금 부실한 느낌을 받는 분들도 있으리라 생각합니다. 포토샵 툴 자체가 원래는 사진을 다루는 툴이다 보니 색상패널의 디자인이 페인팅을 하기 좋게 되어 있지 않은 것 또한 사실입니다. 하지만 필자가 추천하는 'HSB 슬라이더' 방식 색상패널에 익숙해지신다면 이보다 더 좋은 색상 패널도 없다는 걸 알게 되시리라 생각합니다.

포토샵에서 제공하는 기본색상패널이 싫으신 분들을 위해 색상패널 플러그인들이 개발되어 판매되고 있습니다. 밑의 이미지가 바로 페인팅할 때 더 편하게 만들어주는 색상패널 플러그인들입니다. 포토샵의 기본색상패널이 싫으신 분들은 구입해 포토샵에 적용해 사용하시면 됩니다. 하지만 필자는 꼭 기본색상패널인 'HSB 슬라이더' 방식에 익숙해지시는 것을 권합니다.

MagicPicker

Coolorus

⬡ 레이어 ⭕

레이어의 개념

투명 이미지라고 정의할 수 있으며, 흰색 도화지 위에 그림을 그릴 수 있는 투명한 셀로판지라고 생각하면 쉽습니다. 즉, 각각의 셀로판지 위에 그림을 그려서 겹쳐 올려놓으면, 밑에 있는 셀로판지의 그림이 합쳐져서 하나의 그림처럼 보이게 됩니다. 이렇게 레이어를 사용함으로써 각 이미지마다 독립적인 작업이 가능해져서 쉽게 편집을 할 수 있으며, 각 레이어 사이의 여러 가지 혼합 방식을 통해 독특하고 새로운 이미지를 만들 수 있습니다.

레이어의 특징

•레이어 바탕 이미지는 투명합니다.
레이어의 바탕을 투명하게 작업할 수 있으므로, 여러 장의 레이어 이미지가 겹쳐있을 경우에도 투명한 부분은 투영되어 아래에 겹친 이미지를 표시할 수 있게 됩니다. 따라서 여러 장의 레이어 이미지를 자유롭게 겹쳐 다양한 합성 작업이 가능하게 됩니다. 일반적으로 투명한 레이어 이미지 바탕은 회색 체크무늬로 표시됩니다.

•레이어 팔레트에 표시된 순서대로 겹쳐 표시됩니다.
작업 중인 레이어 이미지는 레이어 팔레트에 표시된 순서로 겹쳐서 이미지 창에 표시됩니다. 따라서 이미지를 직접 수정, 편집 및 제거하지 않고 겹침 순서를 변경해 다른 형태의 이미지로 작업이 가능합니다.

•레이어에 포함된 이미지만 빠르게 선택 영역을 지정할 수 있습니다.
레이어 팔레트에서 'Background' 레이어를 제외한 나머지 투명 레이어에서 Ctrl을 누르고 클릭하면 특별한 선택 툴을 사용하지 않고, 레이어에 포함된 이미지만 선택 영역으로 지정할 수 있습니다.

•작업 중 필요 없는 레이어는 언제든지 제거하거나 추가할 수 있습니다.
원본 이미지를 수정하거나 편집하지 않고 언제든지 새로운 투명 레이어를 추가해 새로운 채색 작업이나 편집 작업이 가능합니다. 또한 작업에 필요하지 않은 레이어가 있다면 언제든지 제거할 수 있습니다. 레이어가 제거되면 레이어에 포함된 이미지까지 같이 제거되기 때문에 이미지 창에서는 표시되지 않습니다.

•레이어 이미지에 그림자 및 다양한 효과를 적용할 수 있습니다.
레이어 바탕이 투명하기 때문에 투명한 부분은 레이어 스타일 효과가 적용되지 않고 이미지 부분만 적용되기 때문에 특수 효과를 쉽게 적용할 수 있습니다.

⬡ 팔레트 레이어 ○

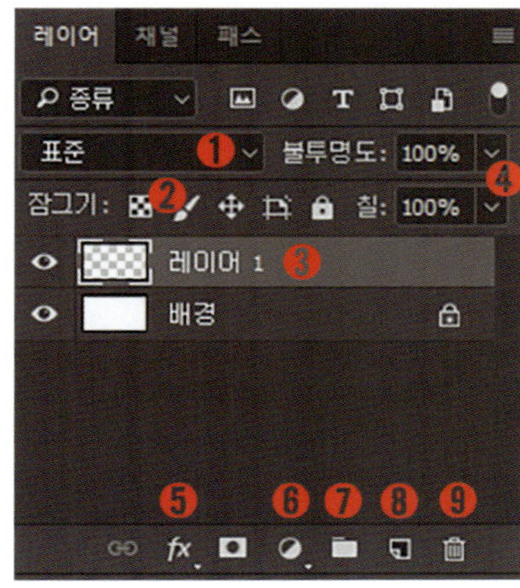

❶ 레이어 블렌딩 모드 : 현재 작업 중인 레이어와 아래에 겹친 레이어의 합성 방법을 결정하는 곳으로 블렌딩 모드 설정만으로 다양한 레이어 합성 효과를 만들 수 있습니다.

❷ 투명 보호 잠그기 모드 : 체크하면 레이어의 투명한 바탕 부분은 브러시 툴로 채색되거나 편집 툴로 수정되지 않고 레이어에 포함된 이미지에만 수정합니다. 투명 보호 잠그기가 체크된 레이어는 레이어 이름 오른쪽에 흰색의 자물쇠 아이콘이 표시됩니다.

❸ 눈 아이콘 : 레이어 보기를 제어해 이미지 창에 레이어 이미지를 보이게, 혹은 안 보이게 할 수 있습니다.

❹ 불투명도와 칠 : 레이어의 투명도를 설정할 수 있습니다. 값을 낮게 설정할수록 투명하게 변경되어 아래에 겹친 레이어가 표시됩니다.

❺ 레이어 스타일 버튼 : 레이어 이미지에 그림자 효과 및 입체 효과 등의 스타일이 적용되었을 경우 표시되는 아이콘입니다.

❻ 보정 레이어 생성 버튼 : 레이어에 보정 효과를 적용할 수 있는 보정 레이어를 추가합니다.

❼ 레이어 세트 생성 버튼 : 버튼을 클릭하면 레이어창에 레이어 그룹세트를 생성합니다.

❽ 레이어 생성 버튼 : 버튼을 클릭하면 새로운 투명 레이어가 생성됩니다. 또한, 레이어를 레이어 생성 버튼으로 드래그하면 복제할 수 있습니다.

❾ 레이어 제거 버튼 : 버튼을 클릭하면 레이어 팔레트에서 작업 중인 레이어를 제거합니다. 또한 제거할 레이어를 레이어 제거 버튼으로 드래그해도 됩니다.

포토샵 단축키

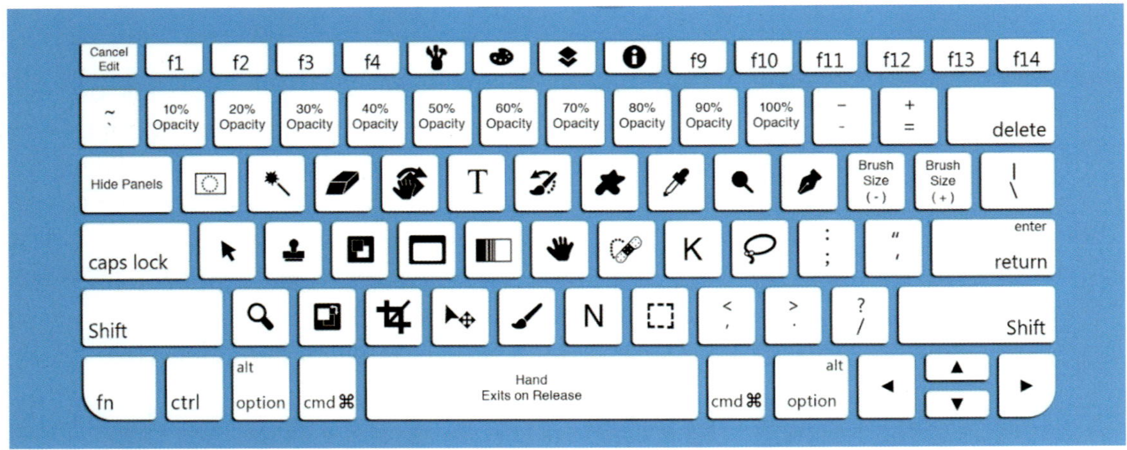

파일 작업 관련 단축키

[Ctrl + N] : 새 캔버스 만들기
[Ctrl + O] : 파일 불러오기(or 회색 바탕 화면 더블클릭)
[Shift + 작업 창 닫기 버튼] : 열려있는 모든 작업 창 닫기
[Alt + Ctrl + O] : Adobe Bridge 실행하기
[Ctrl + W] : 현재 캔버스 닫기
[Alt + Ctrl + W] : 모든 캔버스 닫기
[Ctrl + S] : 현재 파일 저장하기
[Shift + Ctrl + S] : 다른 이름으로 저장하기
[Alt + Shift + Ctrl + S] : 웹용 이미지로 저장하기
[F12] : 처음 상태로 되돌리기
[Ctrl + P] : 인쇄하기
[Ctrl + Q] : 포토샵 프로그램 종료하기
[Ctrl + K] : 포토샵(Preterences) 대화상자 열기

브러시 관련 단축키

[Ctrl + Z] : 바로 직전에 실행한 작업 취소하기
[Ctrl + Alt + Z] : 작업 여러 번 취소하기
[,] : 브러시 목록에서 이전 브러시 선택하기
[.] : 브러시 목록에서 다음 브러시 선택하기
[[/]] : 브러시 크기 점점 크게 / 점점 작게(아주 중요합니다!)
[Shift + [/]] : 브러시 hardness 값 강하게 / 약하게
[CapsLock] : 브러시 커서 십자 모양(+) / 미리보기 라인 활성화
[Alt] : 스포이드 도구로 전환

[D/X] : 기본색상/전경색과 배경색 위치 전환(D 누르면 전경색이 검정 배경색이 흰색, X 누르면 반대)

[Alt + Delete] : 전경색 채우기

[Ctrl + Delete] : 배경색 채우기

[Alt + Shift + Delete] : 투명 영역을 보호한 채 전경색 채우기

[Shift + Ctrl + Delete] : 투명 영역을 보호한 채 배경색 채우기

[Shift + F5] : [Fill]대화상자 열기

[X] : 전경색/배경색 전환하기

도구 사용 단축키

[Alt + 도구 선택] : 숨어 있는 도구 선택하기

[Eyedropper Tool 사용시 Alt를 누른 채 클릭] : 배경색으로 지정

[Spacebar] : 임시로 Hand Tool 사용하기

[Ctrl] : 임시로 Move Tool 사용하기

[Ctrl + Spacebar] : 임시로 Zoom Tool(+) 사용하기

[Alt + Spacebar] : 임시로 Zoom Tool(-) 사용하기

선택 영역 관련 단축키

[Ctrl + A] : 이미지 전체 영역을 선택하기

[Ctrl + Shift + D] : 마지막으로 지정했던 선택 영역 다시 선택하기

[Shift + 드래그] : 정 비율로 선택하기

선택 영역이 지정된 상태에서 사용하는 단축키

[Ctrl + D] : 지정된 선택 영역 해제하기

[Shift + 드래그] : 선택 영역에서 추가로 더 선택하기

[Alt + 드래그] : 선택한 영역의 일부분 빼기

[Ctrl + Shift + I] : 선택 영역 반전시키기

[Ctrl + T] : 선택 영역의 이미지 변경하기

[Ctrl + Shift + T] : 최근 적용한 Free Transform 재실행

[Ctrl + 드래그] : (변형 조절점 위에서 실행) 이미지를 자유롭게 왜곡

[Ctrl + Shift + 드래그] : (변형 조절점 위에서 실행) 이미지를 자유롭게 기울이기

[Ctrl + Shift + 드래그 + Alt] : (변형 조절점 위에서 실행) 이미지에 원근감을 줌

[Ctrl + C] : 선택 영역의 이미지 복사하기

[Ctrl + X] : 선택 영역의 이미지 오려내기

[Ctrl + Alt + 드래그] : 선택 영역의 이미지 복사해 이동하기

[Ctrl + 드래그] : 선택 영역의 이미지 오려서 이동하기

[Alt + Delete] : 선택 영역에 전경색 채우기

[Ctrl + Delete] : 선택 영역에 배경색 채우기

[Alt + Shift + Delete] : 투명 영역을 보호하면서 전경색 채우기

[Alt + I + P] : 선택 영역의 이미지만 남기고 자르기

[Ctrl + 방향키] : 선택 영역의 이미지를 오려서 픽셀 단위로 이동하기

[Shift + 방향키] : 선택 영역의 위치를 10픽셀 단위로 이동하기
[Shift + Ctrl + 방향키] : 선택 영역의 이미지를 오려서 10픽셀 단위로 이동하기
[Ctrl + J] : 선택 영역의 이미지를 복사해 새 레이어로 만들기
[Ctrl + Shift + J] : 선택 영역의 이미지를 잘라서 새 레이어로 만들기

화면 조작 관련 단축키

[Tab] : Tool 패널, 패널 감추기/나타내기
[Shift + Tab] : 패널만 감추기/나타내기
[Ctrl + +] : 화면 확대해 보기
[Ctrl + –] : 화면 축소해 보기
[Home / End 버튼] : 화면의 상단 왼쪽 보기 / 하단 오른쪽 보기
[Ctrl + R] : 눈금자 나타내기/감추기
[Ctrl + ;] : 안내선 나타내기/감추기
[Ctrl + Alt + ;] : 안내선 잠그기
[Shift + Ctrl + ;] : 스냅 선택/해제하기
[Ctrl + '] : 그리드 나타내기/감추기
[Ctrl + H] : 표시자 보이기/감추기
[Ctrl + Shift + H] : 패스 선 보이기/감추기
[F] : 윈도우 모드 변경하기

레이어 작업 관련 단축키

[Ctrl + Shift + N] : 새 레이어 만들기
[Ctrl + E] : 아래 레이어와 합치기(Ctrl 누른 채 합칠 레이어를 선택 후 E를 누르면 1개의 레이어로 병합)
[Shift + Ctrl + E] : 눈에 보이는 모든 레이어 병합
[Alt + Shift + Ctrl + E] : 눈에 보이는 모든 레이어를 병합해 새 레이어로 생성
[Ctrl + G] : 선택한 레이어를 그룹에 넣기
[Ctrl + Shift + G] : 그룹 해제하기
[Ctrl +]] : 선택한 레이어 한 단계 위로 이동
[Ctrl + [ ] : 선택한 레이어 한 단계 아래로 이동
[Shift + Ctrl +]] : 선택한 레이어 맨 위로 이동
[Shift + Ctrl + [ ] : 선택한 레이어 맨 아래로 이동
[Alt + 마우스 오른쪽] : 레이어 팔레트에서 해당 레이어 선택(작업창의 레이어 이미지 위에서)
[Ctrl + 새 레이어 만들기 아이콘] : 선택된 레이어 아래 새 레이어 만들기
[Alt + 레이어 구분선 클릭] : 클리핑 마스크 적용/해제

이미지 보정 관련 단축키

[Ctrl + L] : Levels 대화상자 불러오기
[Ctrl + Shift + L] : Auto Levels 적용하기
[Ctrl + Alt + Shift + L] : Auto Contrast 적용하기
[Shift + Ctrl + B] : Auto Colors 적용하기

[Ctrl + M] : Curves 대화상자 불러오기
[Ctrl + B] : Color Balance 대화상자 불러오기
[Ctrl + U] : Hue/Saturation 대화상자 불러오기
[Ctrl + Shift + U] : Desaturate 적용하기
[Ctrl + I] : 이미지 반전
[Alt + Ctrl + I] : image size 대화상자 열기
[Alt + Ctrl + C] : Canvas size 대화상자 열기
[Shift + Ctrl + F] : 최근 작업에 Fade 효과를 적용
[Ctrl + F + I] : 이미지의 색상을 반전하기
[Ctrl + F] : 마지막에 적용한 필터 반복 적용하기
[대화상자에서 Alt] : Cancel 버튼이 Reset 버튼으로 변경되어 초기화 가능

패스 관련 단축키 모음

[Alt + 앵커 포인트] : 방향선 제거
[Shift + 클릭] : 45도, 수평, 수직 형태로 그려짐
[Crtl + 앵커 포인트, 드래그] : 패스 선택 시 직접 선택 도구로 전환되어 방향선 및 위치 변경 가능
[팬 도구 사용 중 Alt] : 포인트 변환 도구로 전환
[앵커 포인트 추가 도구 사용 중 Alt] : 앵커 포인트 제거 도구로 전환
[Shift + Ctrl + H] : 패스 선 보이기 / 감추기
[Delete] : 패스 삭제
[Ctrl + Enter] : 패스 선을 선택 영역으로 활성화

패널 관련 단축키

[F5] : BRUSHES 패널 열기/닫기
[F6] : COLORS 패널 열기/닫기
[F7] : LAYERS 패널 열기/닫기
[F8] : INFO 패널 열기/닫기
[F9] : ACTION 패널 열기/닫기

PART 2

포토샵CC
페인팅 셋팅

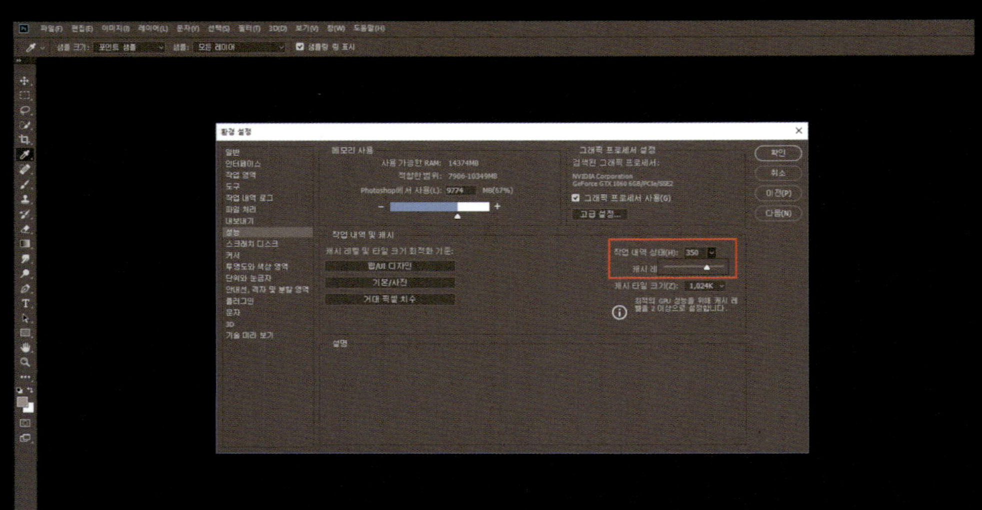

포토샵을 실행한 후 파일을 클릭, 아래의 환경설정을 클릭해 환경설정 창을 열어 줍니다. 그럼 위와 같은 화면이 나오는데 성능으로 들어가 작업 내역 상태 기본 설정 20을 350~500선으로 바꾸어 줍니다. 작업 내역을 늘려줌으로써 되돌리기 Ctrl+Z(UNDO)기능을 늘려줍니다.

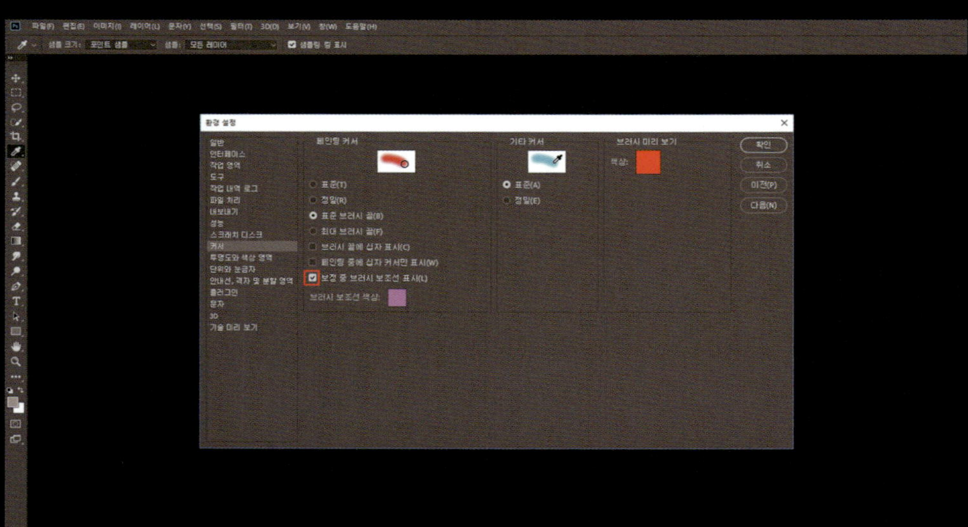

커서 환분에서 '보정 중 브러시 보조선 표시' 체크를 꺼주세요. 포토샵CC가 버전업되면서 생긴 기능으로 자신이 브러시를 움직일 때마다 핑크색 선들이 같이 따라 움직이는 기능인데, 장시간 그림을 그려야 하는 컨셉 아티스트들에게는 핑크색 선이 눈을 자극할 수 있습니다. 필자는 체크를 꺼서 나타나지 않게 합니다. 위 두 설정을 다 하셨다면 확인 버튼을 눌러 적용합니다.

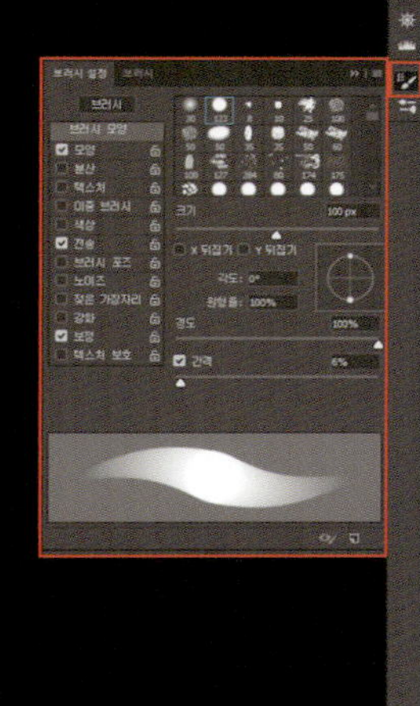

F5 키를 누르게 되면 자신이 쓰고 있는 브러시를 설정할 수 있습니다. 동그란 브러시의 크기 및 모양을 바꿀 수 있고 여러 가지 듀얼브러시 효과 및 텍스처 느낌도 브러시에 적용할 수 있습니다.

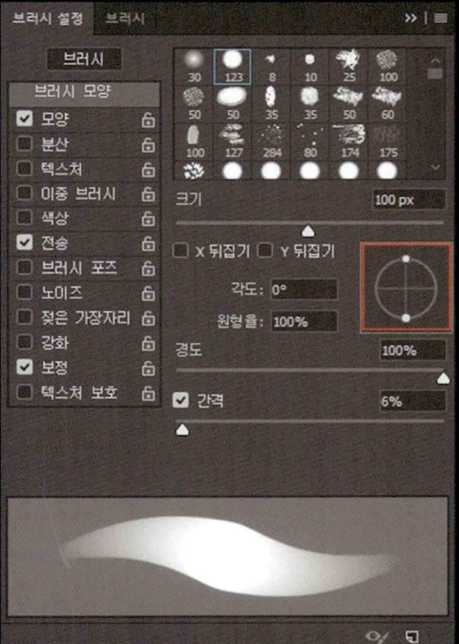

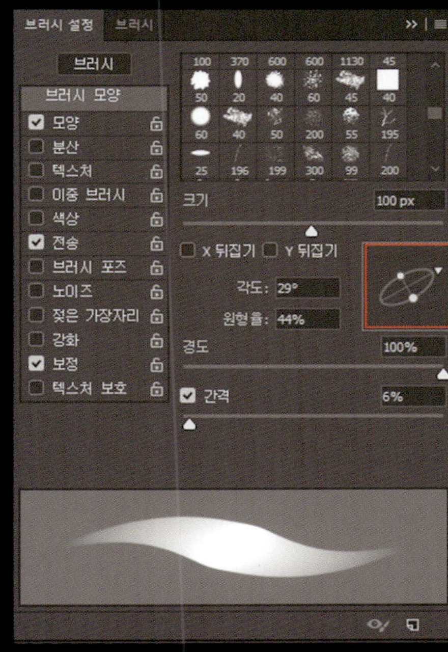

위 이미지의 빨간칸으로 표시된 부분에 타블렛 펜을 가지고 가서 원의 점들을 잡고 움직이면 동그란 브러시의 규격을 뒤틀어 쓸 수 있습니다. 동그란 브러시를 타원형으로 만들어 묘사할 수 있는 것입니다.

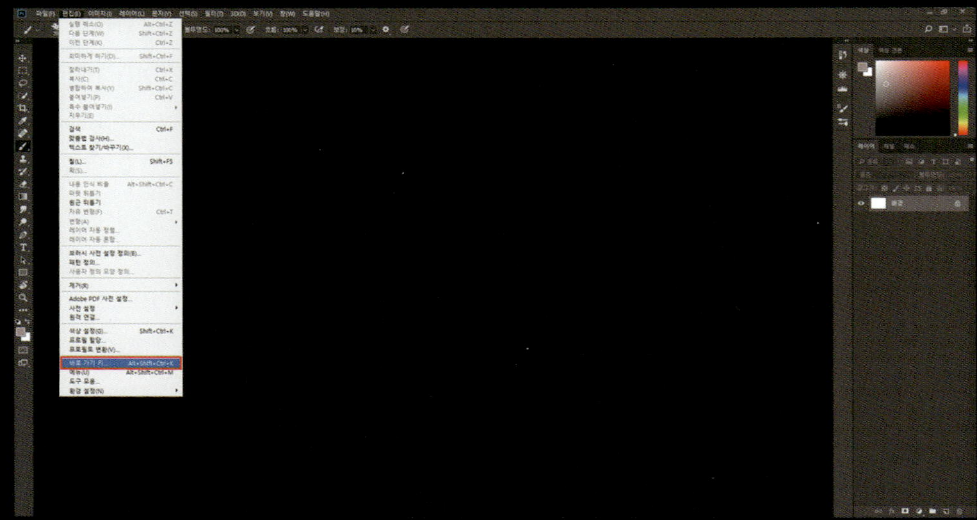

편집을 누르고 아래의 바로가기 키를 선택합니다.
포토샵의 되돌리기 기능의 기본 셋팅은 Alt+Ctrl+Z입니다.
필자는 Ctrl+Z로 되돌리기를 하는 것을 좋아하기 때문에 필히 아래의 이미지처럼 바꾸어 줍니다.

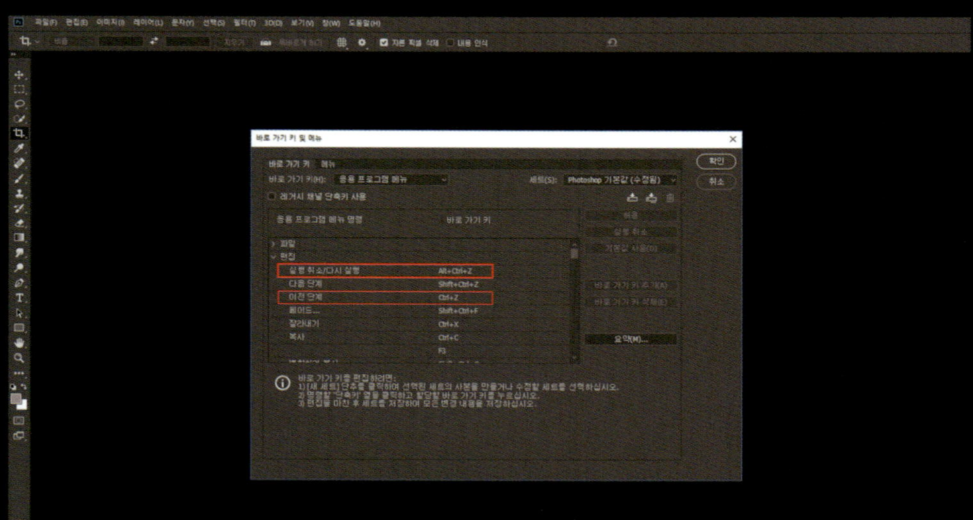

바로가기 키 및 메뉴에서는 포토샵에서 기본으로 제공하는 단축키를 유저가 편한 단축키로 변경할 수 있습니다. 만일 그림 세이브 단축키를 F10번 키로 하고 싶다면 언제든지 설정에서 바꿀 수 있습니다. 자신에게 맞는 단축키로 언제든지 바꿀수 있고 다시 포토샵 단축키 기본값으로 돌아갈 수도 있습니다.

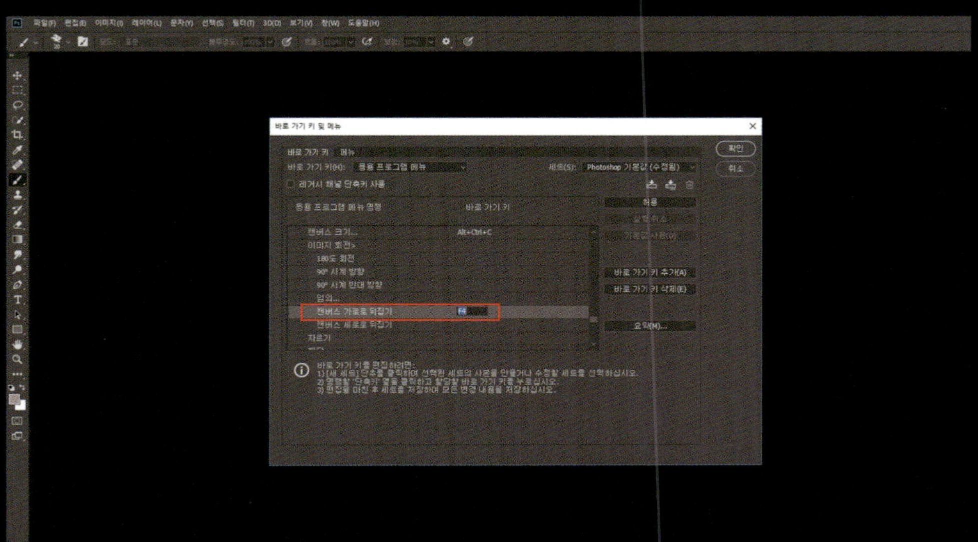

캔버스 가로로 뒤집기를 필자는 F4 키로 설정합니다. 캔버스를 좌우반전하는 기능이며 상당히 자주 사용되는 기능이라 단축키 지정은 포토샵을 이용해 그림을 그리는 분들에게는 필수 기능입니다. 이 방법을 이용해서 자신의 그림이 구도와 형태감이 맞는지 확인할 수 있고 새로운 시선으로 그림을 다시 볼 수 있습니다. 만약 캔버스를 좌우반전 돌렸을 때 그림이 어색하고 삐뚤어져 보인다면 구도가 맞지 않는 겁니다. 좋은 구도와 형태감은 어떻게 그림을 돌려보아도 잘 맞아 떨어지는 것으로 알 수 있습니다. 좌우반전 기능을 생활화하는 것은 필수이므로 꼭 단축키를 지정해 놓으시길 바랍니다.

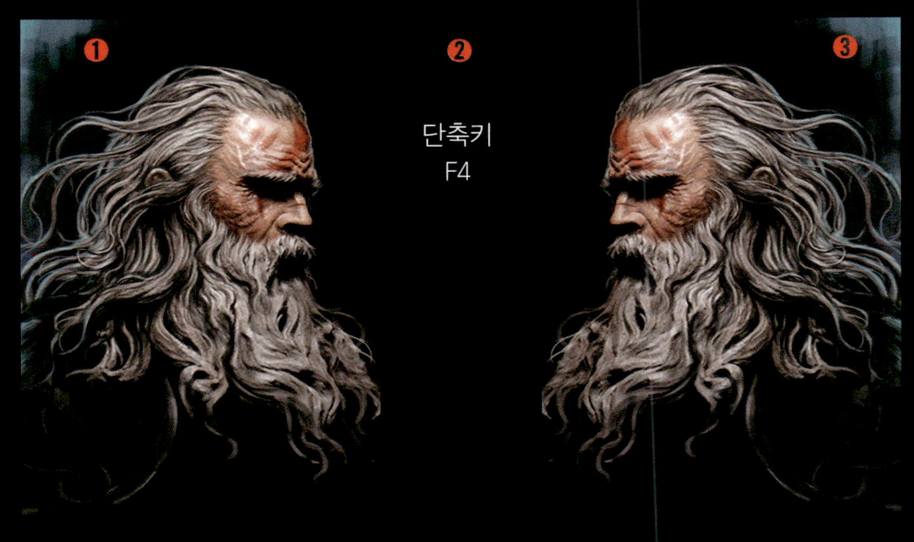

레이어의 블랜딩 모드

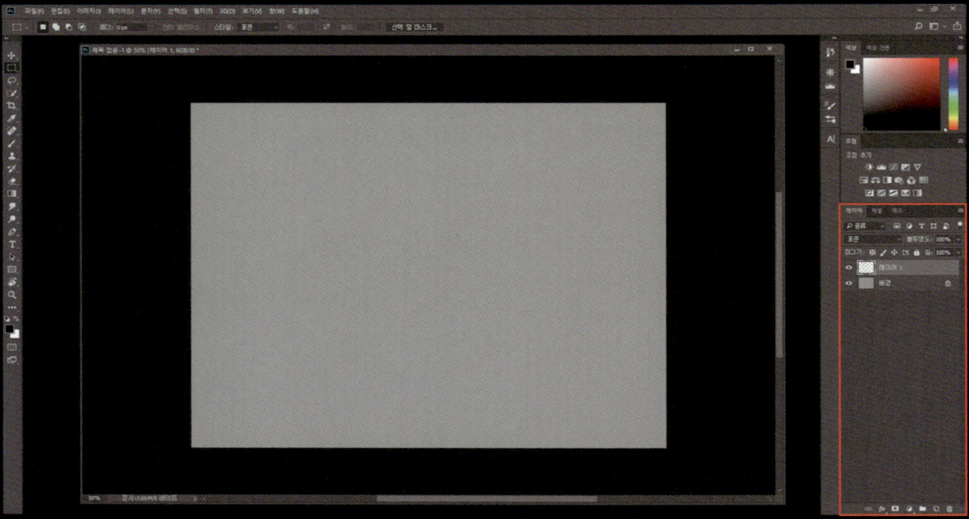

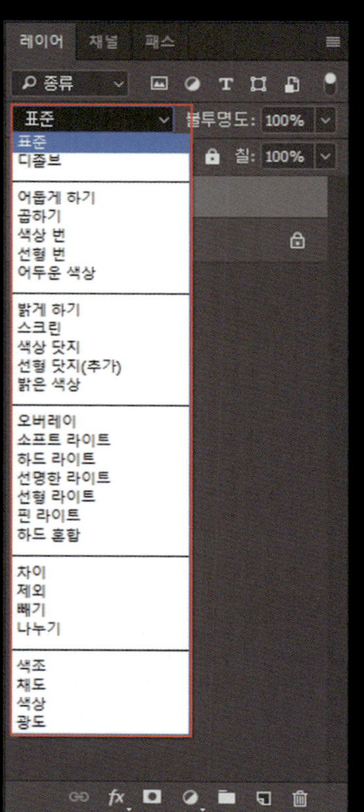

모드를 변경할 상단 레이어

배경 하단 레이어

팔레트 레이어의 블랜딩 모드는 필자의 방식대로 배경과
그림을 놓고 자신의 그림 레이어의 블랜딩 모드를 바꿔가
성되는 느낌을 알아보시길 바랍니다. 블랜딩 모드 중 중요
드는 표준, 곱하기, 오버레이,가 가장 중요하며 스크린, 색상
밝게하기, 색상모드도 자주 쓰는 모드입니다. 한 번씩 만
확인해 '아 이 모드는 이렇게 되는 구나' 하고
자신이 눈으로 확인하며 변하는 느낌을 외워 두셔야 합니
럼 참고를 위해 필자의 예전 그림과 텍스트 이미지를 합성
았습니다. 모드 속성에 따라 옆의 그림처럼 레이어 블랜딩
는 변하게 됩니다.

표준
디졸브
어둡게 하기
곱하기
색상 번
선형 번
어두운 색상
밝게 하기
스크린
색상 닷지
선형 닷지(추가)
밝은 색상
오버레이
소프트 라이트
하드 라이트
선명한 라이트
선형 라이트
핀 라이트
하드 혼합
차이
제외
빼기
나누기
색조
채도
색상
광도

▷ 컨셉 아트의 필수도구 포토샵 브러시 설정하기

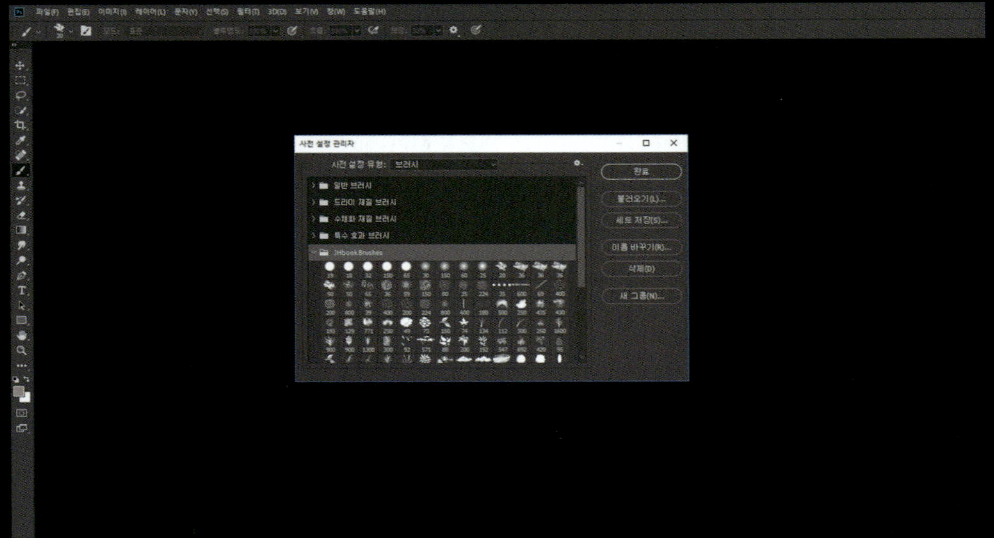

C:₩Program Files₩Adobe₩Adobe Photoshop CC₩Presets₩Brushes

디지털북스 홈페이지에 방문해 digitalbooks.co.kr/v2/board/main/index.php?id=pds

자료실을 클릭 후 게임 컨셉 아트 디지털 브러시 튜토리얼로 검색해 나오는 게시글을 클릭합니다. 그리고 첨부된 'JH Brushes.abr'을 다운로드 받습니다.

자신의 컴퓨터 운영체계 탐색기를 열어 C:₩Program Files₩Adobe₩Adobe Photoshop CC₩Presets₩Brushes 경로에 복사해 줍니다.

복사를 하신 뒤 포토샵을 실행해 브러시 사전설정 관리자에서 브러시 불러오기를 클릭합니다.

JH Brushes를 클릭해 브러시들을 불러와서 확인합니다.

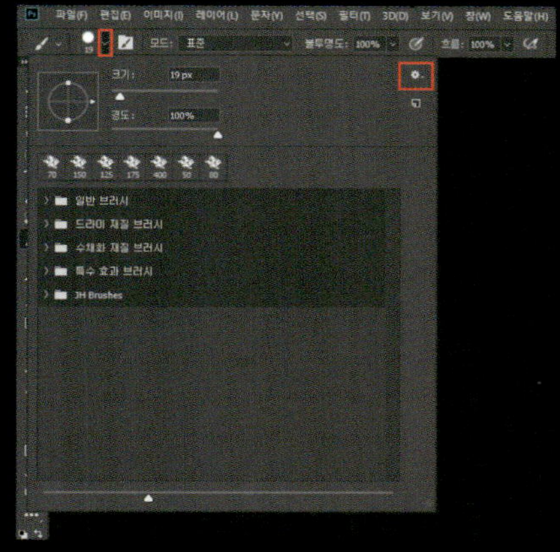

포토샵의 메뉴바에서 브러시 크기 표시 옆 아래 삼각형을 클릭하면 옆 이미지의 화면이 나옵니다.

그럼 오른쪽 작은 톱니바퀴 모양을 클릭해 JH 브러시를 불러 옵니다.

아래의 이미지가 바로 필자가 제공하는 JH 브러시들입니다. 왼쪽부터 오른쪽으로 가면서 필자가 만든 일반 기본 브러시부터 커스텀 브러시, 재질 브러시 등으로 나열했습니다. 브러시를 불러왔는데 필자의 이미지 같이 브러시가 정리되어 있지 않다면 브러시 사전설정 관리자에서 차례를 새롭게 나열해 변경할 수 있습니다.(포토샵CC가 버전업되면서 브러시들의 가로, 세로 나열이 바뀔 수 있습니다.) 그럼 필자가 즐겨쓰는 중요한 브러시들을 알아보겠습니다.

다음 페이지에서 빨간 칸으로 처리된 브러시들은 자주 사용되는 중요한 브러시들입니다. 꼭 타블렛 펜으로 그어보며 느낌을 파악하시길 바랍니다.

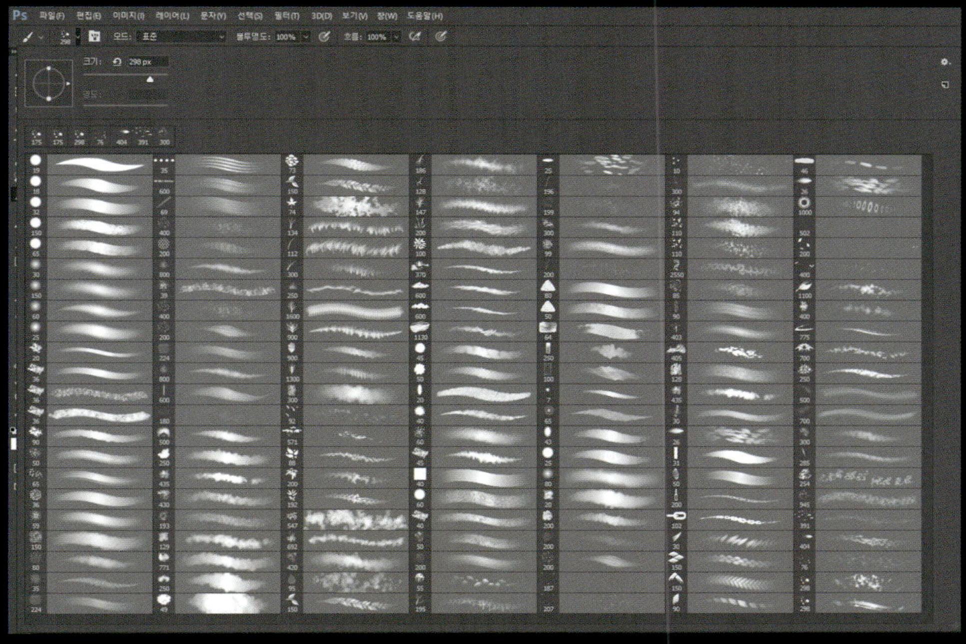

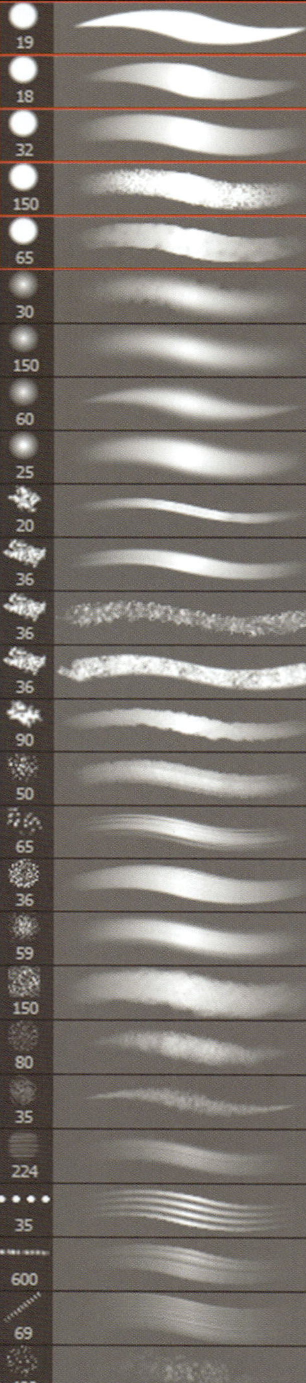

Hard Round 19 pixels

Hard Round 18 1

Hard Round 32 1

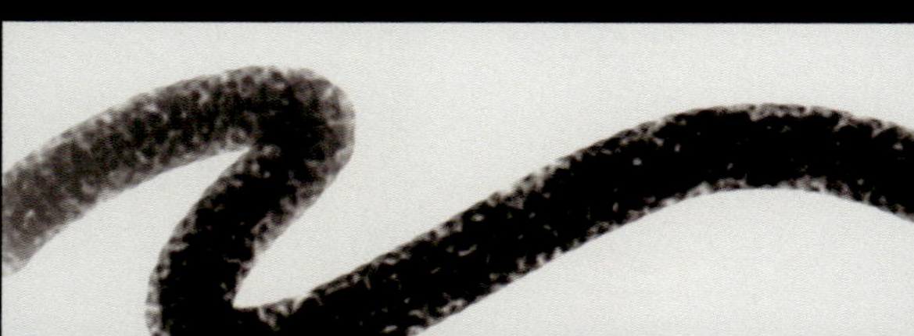

Hard Round 150 #2

Hard Round 65 #1

19
18
32
150
65
30
150
60
25
20
36
36
36
90
50
65
36
59
150
80
35
224
35
600
69
400
Soft Round 30 2
air-brush
Soft Round 60 1
Soft Round 25 1
pencil Sampled 20

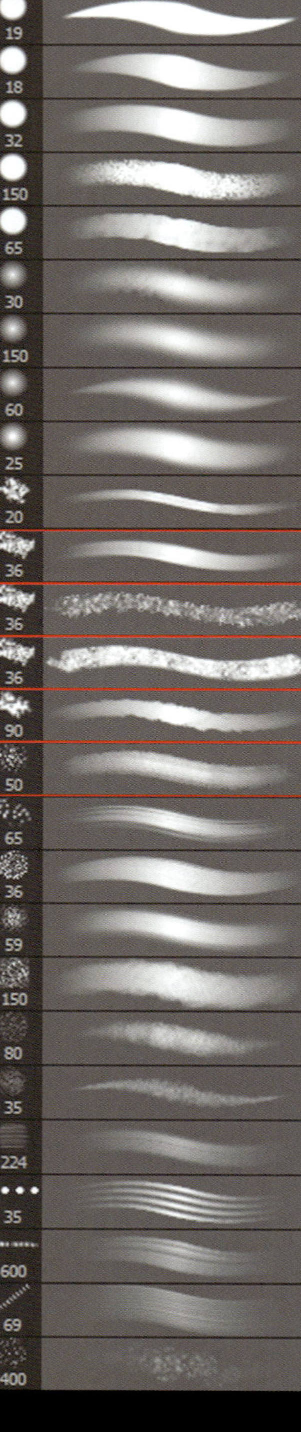

Chalk 36 pixels #1

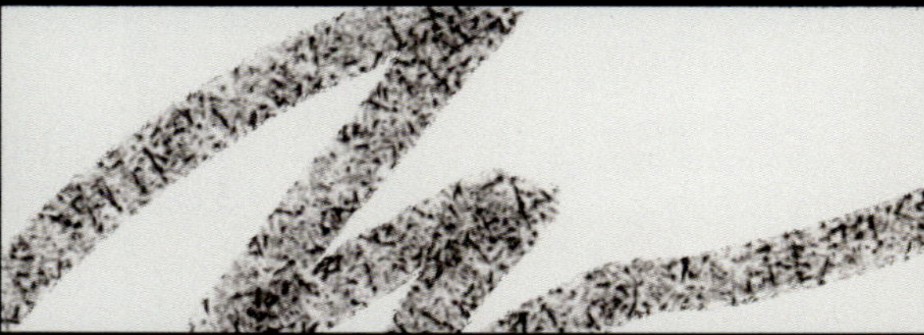

Chalk

Soft Oil Pastel

Chalk 17 pixels #1

user no4

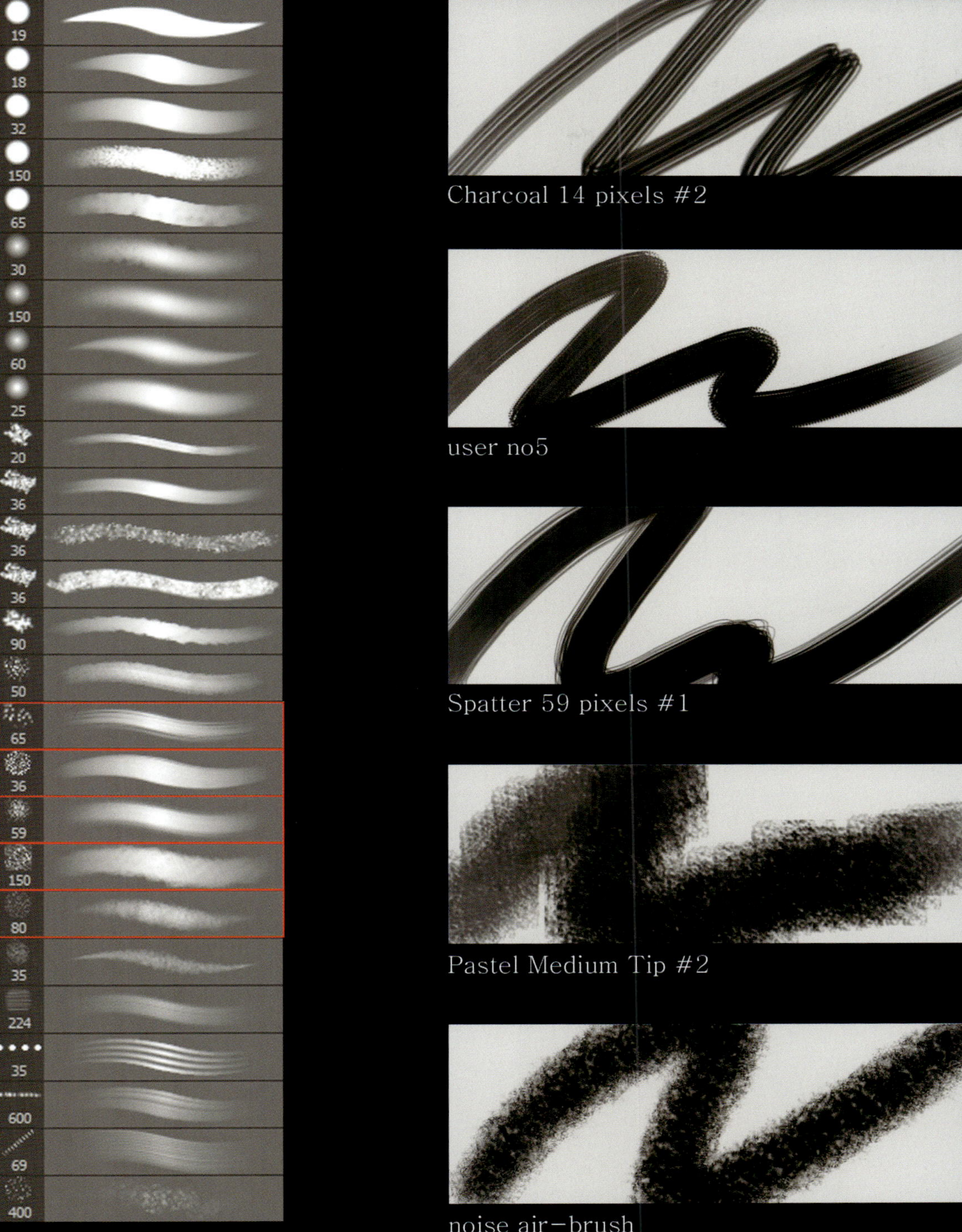

19
18
32
150
65
30
150
60
25
20
36
36
36
90
50
65
36
59
150
80
35
224
35
600
69
400
Charcoal 14 pixels #2
user no5
Spatter 59 pixels #1
Pastel Medium Tip #2
noise air-brush

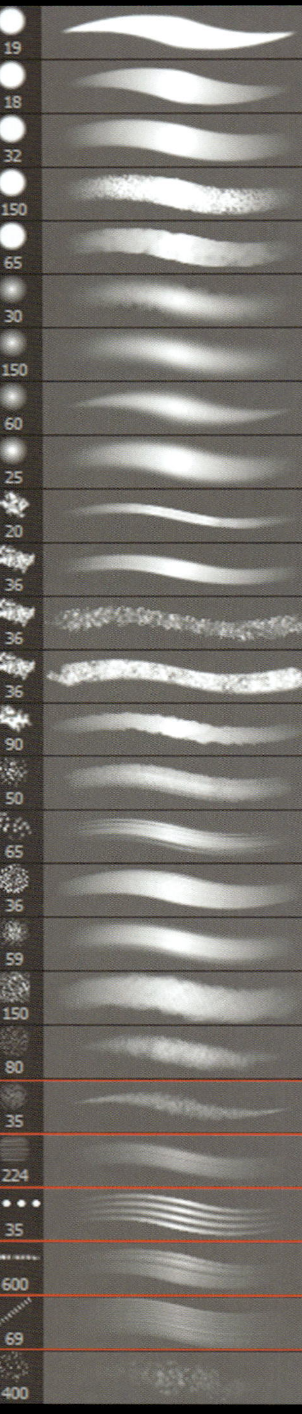

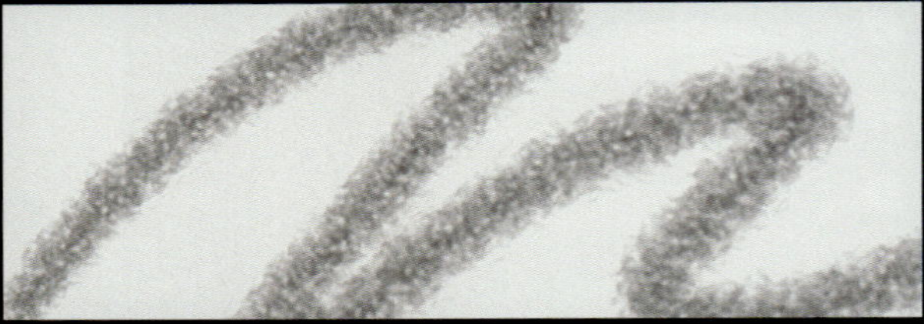

scrubber

penciller

Crosshatcher

Brushed Hair

Brushed Hair 2

Dry Brush
DUSTER_V
SCRATCHES_V
KNIFE_V
t-3

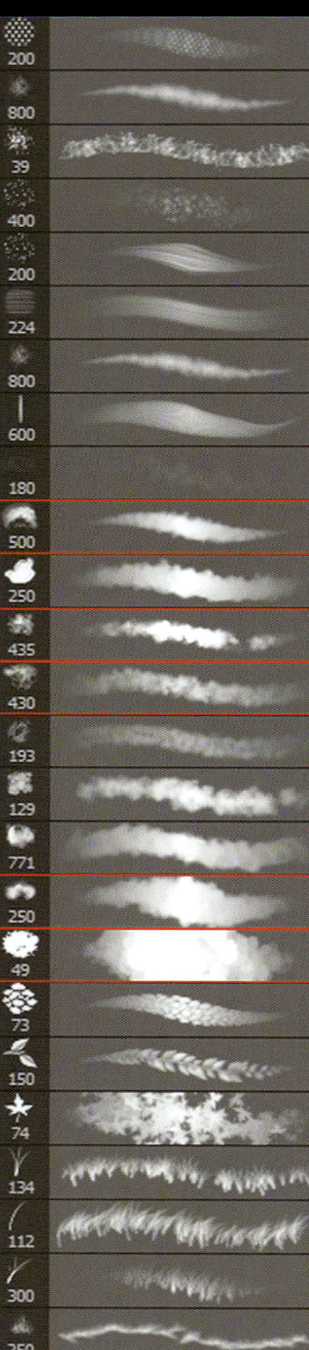

CLOUDER

Smok

g−cloud−7

clouds_brush

Sponge

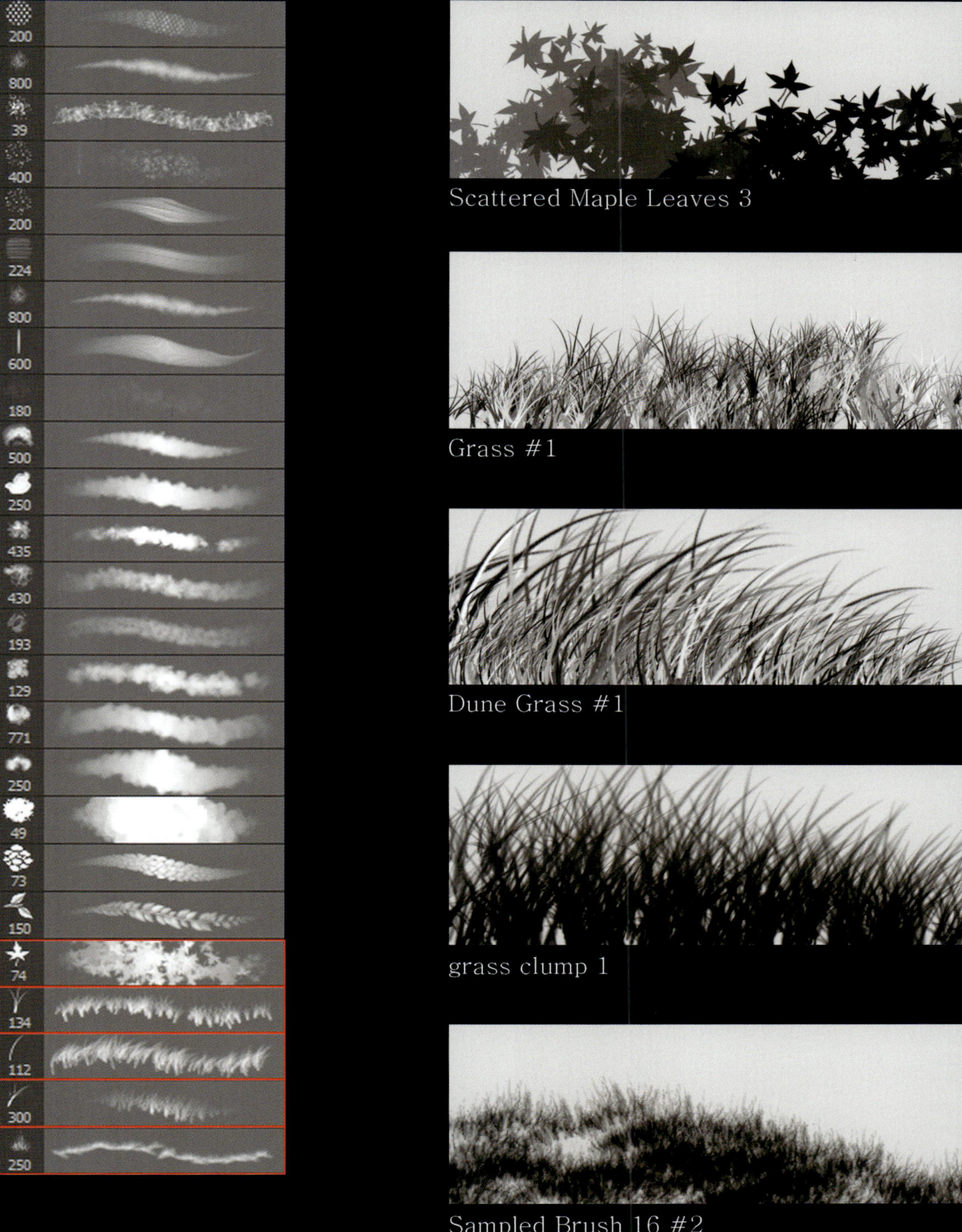

Scattered Maple Leaves 3

Grass #1

Dune Grass #1

grass clump 1

Sampled Brush 16 #2

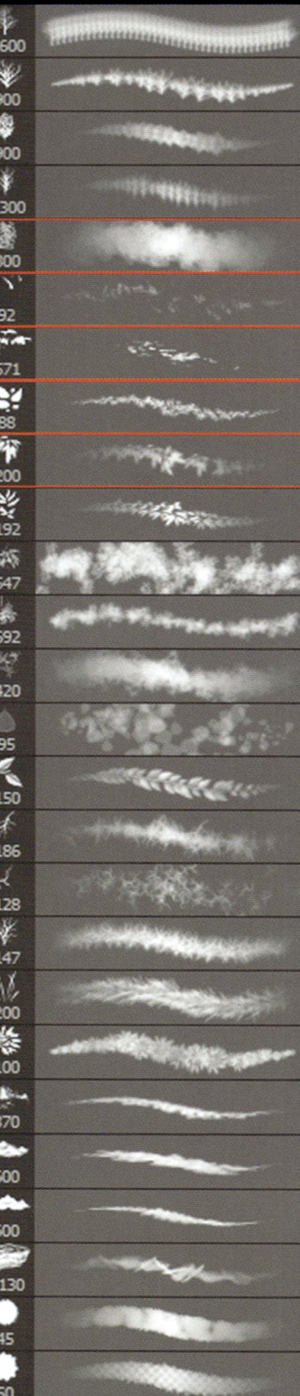

rust 1

Sampled Brush 9 6

Sampled Brush 14 3

Leafage

ErabeulTree

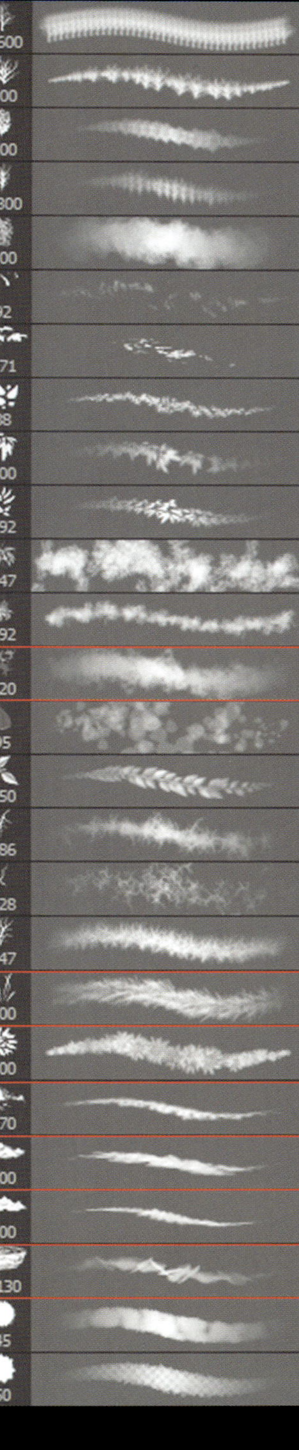

leaf-1

Grass - 2

Splash - 3

Mountain

ROCKER

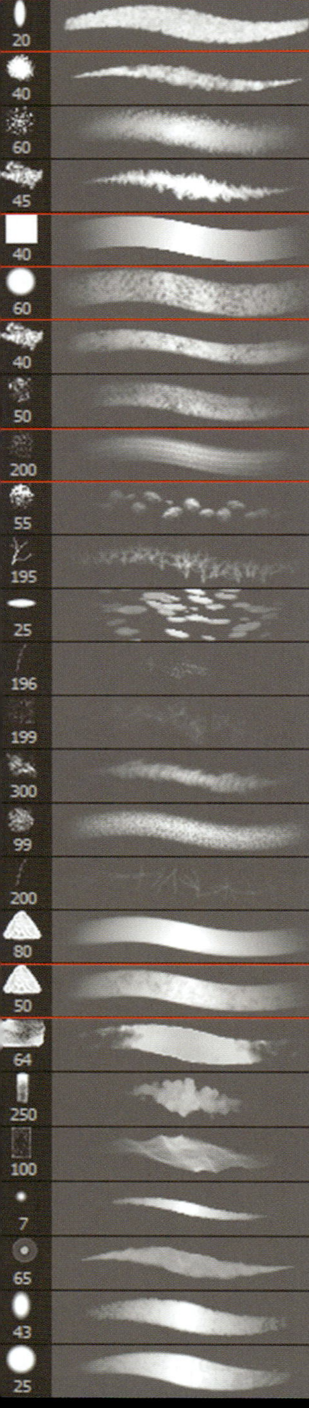

lEliptical 20 texturado

Aufgenommener Pinsel 1 41

Rund hart 60 2

Aufgenommener Pinsel 3 4

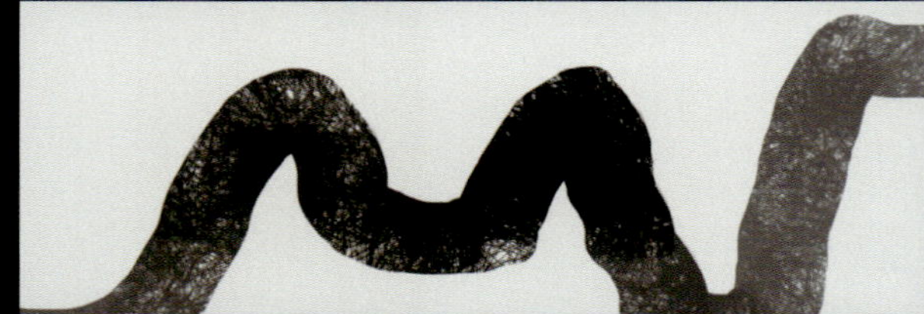
PainterLike Brush Main Texture

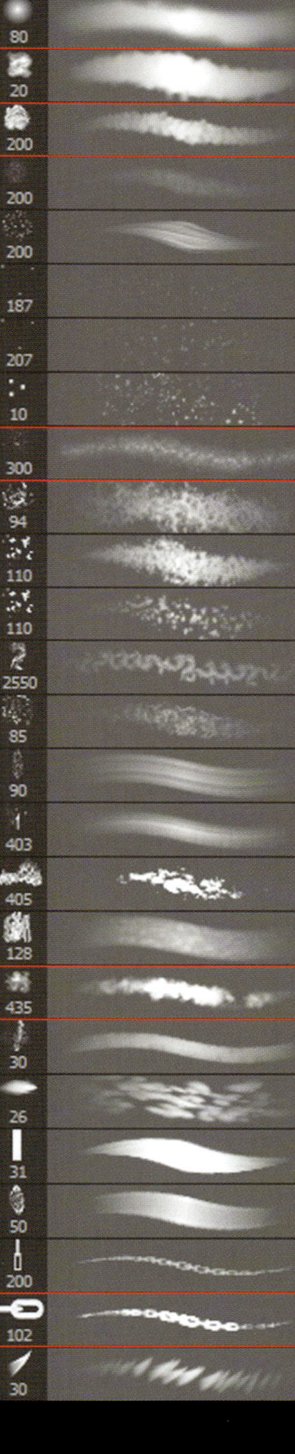

Cloud_B

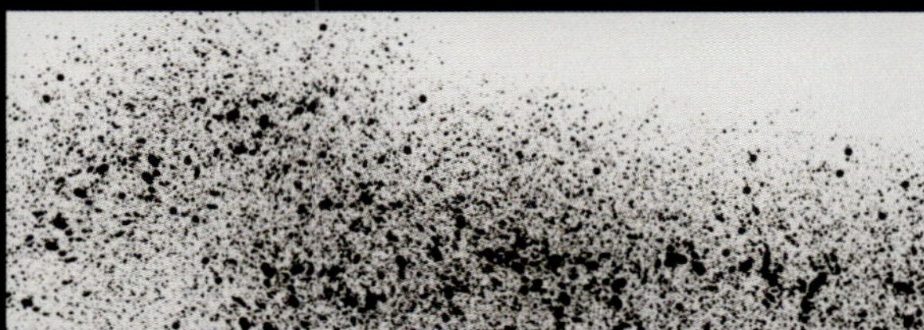

Smoke Brush

Toothbrush 1

Sampled Brush 2 20

chain 2

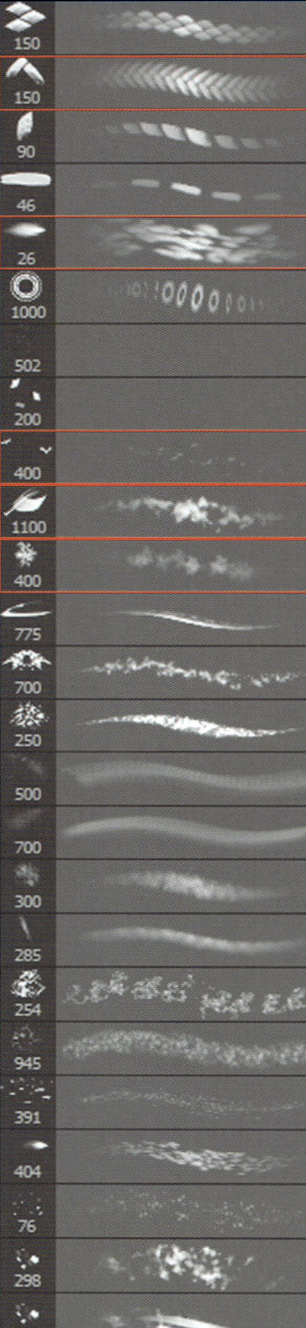

Sampled Brush 1 50

Hair Brush

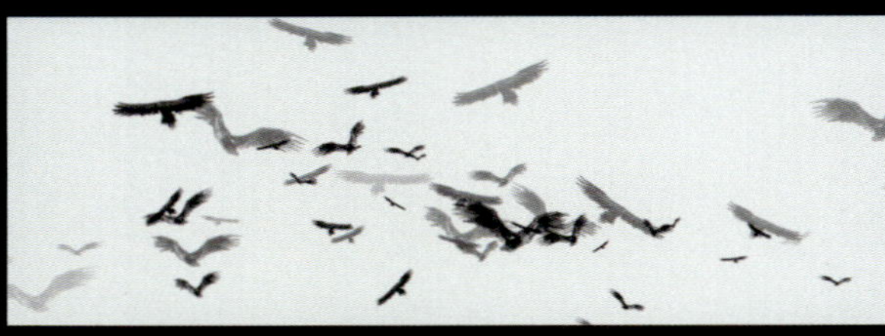

Vulture_V

ELEGANT_A

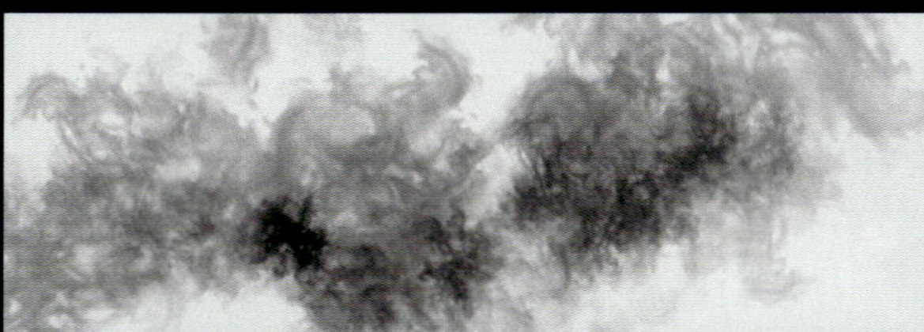

Flames − 1

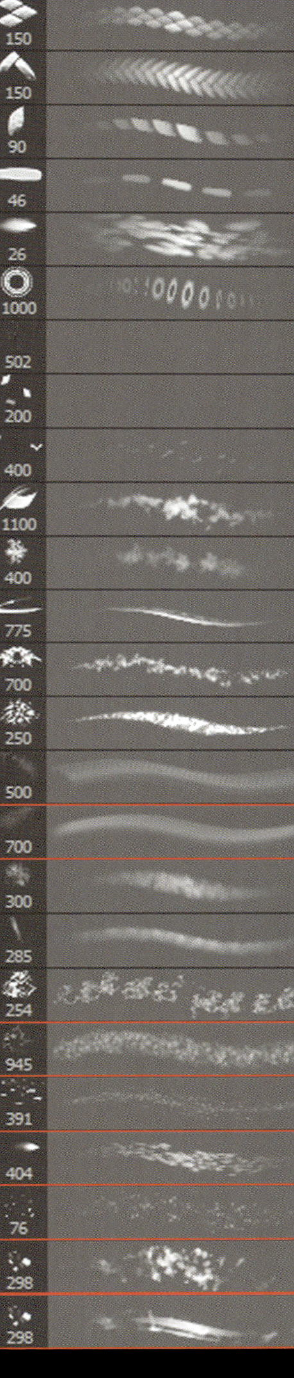

Sampled Brush 4

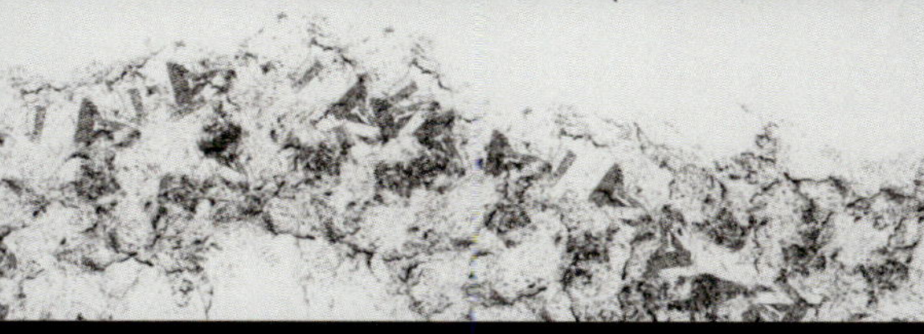

Sampled Brush #20 1

FUR 1

subtle color randomizer

compose

필자가 제공하는 JH브러시는 단언컨대 만능 브러시라 본인은 자부합니다!
이리저리 써보고 만들어 보고 느낌이 좋았던 브러시들만 모아 놓은
필자의 자식같은 브러시들입니다.

자 포토샵으로 그림을 그릴 수 있는 모든 준비가 끝났습니다.
기본 환경설정과 필자의 JH브러시 설정을 마쳤다면 모든 사전준비가 끝난 것입니다.

필자의 책은 포토샵CC에 대한 기초적인 것부터 마스터하는 책은 아닙니다.
툴에 대한 기본이 부족하신 분들은 시중에 포토샵 기초책들이 많으니 구입해 보시거나
인터넷 검색을 통해서 익숙해 지시길 바랍니다.
예전 포토샵 시리즈 중 영문판만 존재했을 때보다 포토샵CC로 넘어 오면서 자신의 운영 체계가 한글이면
자동으로 포토샵CC는 한글로 설치가 됩니다.
그러니 그렇게 어렵지 않을 것이라 생각하며 필자 또한 영문판을 기준으로 둔 것이 아니라
한글판을 기준으로 두고 책을 집필했습니다.

필자의 책은 디지털 브러시로 그림 그리는 과정을 튜토리얼로 나열한 책이기에 포토샵 설정에서 여기까지
는 꼭 컨셉 아트를 그려야할 때 필요한 것만 짚고 넘어 갔습니다.
이제부터 컨셉 아트를 그리는 튜토리얼 본연에 충실할까 합니다.

자 게임 그래픽 이론과 디지털 페인팅을 하기 위한 포토샵 셋팅이 끝났다면
본격적으로 '게임 컨셉 아트 디지털 브러시 튜토리얼'을 시작 하겠습니다.

여러분 앞에서도 언급했지만 너무 중요해서 다시 한 번 언급하자면
항상 많은 것을 시각적으로 기억하는 것이 가장 중요합니다.
필자가 앞페이지에 설명한 '비쥬얼 라이브러리'는
그림을 잘 그리는 조건에서 가장 최상단에 있는 조건입니다.
자신이 머릿속에 그림 라이브러리를 만들어 놓지 않는다면,
결코 그림 그리는 일이 즐거운 일이 아니라 스트레스로 다가올 것입니다.

이유는 아주 단순합니다.
기억이 나질 않기 때문입니다.
알려고 다시 자료를 찾고 숙지하는 과정에서 지치게 되는 것이죠.

그러니 평상시에 시각적으로 잘 기억하려는 버릇을 들이시길 바랍니다.
그림도 외워야 합니다. 즉 공부입니다.
시각적인 공부이죠.

무조건 머릿속에 형태나 그림체들을 외우세요.
그리고 손이 기억하게 끔 많이 그려 주세요.

자 모두들 준비되셨나요.
그럼 게임 컨셉 아트 디지털 브러시 페인팅의 세계로 들어가 보도록 하겠습니다!

PART 3
모작하기

우선 그림 작업을 하기 위해 모작을 먼저 진행해 보겠습니다. 많은 그림쟁이들이 모작을 하는 가장 큰 이유는 모작을 하면 자신의 모자란 실력을 바로 알 수 있기도 하며 그림의 형태를 정확하게 읽고 빛에 대한 흐름을 이해할 수 있는 장점이 있기 때문입니다.
그리고 그림 실력을 가장 빠르게 상승시킬 수 있는 방법 또한 모작을 많이 해보는 것입니다.
창작 작업을 좋아하는 사람들은 모작을 하는 것을 싫어하는 경향이 많다고 생각하실 수 있겠으나 게임 업계의 컨셉 아티스트들은 사실 모작을 상당히 많이 합니다.

모작을 하는 또다른 이유는, 우선 자신이 그림을 그리며 미처 잊고 있을 수 있는 습관이나 버릇을 고치고 실사진이나 다른 작가의 작품 혹은 영상 속의 캡처장면을 그려봄으로써 빛에 대한 생각과 형태 그리고 재질에 대한 자신의 이해력을 다시 한 번 확인할 수 있으며 모자란 그림 실력을 높게 올릴 수 있다는 것을 모작을 통해 그려보며, 자연스럽게 자신의 실력 향상을 목표로 하는 것입니다.

그러므로 필자는 창작 컨셉 아트 작업에 들어가기에 앞서 '모작'에 대한 중요성을 다시 한 번 인지하고 모작 작업을 먼저 진행해 보도록 하겠습니다.

레오나르도 다빈치,
<모나리자>, 1503-1506.
패널에 유채, 77×53cm.
루브르 미술관.

레오나르도 다빈치의 견습생,
<모나리자>, 1503-1516.
패널에 유채, 76.3X57cm.
프라도 미술관.

필자의 모작 작품

▷ 인물 모작

우선은 글레이징 기법으로 명도만을 이용해 전체 명암과 양감을 잡아 '인물 모작'을 먼저 하고 난 뒤, 인물과 배경까지 같이 있는 '장면 모작'을 해볼까 합니다.
인물 모작을 통해 나중에 자신이 창작할 캐릭터 성격에 맞는 이목구비를 미리 연습하며 수많은 사람들의 얼굴 골격을 알아가는 단계적인 연습이라 생각하시고 작업에 들어가는 것이 좋은 방향을 가진 인물 모작 접근법입니다.

▷ 배경까지 같이 있는 영상 캡처 장면 모작

사진을 보며 모작하는 것보다 더 자신의 그림 실력 향상에 도움이 되는 모작법은 뭐가 있을까? 고민하다 찾게된 방식의 모작 방법입니다. 그건 바로 영화나 해외 드라마 등의 영상을 캡처해 모작하는 '장면 모작'입니다. 영화나 다른 매체의 영상 콘텐츠를 만들 때 그 영상에는 미술감독의 '미장센'이 포함되어 있습니다. 그 영상 장면만의 색채도 공부할 수 있습니다. 이렇게 영상의 캡처장면은 무대, 미술아트가 한 장면에 모두 묘사되어 있어 모작을 통한 그림 실력 향상에 상당한 도움을 주게 됩니다.

캡처 이미지를 인기 해외 드라마나 영화 속의 장면으로 캡처해 그대로 따라 그려보시길 바랍니다. 실사진을 모작하는 것도 중요하나 영화 속의 장면을 캡처해 모작하게 되면 영화에 쓰인 색감과 화면 연출을 한번에 따라 모작할 수 있는 장점이 있어 많은 컨셉 아티스트들이 자신의 그림 역량을 높이기 위해 이런 방법으로 모작을 많이 하고 있습니다.

필자는 출판을 위해 영상 캡처 장면 모작을 튜토리얼로 책에 넣는 과정에서 해외 드라마나 영화의 장면을 사용할 수 없었습니다. 그 이유는 아무리 모작이라도 배우들의 초상권과 영상작품이 가지고 있는 저작권 문제 때문이었습니다. 그리해 영상의 장면을 책에 첨부해 모작 튜토리얼로 만들 수 없어 '저작권 없는 이미지'로 모작 튜토리얼을 제작할 수밖에 없었습니다. 이 점은 책을 구입해 주신 여러분들께 양해 부탁드립니다.

말이 길어졌는데 인물 모작과 장면 모작 튜토리얼을 이제 시작하기로 하겠습니다.
'모작'을 하기위해 선정한 캡처본을 옆에 두고 우선 캔버스를 만들고 스케치와 덩어리를 잡아나가야 합니다. 그럼 인물 모작부터 들어가 보도록 하겠습니다.

여러분들은 꼭 영상 캡처본으로 장면 모작을 하시길 바랍니다.

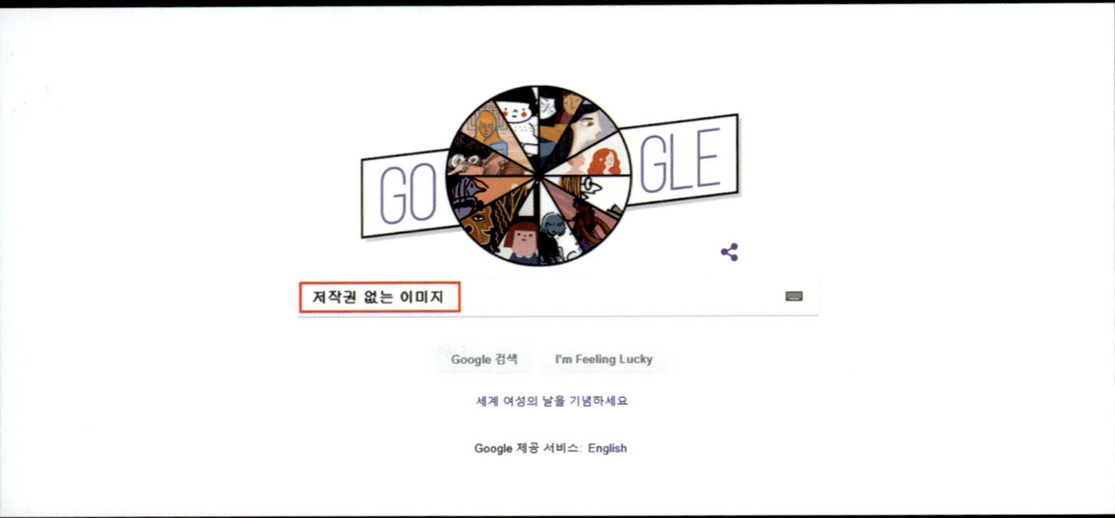

출판을 하기 위해서는 다양한 이미지가 필요한 순간이 있습니다. 그럴 때 매번 돈 주고 살 수도 없고 사진을 직접 찍으러 다닐 수 있는 시간적 여유도 현대인들에게는 어려운 일입니다.

"그렇다면 저작권 없는 이미지들을 구할 수 없을까?"

방법은 있습니다. 인터넷 검색창에 '저작권 없는 이미지'로 검색을 하면 상업적인 용도로 사용 가능한 이미지들을 제공해 주는 사이트들이 나타납니다. 필자는 모작 튜토리얼을 만들기 위해 인터넷 검색을 통해 저작권 없는 사진 이미지들을 캡처하거나 다운로드해 모작 튜토리얼을 제작했습니다.

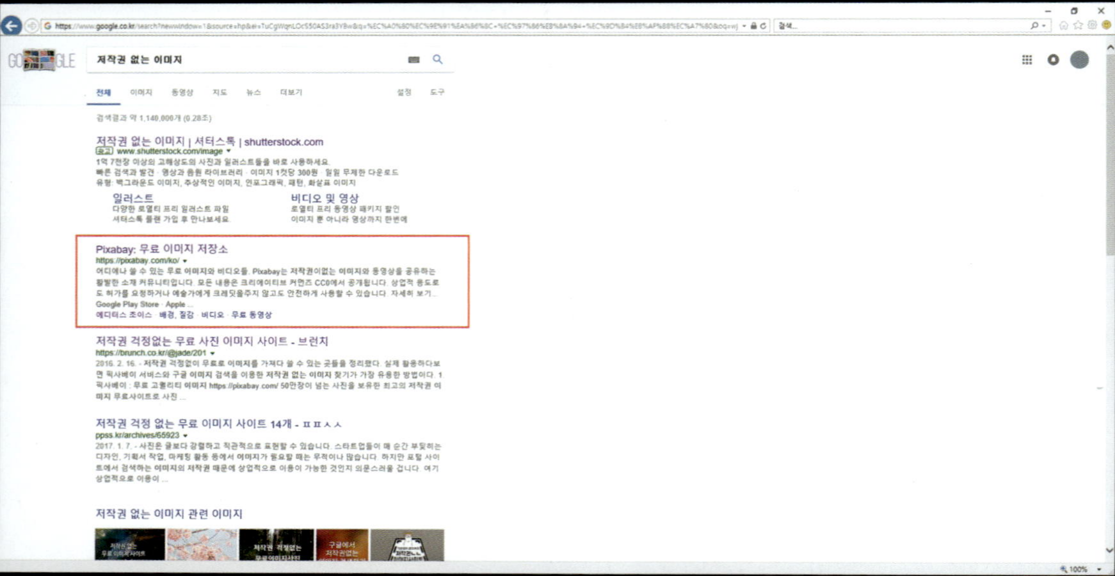

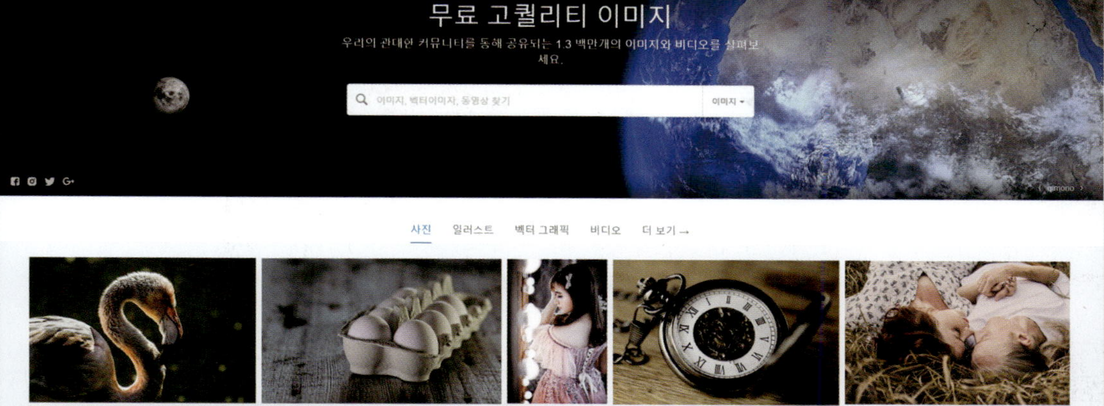

픽사베이(Pixabay) 홈페이지 시작화면 모습(pixabay.com/ko)

위 이미지는 무료 고퀄리티 이미지를 제공 받을 수 있는 픽사베이(Pixabay)의 홈페이지 모습입니다. 픽사베이는 저작권이 없는 이미지와 동영상을 공유하는 활발한 소재 커뮤니티입니다. 모든 내용은 크리에이티브 커먼즈 CC0에서 공개됩니다. 상업적 용도로 허가를 요청하거나 예술가에게 크레딧을 주지 않고도 안전하게 사용할 수 있는 이미지들을 제공합니다. 필자는 픽사베이 검색창에서 여성, 남성의 키워드로 검색해 모작을 할 대상 이미지들을 검색해 무료 다운로드를 받아 모작을 진행했습니다.

출판을 목적으로 제작했기에 이렇게 저작권이 없는 이미지로 제작할 수밖에 없었지만 여러분들은 자신이 그리고 싶은 배우나 모델들로 인물 모작을 하시길 바라며 뒤에 다루어질 장면 모작은 꼭 자신이 좋아하는 영화나 드라마 영상의 캡처본으로 연습하시길 바랍니다.

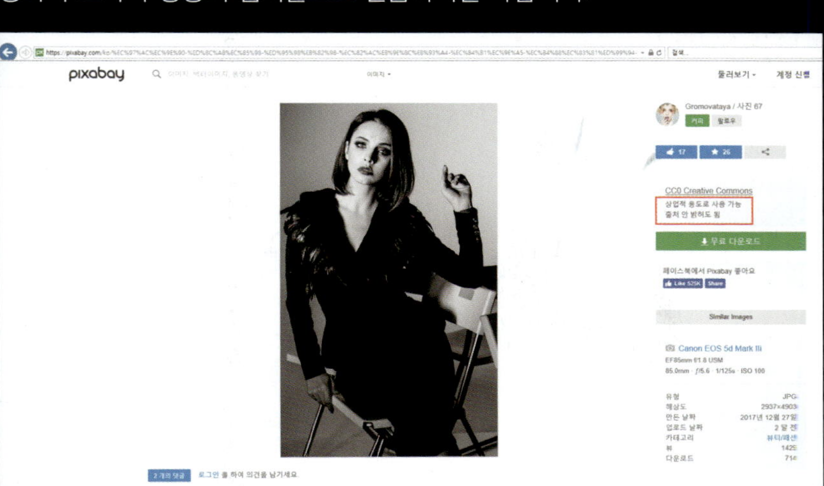

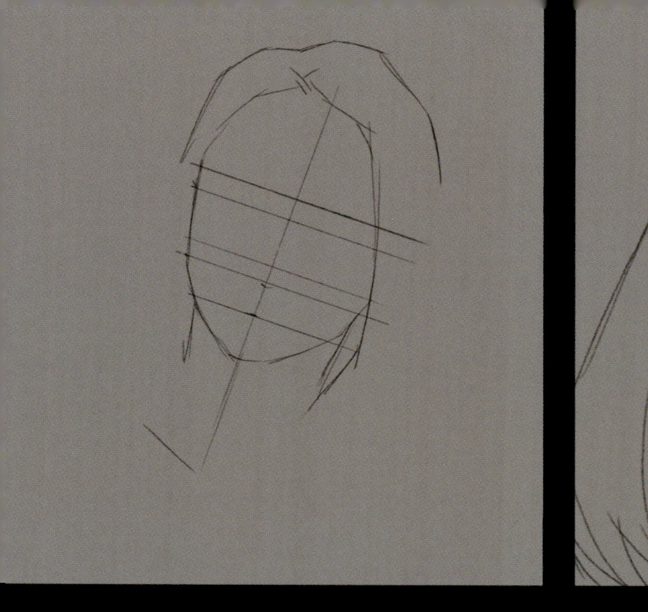

3000 사이즈 픽셀에 해상도 300으로 새 캔버스를 만든 후 팔레트 레이어의 배경 위에 새 레이어를 하나 만들고 그 새 레이어에서 작업합니다. 배경은 회색으로 두고 배경 위에 만든 새 레이어에서만 작업을 합니다. 인물 모작의 경우는 레이어를 많이 쓰는 것을 필자는 추천하지 않습니다. 최대한 수작업의 느낌으로 한 장의 레이어가 한 장의 종이라고 생각하며 작업하는 것이 바른 접근입니다. 최대한 자신의 실수를 레이어에 의존하지 않고 바로바로 뎃생력을 올리며, 그리고 지우며, 고쳐가며 형태감을 우선으로 생각할 수 있게 되는 것입니다. 20번 펜슬 브러시를 선택하고 4컷의 이미지처럼 차례대로 원본 사진을 보며 눈으로 대칭을 생각하며 형태 스케치를 잡아 나갑니다.

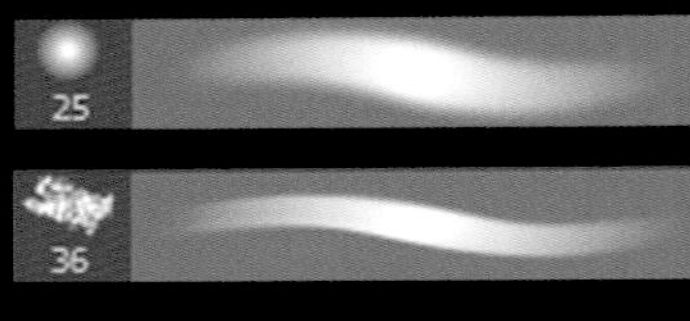

기본 형태 스케치가 끝났다면 위 이미지처럼 25번 에어브러시로 전체 피부톤을 바릅니다. 전체 피부 톤을
어느 정도 발랐다면 36번 브러시로 미간의 명암을 묘사합니다. 그리고 얼굴 볼의 피부를 다듬어 나갑니다
큰 전체 명암처리가 끝났다면 다시 18번 브러시를 선택해 스케치 선들을 정리하듯이 브러시를 터치해 줍
니다. 명암과 양감을 자연스럽게 잡는 과정으로써 자신의 손 필압에 신경쓰며 터치해 나갑니다. 어느 정도
기본 톤이 정리되는 과정입니다. 모작할 원본을 보며 전체적으로 자신의 그림 형태감을 체크합니다.

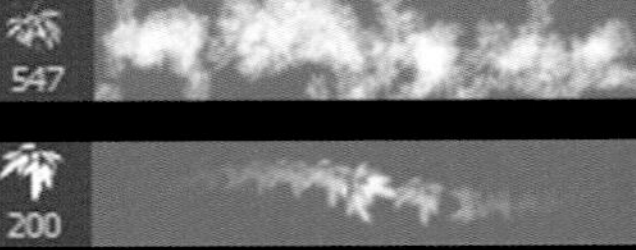

이제 150번 브러시를 찍어가면서 발라 줍니다. 타블렛으로 그어 그리는 것이 아니라 타블렛 판을 치듯이 톡톡 찍어줍니다. 재질감을 살리며 바르는 것이 아닌 찍어주는 타블렛 기법입니다. 수작업에서도 붓에 물 감을 묻혀 캔버스에 뿌려주는 기법이 있습니다. 이 기법을 디지털페인팅에서는 타블렛판에 펜을 찍을수 밖에 없습니다. 36번 브러시로 좀 더 디테일한 부분까지 발라줍니다. 어느 정도 묘사가 끝났다면 회색으로 지정된 배경 레이어를 선택하고 꽃잎 브러시인 547번 브러시와 200번 브러시를 느낌있게 찍어 발라서 배 경을 만들어 마무리합니다. 필자는 여기서 끝내지 않고 픽사베이에서 구한 다른 인물 이미지들을 한 번씩 더 모작해 보았습니다. 여러분들도 인물 모작을 원 레이어 방식으로 완성하시길 바랍니다.

cdn.pixabay.com/photo/2017/12/19/09/38/
beautiful-3027662_960_720.jpg

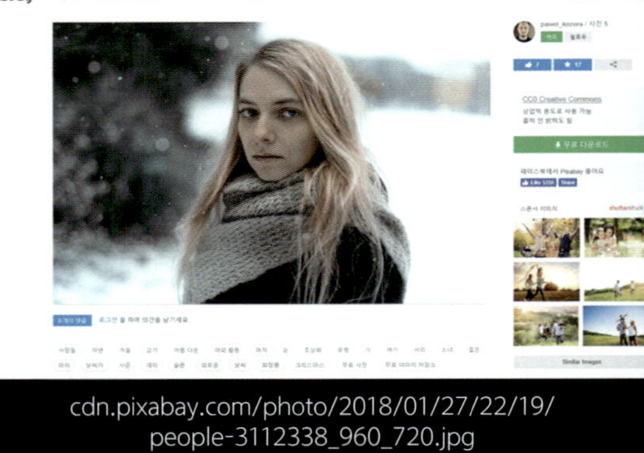

cdn.pixabay.com/photo/2018/01/27/22/19/
people-3112338_960_720.jpg

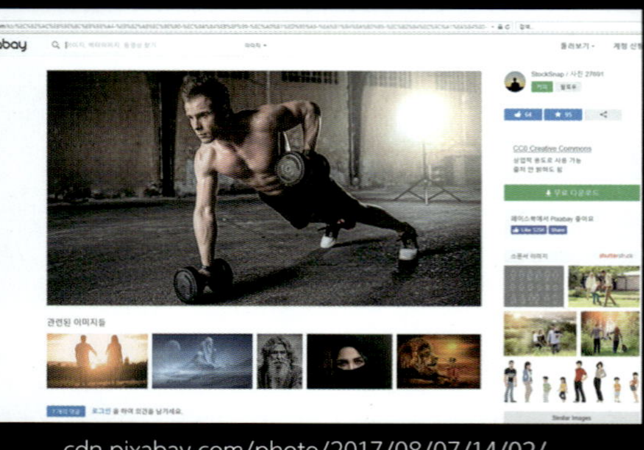

cdn.pixabay.com/photo/2017/08/07/14/02/
people-2604149_960_720.jpg

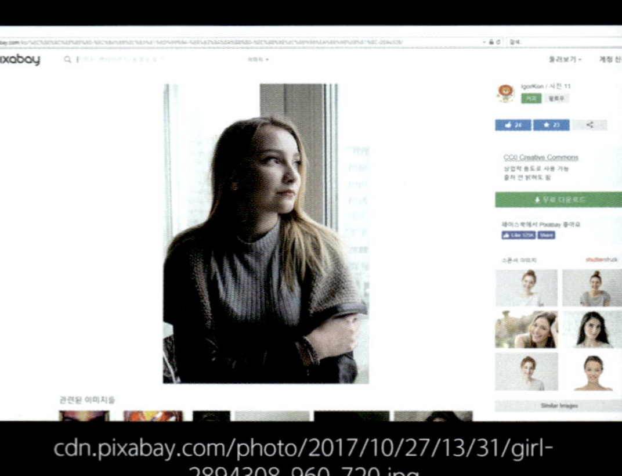

cdn.pixabay.com/photo/2017/10/27/13/31/girl-
2894308_960_720.jpg

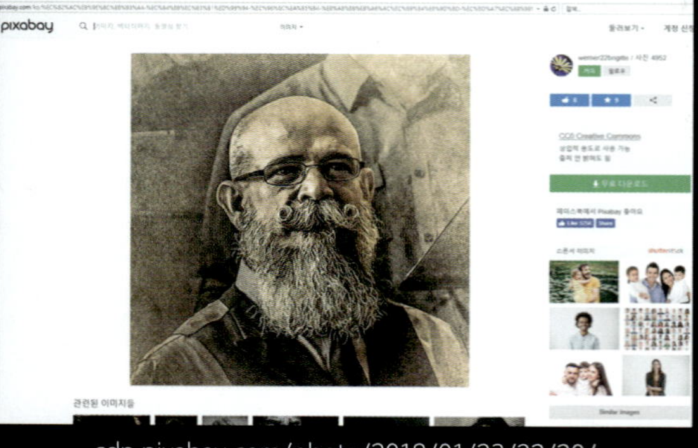

cdn.pixabay.com/photo/2018/01/23/22/20/
people-3102581_960_720.jpg

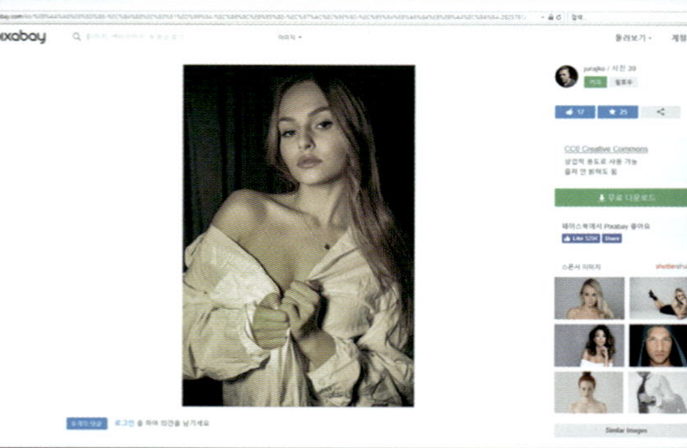

cdn.pixabay.com/photo/2017/10/06/16/58/
model-2823781_960_720.jpg

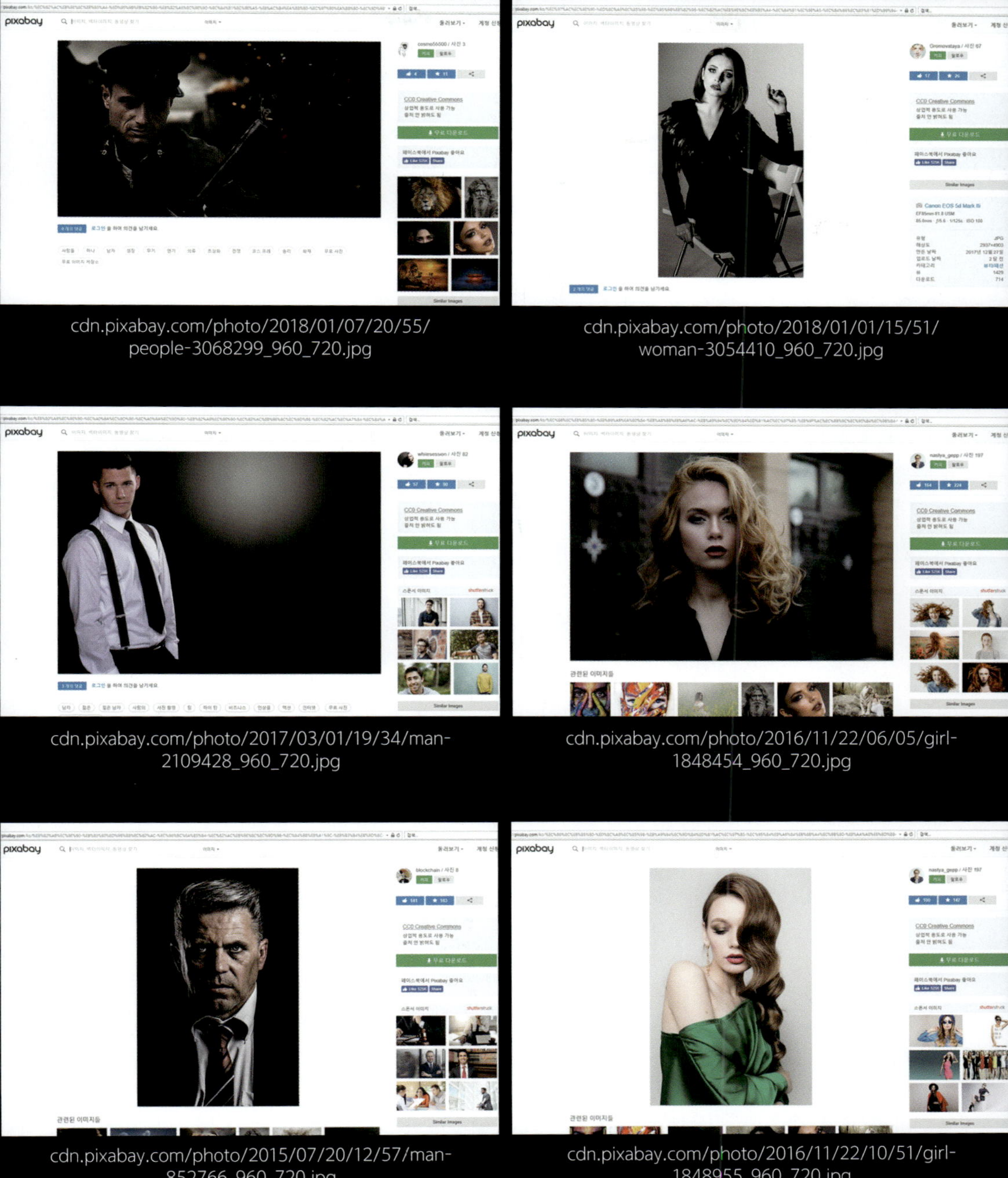

cdn.pixabay.com/photo/2018/01/07/20/55/
people-3068299_960_720.jpg

cdn.pixabay.com/photo/2018/01/01/15/51/
woman-3054410_960_720.jpg

cdn.pixabay.com/photo/2017/03/01/19/34/man-
2109428_960_720.jpg

cdn.pixabay.com/photo/2016/11/22/06/05/girl-
1848454_960_720.jpg

cdn.pixabay.com/photo/2015/07/20/12/57/man-
852766_960_720.jpg

cdn.pixabay.com/photo/2016/11/22/10/51/girl-
1848955_960_720.jpg

영상을 캡처해서 모작을 하는 가장 큰 이유는 미장센이 녹아 있는 부분까지도 '컨셉' 그 자체이기 때문입니다.

*저작권 문제로 영상 캡처본을 이용한 장면 모작 튜토리얼을 책에 넣지 못한 점 양해 바랍니다.
하지만 최대한 영상의 장면과 비슷한 생동감 있는 이미지들을 구해 작업했습니다.*

cdn.pixabay.com/photo/2015/03/26/10/07/restaurant-690975_960_720.jpg

cdn.pixabay.com/photo/2015/01/20/23/45/boat-606187_960_720.jpg

cdn.pixabay.com/photo/2015/09/02/12/29/pedestrians-918471_960_720.jpg

컨셉 아트 디지털 브러시 튜토리얼

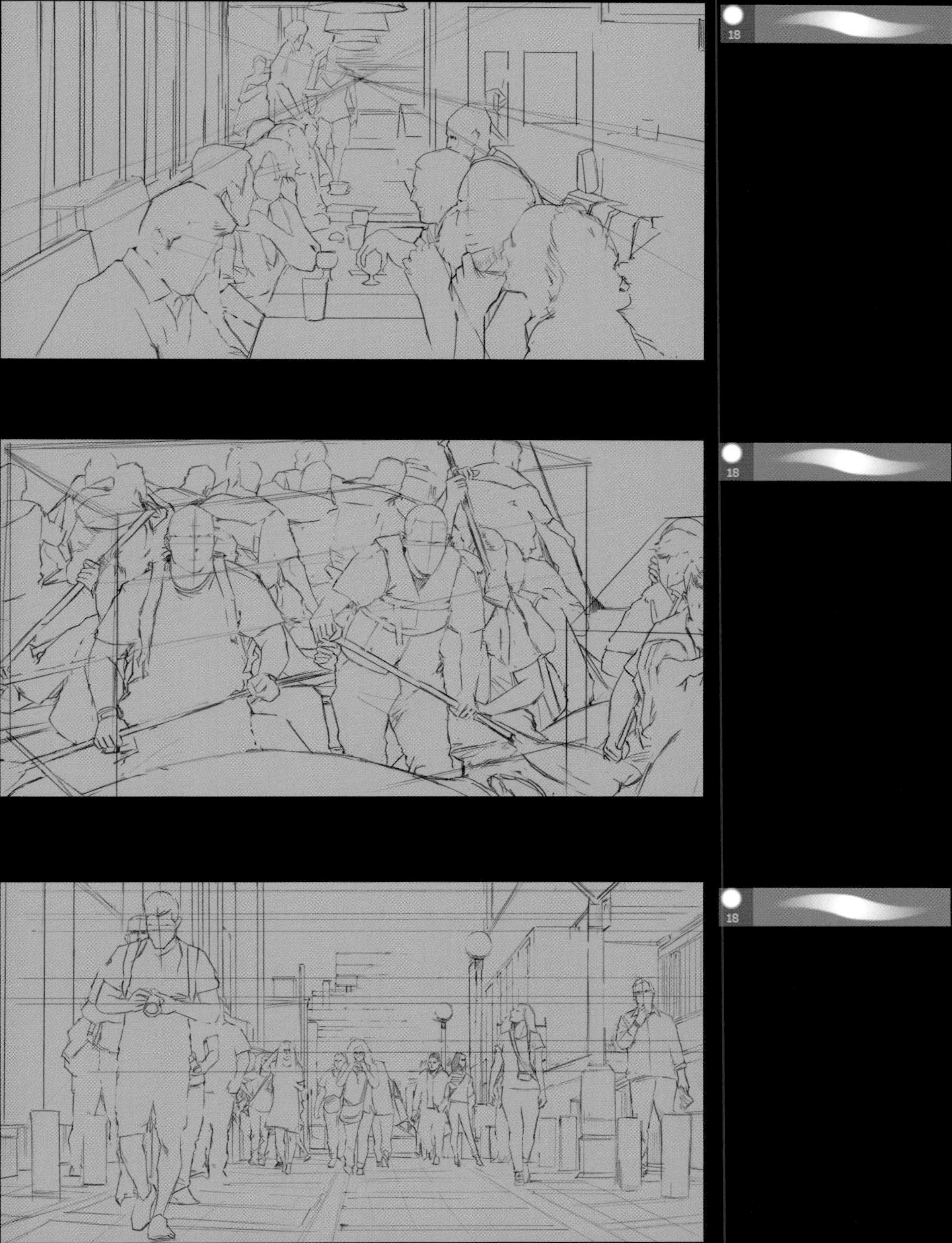

18번 브러시로 도형 안에 인물들이 있다고 생각하며 공간감 있게 스케치를 끌고 갑니다. 첫 번째는 삼각형 안에 모여있다고 생각하며 대칭을 맞추고, 두 번째 그림은 측면 육면체 도형 안에 인물들이 있다고 생각합니다. 3번째 그림 또한 살짝 위에서 본 육면체 도형 안에 인물들이 있다고 가정하고 잡아 줍니다. 인물들 뒷 배경도 하나의 큰 도형 안에 있다고 생각하면 뒷 배경 또한 공간감을 가질 수 있습니다. 처음 인물 모작처럼 팔레트 레이어의 배경은 회색으로 두고 위에 새 레이어를 만들어 새 레이어에서만 스케치를 했습니다.

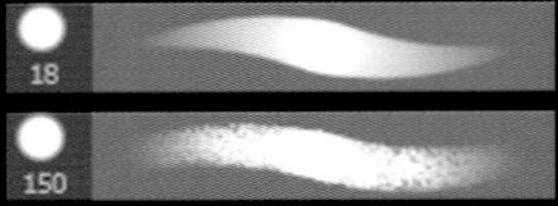

18
150
18  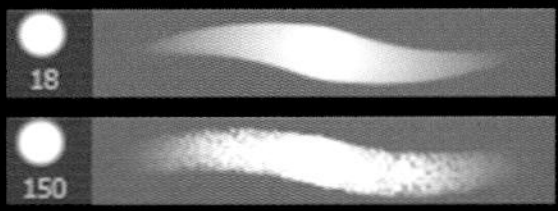
150
18
150

스케치가 끝났다면 명암과 양감을 잡아 줍니다. 필자처럼 어느 정도 형태만 잡아주고 명암에 들어가셔도 되고 완벽하게 형태를 잡은 스케치를 한 후 명암에 들어가셔도 됩니다.

우선은 느낌적인 모작에 중점을 두었기에 필자는 기본 스케치에 바로 명암을 주는 작업을 했습니다.

18번 브러시와 150번 브러시를 같이 사용하며 명암 처리를 해주었습니다.

자신의 스케치 선을 유지하며 명암을 넣어줍니다. 스케치 레이어 밑에 새 레이어를 만들어 작업했습니다.

자신의 스케치 선을 유지하며 명암을 넣어줍니다.

스케치 선 레이어 위에 새 레이어를 만들고 블랜딩 모드를 곱하기로 해 스케치 선을 살리며 진행할 수 있으나 필자는 스케치선 레이어 아래에 새 레이어를 위치시켜 명암 처리를 해주었습니다.

팔레트 레이어는 다음 페이지에서 확인할 수 있습니다.

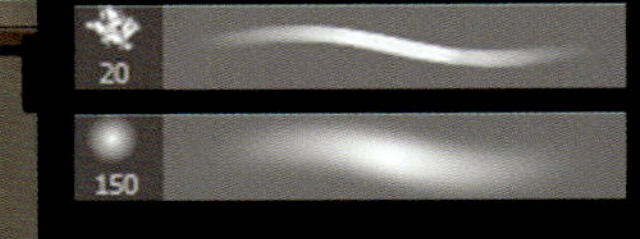

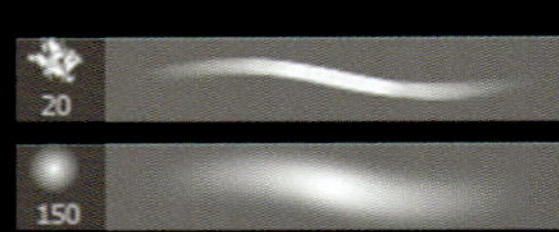

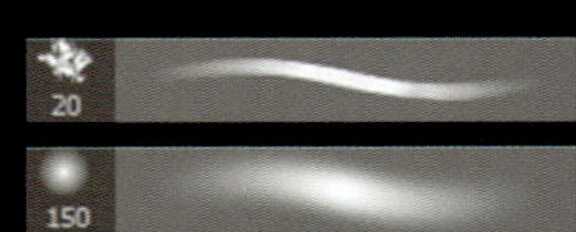

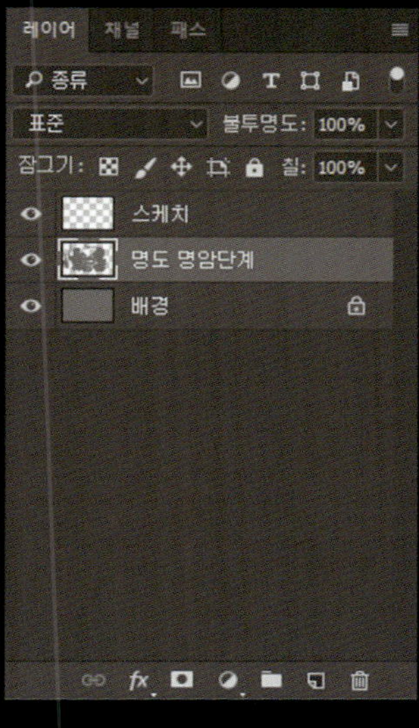

20번 펜슬 브러시와 150번 에어브러시를 같이 쓰면서 명암을 스케치 레이어 밑에서 작업해 줍니다. 브랜딩 모드는 표준 상태 그대로 놓고 명암을 표현해 줍니다. 스케치 레이어가 위에 있기 때문에 스케치 선은 사라지지 않습니다. 빛 방향을 생각하며 명암 처리에 신경 씁니다. 명암 묘사가 끝났다면 스케치 레이어를 하나 복사한 후 원본 스케치 레이어를 남겨둔채 복사본 스케치 레이어와 명암 레이어를 합칩니다. 그다음 새 레이어를 만들고 블랜딩 모드를 곱하기로 변경해 색지정을 해 줍니다. 팔레트 레이어는 아래의 모습처럼 되어 있어야 합니다.

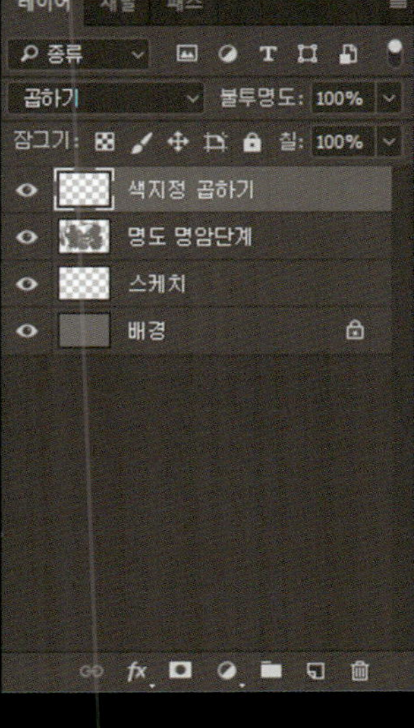

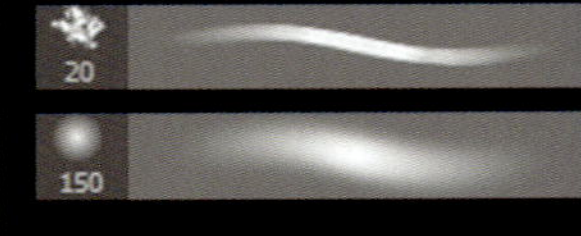

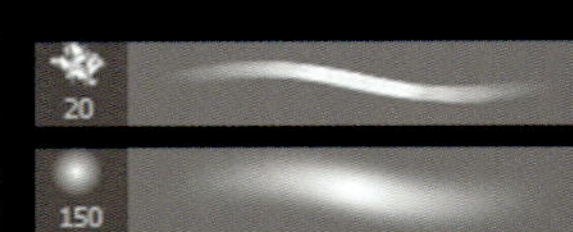

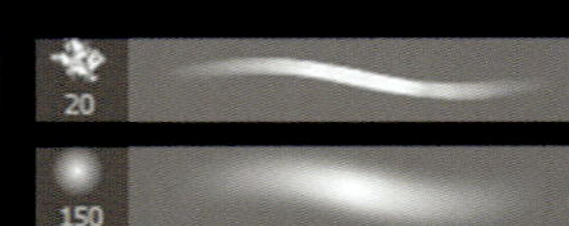

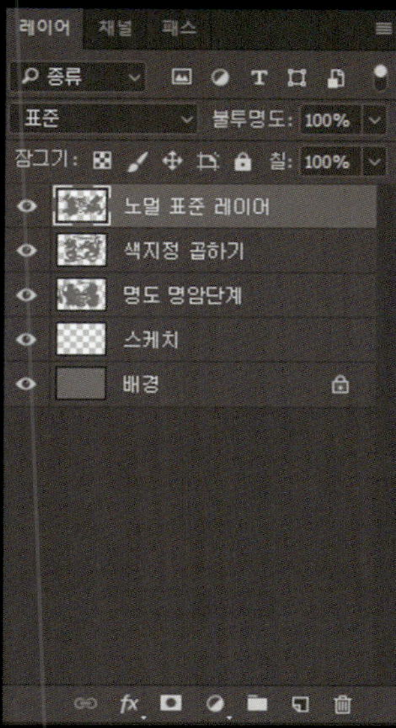

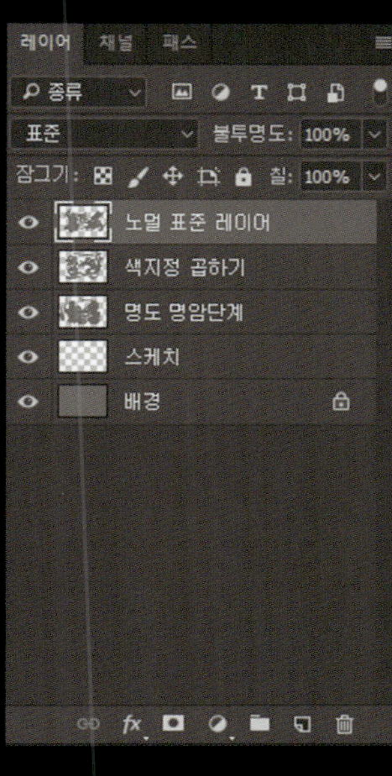

곱하기 레이어에 색지정이 끝났다면 다시 새 레이어를 만들어 곱하기의 색감이 아닌 정확한 표준 레이어
색감으로 색을 다시 다듬어 나갑니다. 미술 전공식 기법으로 원본을 보며 모작 본연에 충실해질 단계입니
다. 시간을 정하고 시간 안에 디테일을 올려서 원본과 비슷한 느낌을 찾아 갑니다. 이 과정이 가장 그림 실
력을 올리고 채색 능력 또한 올리 수 있는 시간입니다.
어느 정도 결정을 보았다면 그림에 빛을 잡아 주는 단계로 넘어가 보겠습니다.

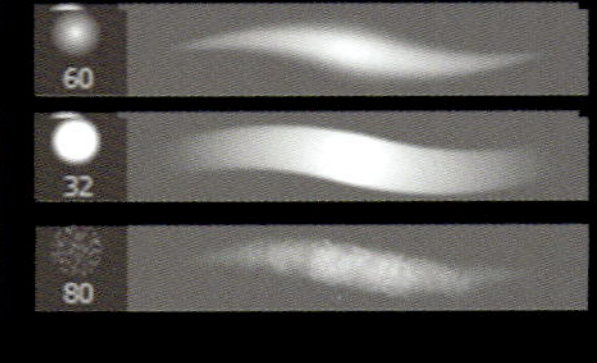

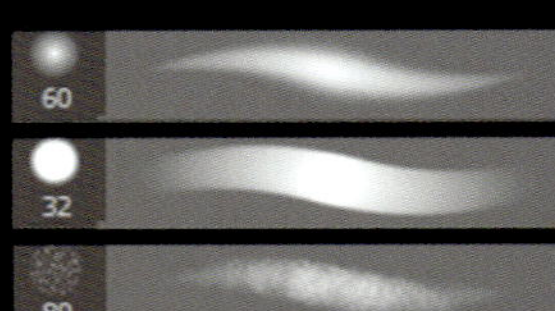

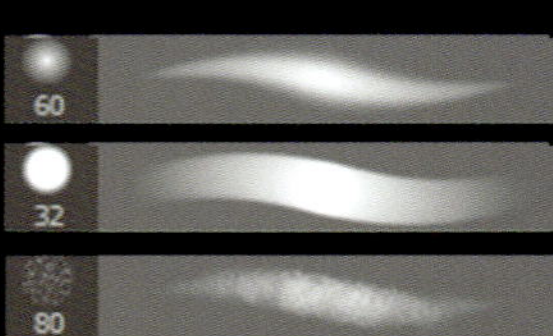

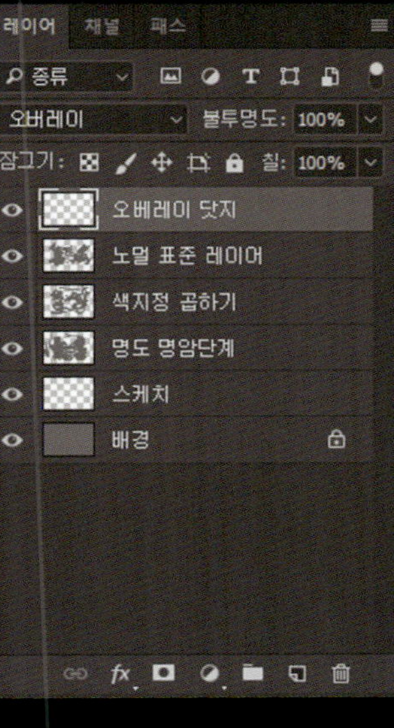

최상단에 오버레이 레이어를 만들어 빛 받는 곳에 색을 태워 줍니다. 블랜딩 모드 중 오버레이는 어느 정도 색을 태워주어 빛이 나도록 도와주는 모드입니다. 강하게 색을 태우고 싶다면 오버레이보다 색상 닷지 모드로 변경해 표현할 수 있습니다. 이젠 마무리를 하고 모작을 끝냅니다. 수고하셨습니다.

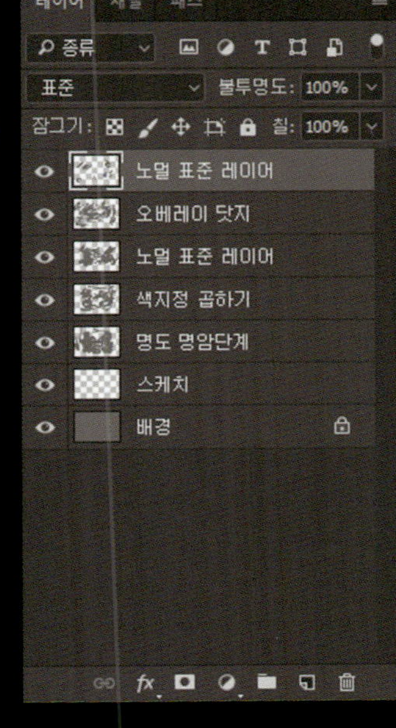

인물 모작과 (영상 캡처) 장면 모작을 해보았습니다.

디테일한 사진을 보며 모작하는 것도 좋고 자신이 좋아하는 배우나 다른 게임원화가의 작품을 그대로 그리는 것도 좋습니다.

필자가 추천하는 영상 캡처 장면 모작 방식은 그냥 이쁘게 나온 배우들의 사진보다 현장감이 녹아 있고 표정이 살아있으며 영상의 색감과 무대미술 '미장센'이 한 장에 다 녹아 있습니다.

이렇게 많은 정보가 들어가 있는 장면을 모작함으로써 딱딱하지 않고 예술적인 모작이 가능합니다.

한 번을 모작 하더라도 필자는 여러분들에게 많은 것을 얻을 수 있는 방법을 가르쳐 주고 싶습니다.

단순히 최대한 이쁘게 나온 항상 웃고 있는 배우들의 사진 모작도 좋으나 필자가 제시하는 방법을 한 번이라도 해보신다면 왜 이렇게 영상 캡처 장면 모작을 강조하는지 알게 되시리라 생각합니다. 디테일한 모작도 좋고 필자처럼 형태와 부분 디테일까지만 들어가는 것도 좋습니다.

모작은 자신의 창작 그림을 더 잘 묘사하고 싶어서 하는 하나의 그림 공부 과정입니다. 이 과정을 한 번이라도 할 때 많은 것을 얻어 갔으면 좋겠습니다.

자 그럼 모작도 끝났으니 이제부터 본격적으로 캐릭터 작업 원화 튜토리얼로 넘어가 보겠습니다.

우선적으로 섬네일 작업과 인체 드로잉 요소부터 먼저 생각한 뒤 캐릭터 시트 작업 원화 만들기로 들어가 보도록 하겠습니다.

PART 4
캐릭터 시트 작업 원화 만들기

'캐릭터 시트 작업 원화'란
3D 모델러들이
모델링을 하기 위한
하나의 그림 설명서를
만드는 작업입니다.

▷ 크로키와 인체 드로잉의 중요성

우선 작업 원화를 만들기 위해서는 사람 인체에 대한 정확한 이해력이 있어야 합니다.
남자와 여자의 인체는 다르므로 해부학적인 구조 이해가 같이 동반되어야 섬네일 스케치를 더욱 디테일하게 활용해 기본 스케치와 덩어리감을 찾아가며 그림을 그릴 수 있습니다. 우선 인체 자료를 보고 기본적으로 숙지하며 연습을 많이 하는 것이 좋습니다.
얼굴을 기준으로 해 등신을 나누어 구분하는 것이 중요합니다.

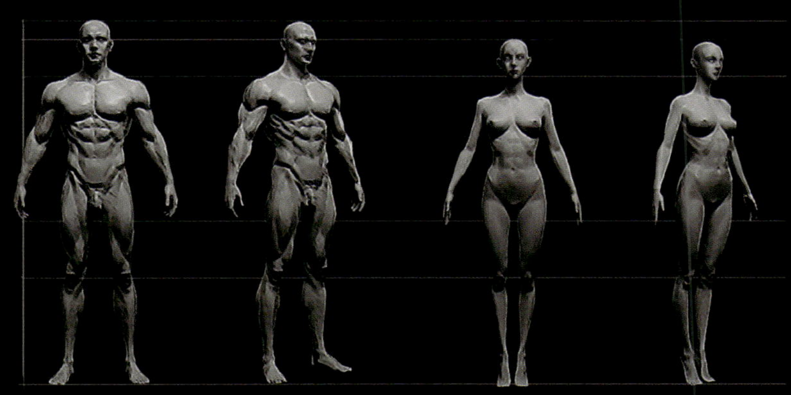

▷ 도형 입체의 중요성

그림은 2D 평면에 그리다 보니 3D적으로 자신이 머릿속에서 입체적으로 생각하며 그려 나가야 합니다. 그러니 당연히 도형을 이미지화해 그것을 머릿속에서 입체적으로 구상해 돌려볼 줄 알아야 한다는 것이죠. 항상 그림은 평면에 그리지만 입체적으로 그림을 꼬아서 그리는 역동적인 느낌의 그림을 구상해 자신만의 입체감을 생각할 수 있어야 합니다.

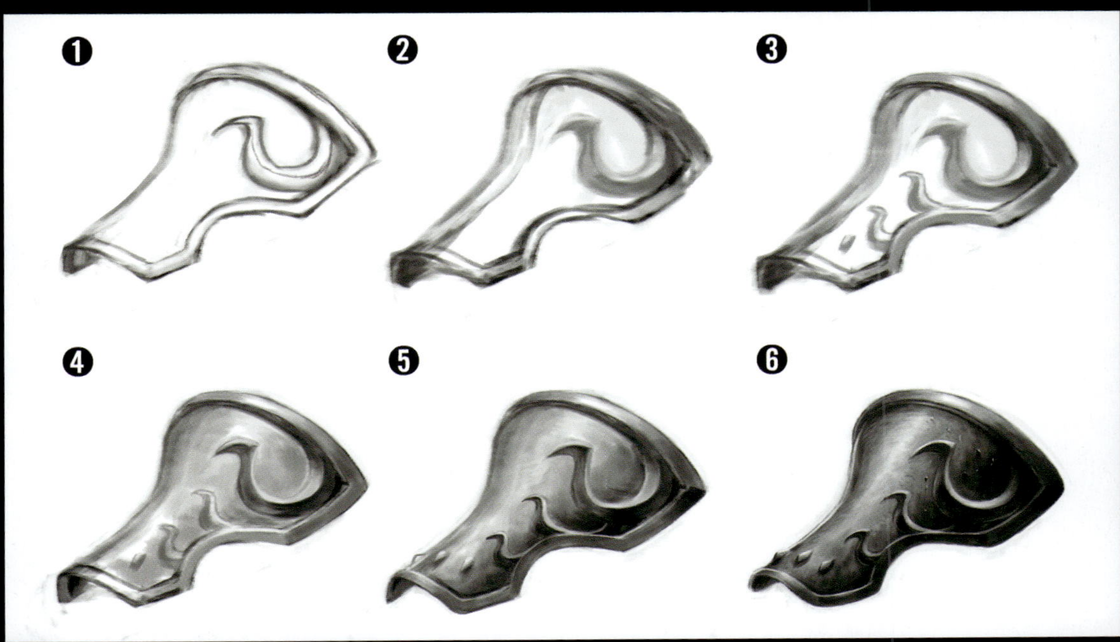

▷ 섬네일 작업의 중요성

디지털 페인팅으로 그림을 그리는 초심자들은 섬네일이나 디자인에 대한 고민 없이 캔버스 하나에 모든 것을 끝내려는 경향이 보이는데 이것은 나쁜 습관 중 하나입니다.

이러한 습관은 몇 가지 원인이 있는데 가장 큰 원인은 디지털 페인팅은 수정과 되돌리기가 가능하기 때문에 이것만 믿고 어떻게든 되겠지 하며 아무런 계산없이 달려드는 것입니다.

가장 심각하게 나타나는 문제는 '자신이 그린 형태'를 대책 없이 따라가게 된다는 것입니다. 이렇게 되면 기존의 컨셉과 디자인 가이드라인은 전부 증발해버리고 소용돌이 모양이나 의미 없는 패턴들만 그림에 남게 됩니다.

섬네일은 '미리 실패하는 것'으로 완성될 그림의 전체적인 견적을 짜보고 디테일에 대한 계산까지 '미리 실패해보는' 것입니다.
캔버스 하나에 이걸 전부 해버리려고 하면 대단한 숙련자가 아닌 이상 그림은 실패하거나, 앙상하거나, 비대해집니다.

섬네일, 그러니까 구체적으로 이미지화된 고민의 양과 질이 완성될 그림의 퀄리티를 좌우하게 되는 것입니다.

디지털페인팅 기법으로 넘어오면서 초반 연상의 단계의 중요성을 다시 한 번 생각해보고 게임 컨셉 아티스트들이 새로운 컨셉 아트를 만들어 낼때 퀄리티 있는 아트는 초반 단계에서 얼마나 많은 고민을 하느냐에 따라 자신의 결과물에 고스란히 나타날 것입니다.

이렇게 중요한 사전 섬네일 작업은 크게 세 가지 방법으로 나누어집니다.

첫째는 '선치기' 라인 방식입니다.

필자가 옆에 그려 놓았듯 한 장의 캔버스에 선으로만 작게 그려 모아 놓는 방법입니다.

여러분들도 필자처럼 작게 그려 모아 놓아 보세요.
아주 유용하게 쓰일 때가 꼭 있을 것입니다.
아니 꼭 있습니다.

필자를 믿고 섬네일 그림을 모아 놓는 습관을 길러 주세요.

두 번째 방식은 '섬네일 구상 스케치' 방식입니다.

섬네일 스케치의 정확한 뜻은 엄지손톱 크기의 스케치라는 뜻이지만 실제로는 작품 구상에서 초기의 내용을 메모지와 같은 작은 종이에 가볍게 대충 그린 그림을 말하기도 합니다.

그래서 두 번째 방식인 섬네일 구상 스케치 방식은 원화 작업에 들어가기 전에 떠오르는 아이디어를 가볍게 그리는 것으로 또는 그렇게 그린 그림을 의미합니다.

섬네일 구상 스케치 방식 작업을 할 때는 우선 작게 그리면서 컨셉을 잡아나가는 데 중점을 둡니다.

그리고 한 장의 공간에 여러 컨셉을 나열합니다.

자신이 생각하는 것을 빠르게 정리하며 기본 쉐입만 잡아나가는 것을 말합니다.

여기서 '쉐입'이란 자신이 그리고 있는 외곽의 느낌을 말합니다.

첫 번째 방식인 선치기 방식보다는 손을 더 많이 써야 하지만 작게 그리는 스케치라고 생각하시면 그렇게 손을 크게 움직이지 않아도 결과 물을 도출할 수 있다는 장점이 있습니다.

선으로 스케치하듯 작게 그린 뒤 브러시를 확대해 면을 쳐주는 방식입니다.

필자가 첨부한 섬네일 구상 스케치 방식을 보며 여러분들도 그림을 그리기 전 사전 작업을 한 장에 모아 정리하는 버릇을 들이기 바랍니다.

1
2
3
4
5
6
7
8
9

▷ 디테일 섬네일

세 번째 방식은 바로 '디테일 섬네일' 방식입니다.

디테일 섬네일이란 선과 면을 함께 치는 방법으로 위 두 방식보다는
필력을 많이 가지고 있어야 가능한 방식입니다. 디지털 브러시들을 잘 이해하고 어느 정도 브러시를 다양하게 사용해 빠르게 그리는 방식입니다. 빠르게 그린다고 해서 위 두 방식보다 디테일이 떨어지면 안됩니다. 디테일도 살아있게 작업하는 방식이죠.

두 번째 방식보다 '쉐입감'이 더 살아 있게 그려 주어야 합니다.
여기서 쉐입감(shape)이란 업계에서 컨셉 아티스트가 많이 쓰는 말입니다.
모양, 형태, 형 이란 뜻으로 그림의 제구실을 하게 하다, 모양을 갖추게 하다. 라는 뜻으로 쓰면 될 것입니다.

'아, 이 그림은 쉐입감이 참 좋아.'

'오호, 쉐입감이 죽여주는데.'

이런 말들은 바로 제대로 된 인체나 배경을 그렸을 때 잘 맞아떨어지거나 형태의 틀어짐이 없이 잘 그렸을 때 이런 쉐입감이 좋다는 말을 많이 듣게 되겠죠.

업계에서는 주로 사용되는 용어이니 쉐입감 있는 컨셉 아티스트가 되기 위해서는 위 두 방식의 섬네일 방식보다는 '디테일 섬네일' 방식으로 작업해 정교하게 들어가는 것이 좋습니다.
실력 있는 컨셉 아티스트란 색상을 화려하게 쓰고 연출을 잘하는 사람보다는 기본바탕이 되는 형태감이 좋은 아티스트입니다.
그러기 위해서는 '디테일 섬네일' 작업도 많이 해보는 걸 추천드립니다.

어차피 그림 그리며 디테일을 올릴 텐데 왜 사전작업부터 디테일을 따지지란 의문점이 생길 수도 있으나 필자가 소개하는 세 가지 섬네일 방식은 자기가 생각한 컨셉이 머릿속에서 사라지기 전에 '빠른 속도로 그려 캔버스에 옮겨 놓는다'란 의미가 가장 큰 것입니다.
이 작업은 작품을 만들 때 시작하는 스케치와는 다른 의미의 작업입니다.

생각을 정리해 놓고 나중 작품에 들어갈 때 그때의 나의 생각을 다시 꺼내 봄으로써 예전에 생각해 놓은 섬네일과 현재의 자기 구상 컨셉을 같이 확인해 좀 더 나은 컨셉 아트 결과물을 도출해 내기 위한 수단이란 걸 명심하셨으면 합니다.

▷ 10, 20, 30분 손풀기 그림

'손풀기' 그림이란?

사전 작업 없이 그냥 머릿속에 생각나는 것을 섬네일처럼 작게 그리는 것이 아니라 자신이 만들어 놓은 캔버스에 그냥 손가는 대로 그리는 것을 손풀기 그림 방식이라 합니다.
중요한 것은 손풀기 그림은 자신이 30분 안에 손을 푼다란 의미가 더 큰 방식입니다.
10분 20분 동안 무언가 형식에 사로잡히지 않고 브러시를 캔버스 화면에 던지며 그린다란 것인데 시간이란 전제가 붙는 방식이기에 시간은 절때 30분을 넘어가지 않게끔 설정해 그리는 방식입니다.

현업에 종사하시는 컨셉 아티스트 분들도 자신이 하고 있는 컨셉 아트에 집중하고 있다 너무 자신이 그리는 것에만 집중을 하다 보면 답답해 질 때가 종종 있습니다.
그럴 때 자신이 그리던 걸 잠깐 멈추고 손풀기 그림을 그리거나 업무를 마무리하는 시간에 주로 손풀기 그림을 그리곤 합니다. 퇴근 전 30분 손풀기, 이런 식으로 30분이란 시간을 자신에게 제한을 걸어주고 그 시간 안에 무언가 그린다, 그리되 스트레스 없이 답답함 없이 즐겁게 그린다, 란 의미가 가장 큽니다.

자신이 정한 시간 안에 색을 먼저 넣고 형태를 잡아도 되고
스케치가 아니라 덩어리를 먼저 잡아 나중에 정교하게 스케치를 해도 되고
손풀기의 중요한 점은 바로 형식에 구애받지 않고 자기 생각과 컨셉을 자신이 정한 시간 안에 한 장의 캔버스에 브러시를 던지듯이 툭툭 그린다, 란 것입니다.

이렇게 손을 풀어주며 스트레스 없이 브러시를 바르고 던지다 보면 어쩔 때는 좋은 결과물을 얻을 때도 있지만 그런 결과물은 결코 좋은 결과물은 아닙니다. 그때의 느낌만 '앗, 뭐가 잘 나온것 같은데.'란 생각이 들 뿐 시간이 지나서 다시 그 손풀기 그림을 보면 '내가 그때 왜 이 그림이 잘 나왔다 생각했을까.'란 생각으로 바뀌게 될 것입니다.

자 필자가 얘기하고 싶은 중요한 점은 손풀기는 손풀기용 그림일 뿐이라는 것입니다.
말 그대로 작품 그리기 전 그냥 하얀 캔버스에 손을 풀며 그린다는 의미입니다.

새로운 브러시를 써본다든지 아니면 자신이 만든 브러시를 만져볼 때
손풀기 스타일식 접근 방식이 좋습니다.
새 브러시가 내 그림에서는 이런 느낌이겠구나
란걸 빨리 알 수 있는 장점이 있습니다.

손풀기는 항상 시간을 정해서 그리는 것을 잊지 마세요.
30분을 넘지 않게 설정해
10분 손풀기
20분 손풀기, 이런 식으로 진행하시면 됩니다.

❶ 

❷ 

❸ 

▷ 글레이징 기법의 장단점

글레이징 기법이란 색을 무시하고 명도로만 그림을 그리는 방식입니다.
크게 회색 음영으로만 그림을 그린 후 레이어 블랜딩 모드 속성을 이용해 색을 입히는 것을 말합니다.

장점 :
글레이징으로 그림을 그릴 때는 선과 면을 함께 치며 회색 덩어리 느낌으로 잡아 나중에 디테일을 쌓아주는 방식을 사용합니다. 단 명도로만 그림을 그리기 때문에 빛을 쉽게 생각하며 칠할 수 있는 장점이 있습니다.
이 방식을 자기 것으로 만들면 한 번에 스케치와 면치기, 빛에 대한 양감치기까지 가능해집니다. 제가 제공하는 브러시를 이용해 연습을 해보시는 걸 추천드립니다.

단점 :
미술 전공식으로 그림을 그리지 않고 디지털 그림 툴의 편리한 레이어 혼합모드를 맘대로 오고가는 방식 때문에 그림이 칙칙해지기 좋으며 색감 또한 회색 음영에 칠하게 되어 셀로판 종이 색감이 나버린다는 단점이 있습니다. 포토샵의 강력한 보정기능으로 어느 정도 화사하게 만들수는 있으나 어느 정도의 브러시 디테일은 보정 기능 때문에 사라질 수 있습니다.

그렇다면 이 장단점을 어떻게 이용해야 하는가?

필자의 답은 '글레이징 기법으로 그림을 그려도 화사하고 이쁘게 색을 표현할 수 있다' 입니다.
그 대신 글레이징 기법을 통한 채색법으로 절대 그림을 끝내면 안 됩니다.
다시 한 번 표준 레이어로 표준 색감을 발라 주어야 합니다.
가장 좋은 방법은 글레이징 기법과 미술 전공식 채색기법을 같이 사용하는 겁니다.

초반에는 양감을 쉽게 찾을 수 있는 글레이징 기법을 사용하고 후반부에서는 다시 채색을 전공식 기법으로 잡아 주어야 합니다.
필자의 책은 글레이징과 전공식이 같이 하나로 연결되어 그림이 완성되는 걸 튜토리얼로 알 수 있으실 겁니다.

글레이징 기법만으로 그림을 끝내면 자신의 그림 색감은 정말 싼티나는 탁한 색감의 그림이 될 것입니다.
항상 전공식 미술방식 채색을 같이 병행하셔야 합니다.
이렇게 디지털 브러시로 그림을 그릴 때는 자신의 그림의 마무리 디테일에 신경을 많이 써야 합니다.

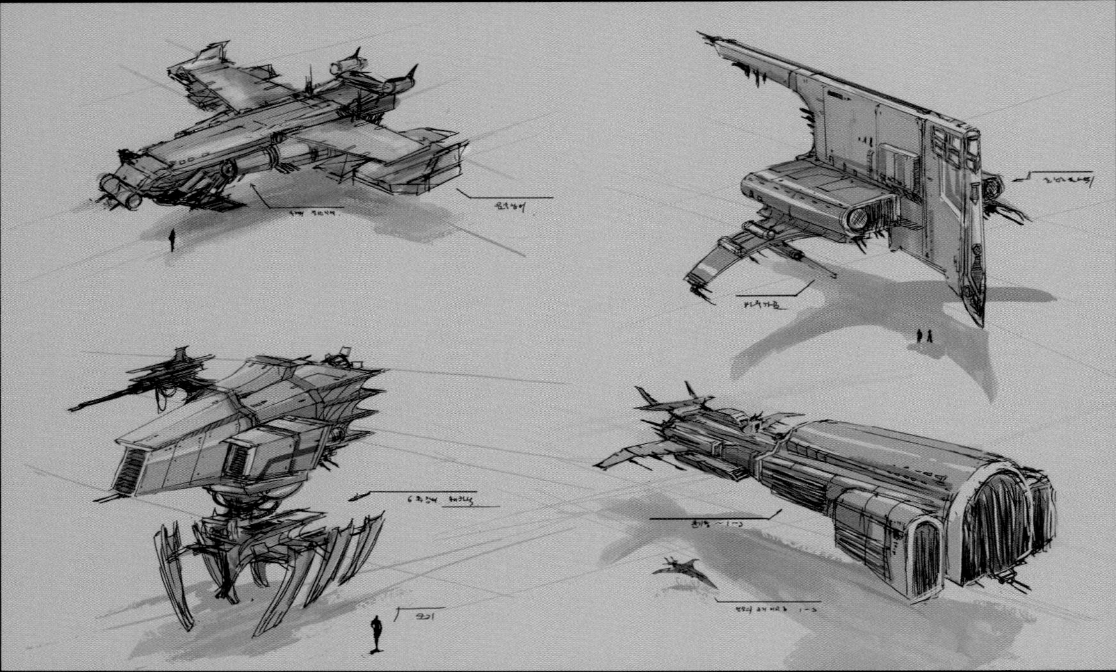

선치기

면치기

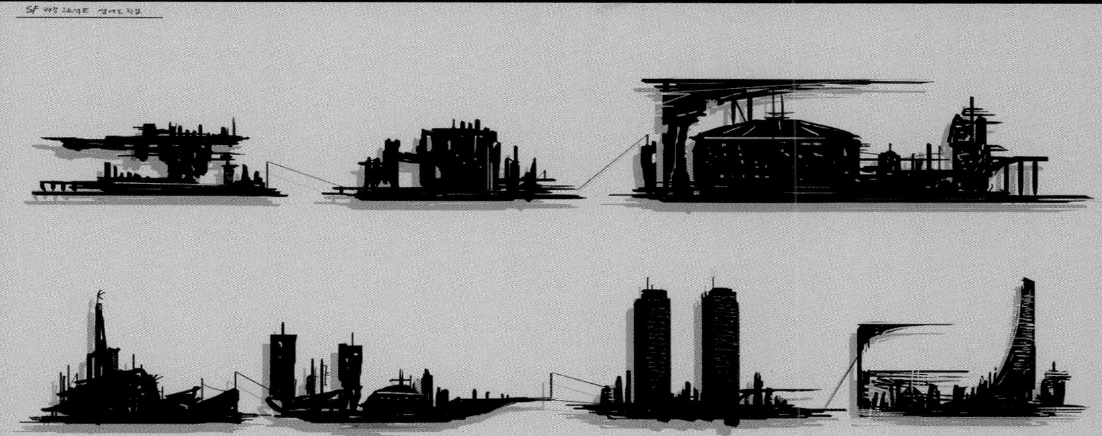

선치기

선치기

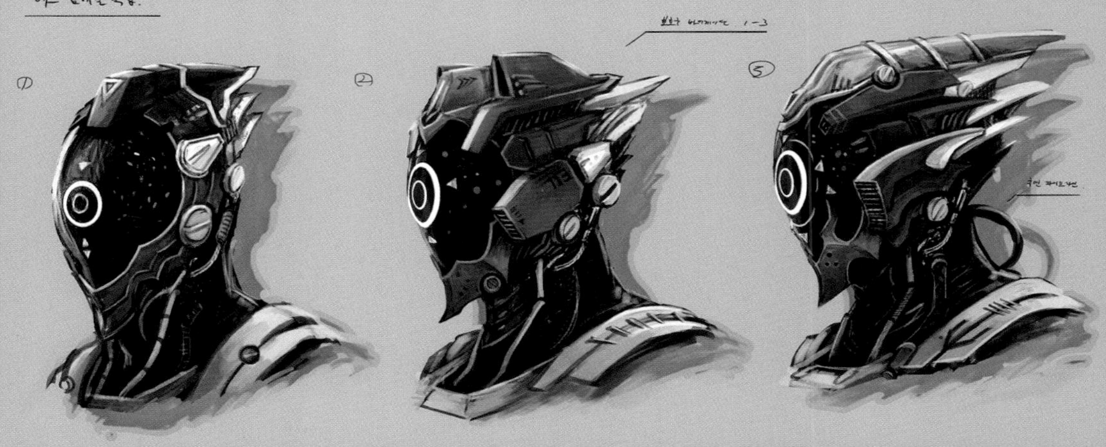

면치기 후 선치기

▷ 시트 작업 원화란 ?

시트 작업 원화는 말 그대로 게임 작업에 쓰이는
실 작업 라이브러리 데이타를 만드는 것입니다.
시트 작업 원화는 3D 모델러에게 넘겨주는 캐릭터를 만드는
설명서적인 원화입니다.
즉 3D 모델러가 보고 모델링 작업을 할 수 있게 만들어주는 원화가 시트 작업 원화입니다.

캐릭터 시트 작업 원화의 스타일은 크게 두 가지 스타일로 나누어집니다.
첫 번째로는 완전 정면, 완전 후면, 완전 옆면을 그리는 방식이 있습니다.
두 번째로는 비스듬히 튼 자세로 측면 앞태, 측면 뒷태 그리고 그 캐릭터가 가지고 있는 아이템을 같이 그려 첨부하는 방식이 있습니다.
게임개발 상황이나 3D 모델러들 성향에 따라 조금씩 요구하는 스타일이 다릅니다.
하지만 요즘 게임개발 추세는 옆면을 빼고 측면 앞태, 측면 뒷태만을 요구하는 모델러들이 많아지고 있습니다.
그 이유는 한 장에 그 캐릭터가 사용하는 무기 아이템과 그캐릭터의 동세(포즈) 기본 느낌을 담아 그려달라는 추세로 변경되어가고 있기 때문입니다.
그래서 첫 번째 방식으로는 딱딱한 느낌의 이미지로 제작될 수밖에 없으므로 두 번째 방식으로 많이 요구되고 있는 것입니다.
그럼 이제부터 남, 여 캐릭터 시트 작업 원화 작업에 들어가 보도록 하겠습니다.

필자의 예전 게임 프로젝트 캐릭터 시트 작업 원화

이처럼 3D 모델러에게 작업 원화를 넘겨줄 때는 앞태, 뒷태, 무기 아이템 그림들과 간단한 설명을 적어 첨부해 주게 됩니다.

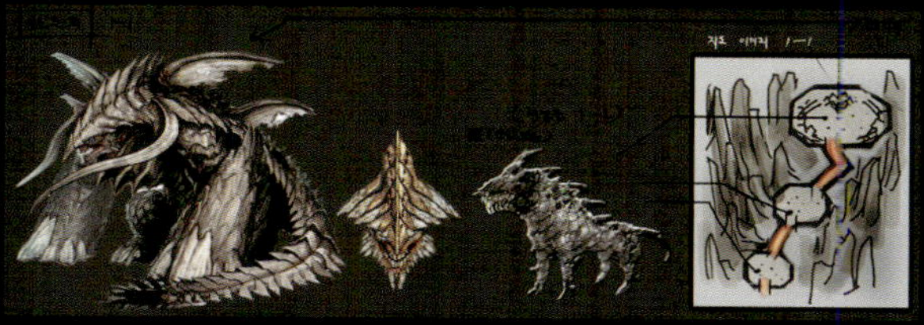

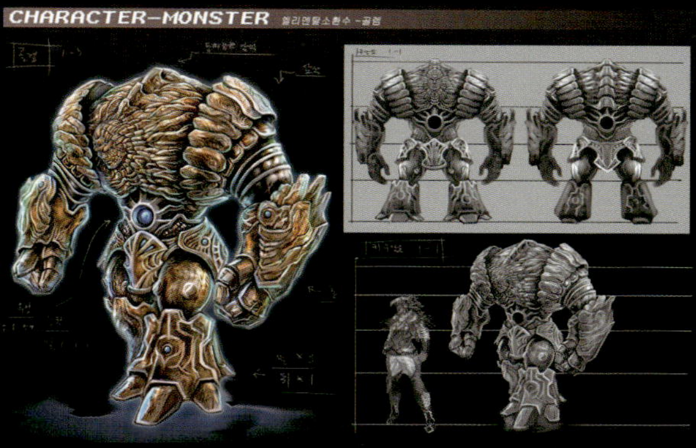

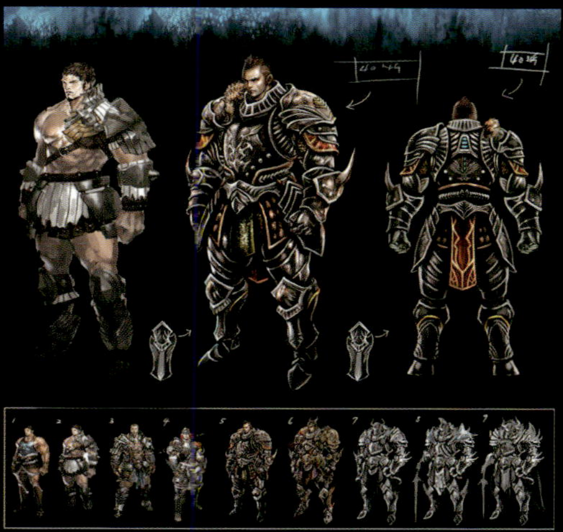

시트 작업 원화를 보고 아래의 이미지처럼 3D 리소스 결과물들을 만듭니다.

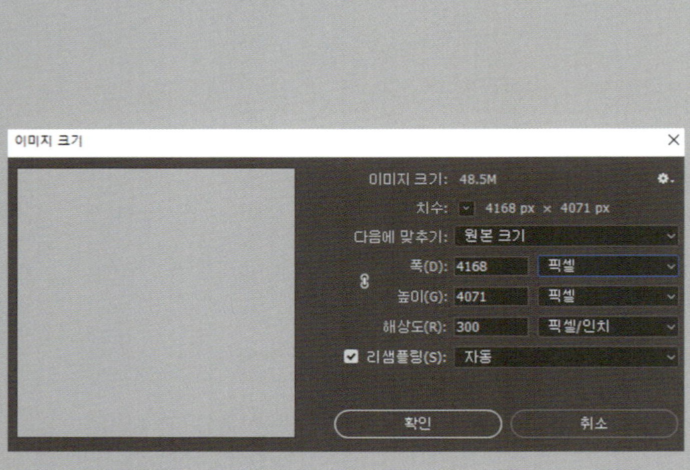

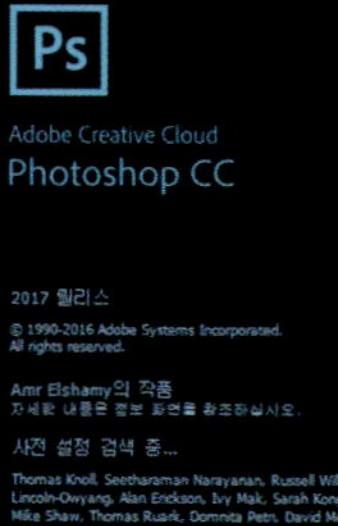

포토샵CC는 업데이트가 될 때마다 시작화면이 달라집니다. 유명 디지털 작가의 사진 작품이나 디지털 페인팅한 컨셉 아트 작품으로 시작화면이 포토샵 버전 업데이트 시마다 자동으로 변경됩니다.

그럼 자신의 포토샵CC를 실행합니다.

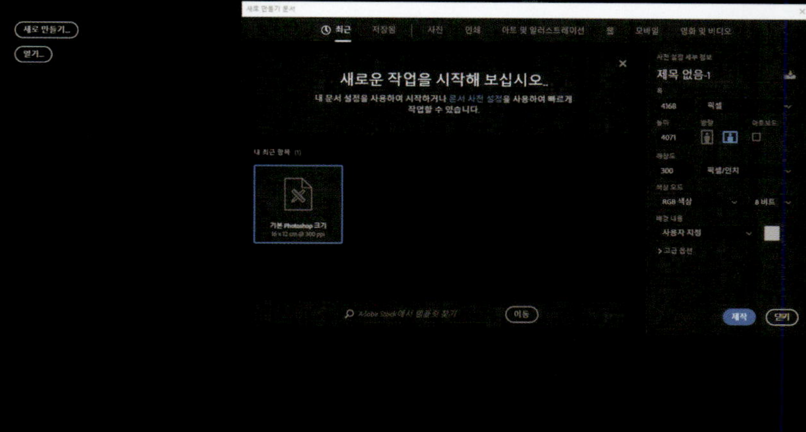

폭 4168 픽셀, 높이 4071 픽셀, 해상도 300 사이즈로 새로 만들기를 클릭해 캔버스를 만듭니다. 그리고 팔레트 레이어의 배경을 꼭 회색으로 두는 것을 필자는 추천합니다. 많은 분들이 그냥 배경을 하얀 바탕으로 그림을 그리시는 분들이 많은데 게임 컨셉 아트는 장시간 모니터를 보며 그림을 그려야 하므로 자극적인 색감을 계속 보는 것은 필자는 추천하지 않습니다. 포토샵 툴을 실행시키면 기본색상이 왜 짙은 회색인지 생각해 보세요. 사람의 눈이 색을 장시간 보아도 피로감이 없는 색감이 바로 회색 계열이기 때문입니다. 하얀색을 장시간 봐서 좋았다면 포토샵 프로그램 툴이 하얀색이었겠죠. 필자는 캔버스의 배경색을 하얀색으로 두고 작업하는 것을 절대 추천하지 않습니다. 다시 한 번 말씀드리지만 우리들의 눈은 소중하니까요.

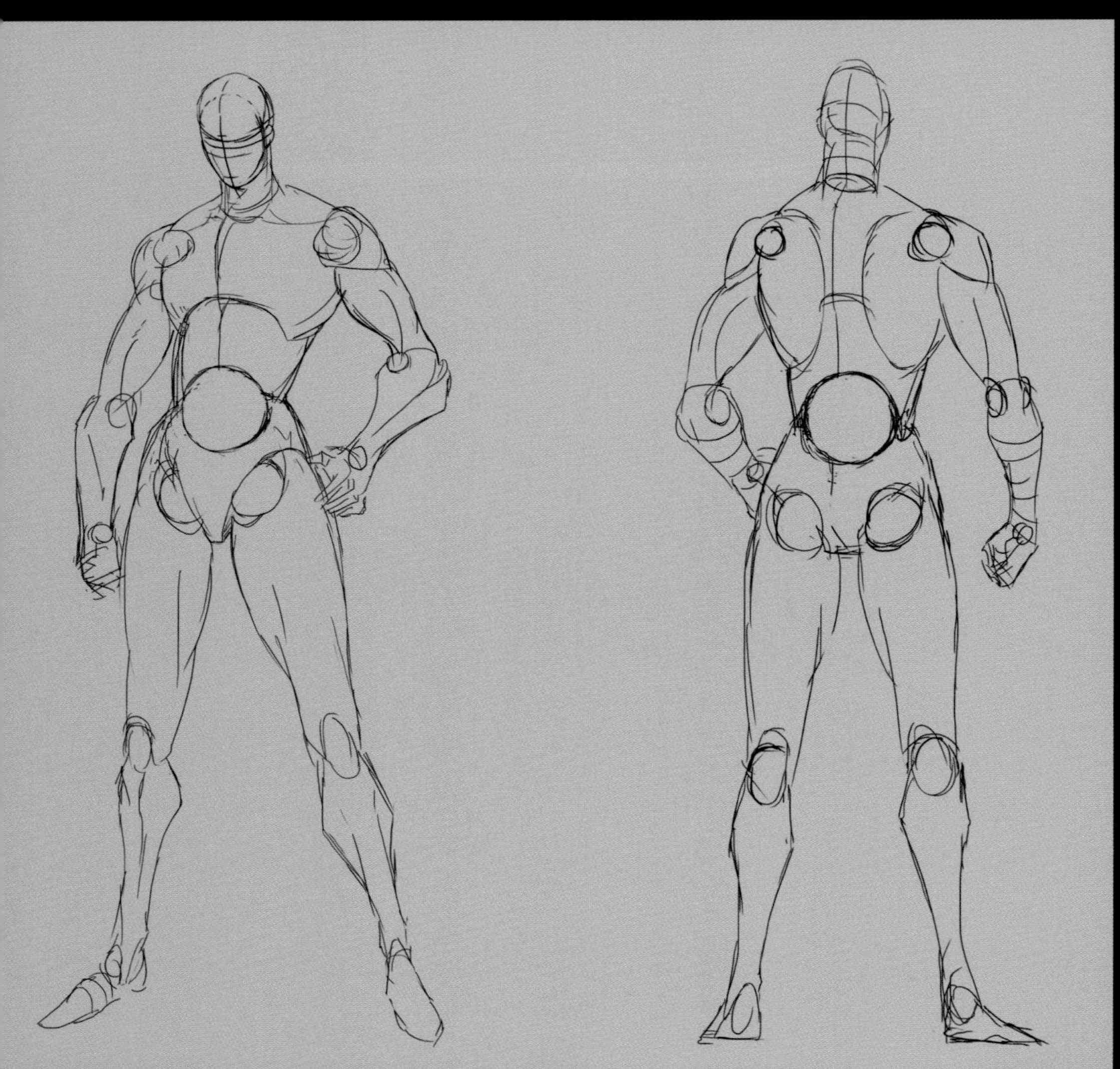

기본 19번 하드 라운드 브러시로 간단한 포즈를 잡은 드로잉을 시작합니다. 인체의 기초가 부족하신 분들은 구체관절인형을 그린다 생각하며 그리는 걸 추천드립니다. 전문적인 인체 해부학 지식이 부족하다면 사람 인체를 하나의 도형으로 생각하는 것이 어떻게 보면 바른 접근이기 때문이기도 합니다. 구체관절 인형을 하나 사서 만져보며 그림을 그리는 것도 초심자들에게는 많은 도움이 됩니다.

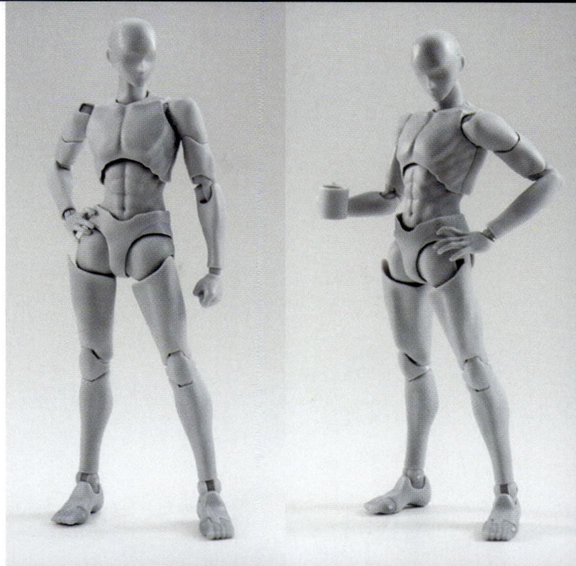

피규어 판매 사이트(ko.aliexpress.com)

초심자들에게 구체관절인형이 있다면 입체적으로 자신이 만져보았기 때문에, 그리고 바로 자기 눈앞에 관절 인형이 있기 때문에 포즈를 잡아가며 이해하며 그림을 그릴 수 있습니다. 인체 드로잉의 흐름을 모르는 초심자인 경우는 인형을 만져보고 포즈를 잡아보며, 촉감으로 느끼며 그리는 것을 추천드립니다. 초심자들을 위해 아래와 같은 제품들이 판매되고 있으니 포즈와 입체감이 부족한 분들은 보면서 그리시길 바랍니다. 인체를 입체적으로 생각하지 못한다면 그림을 그릴 수 없기 때문입니다.

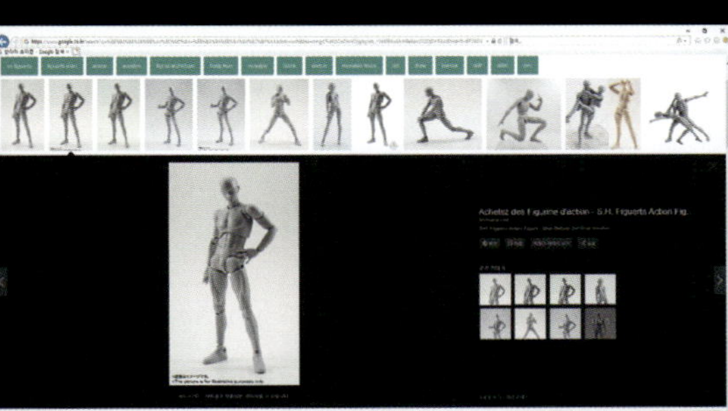

반다이사의 보디쿤 제품

반다이사의 보디쿤 DX SET 제품

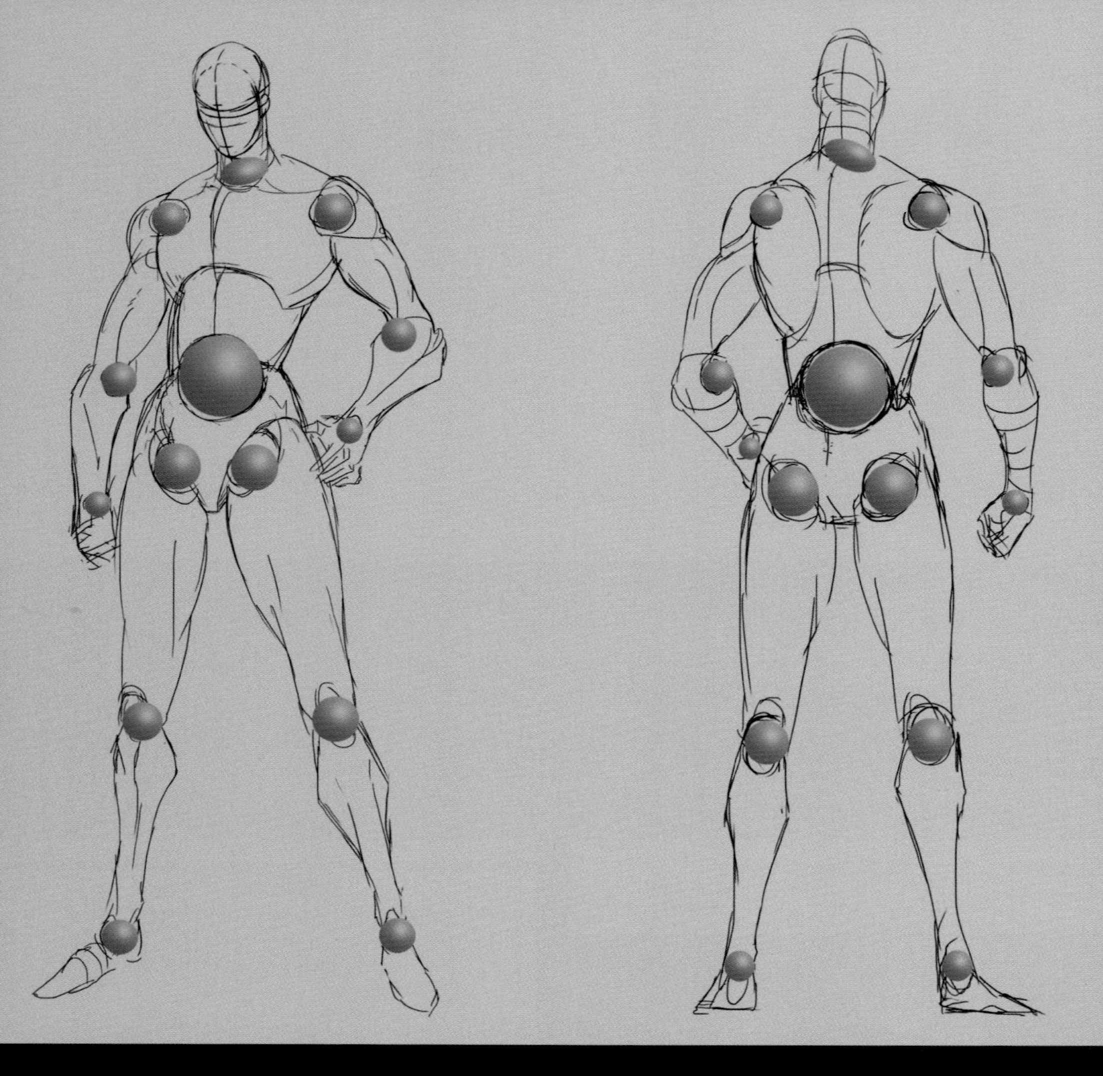

초심자들은 모든 관절에 큰 '구'가 있다고 생각하시고 형태를 잡으시길 바랍니다.

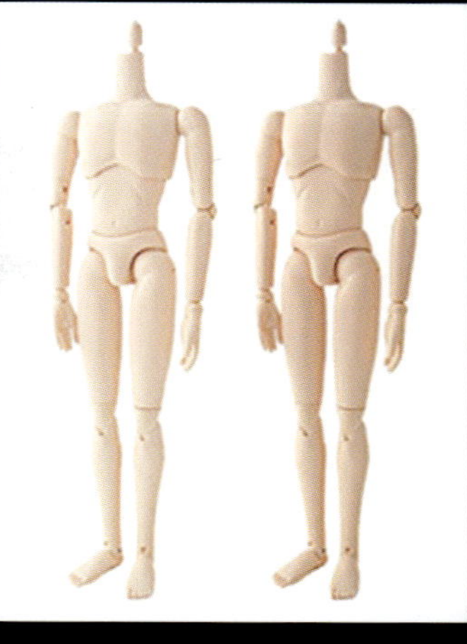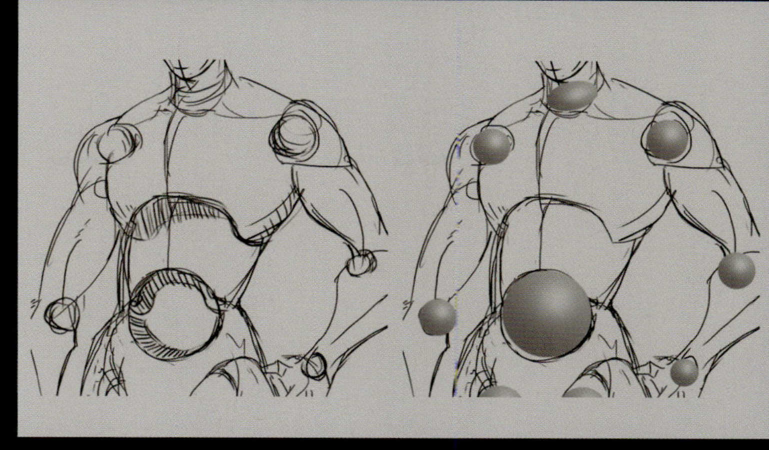

허리부에는 큰 '구'가 있다고 생각하며 그려 줍니다. 각 관절에 동그란 구가 있다 생각하며 관절이 움직이는 부분을 자신이 체크합니다. 목, 팔, 팔꿈치 등등 인체가 접히는 모든 부분에 '구'가 있다고 생각하세요. 그러면 어느 부분에서 접히며 형태를 잡을지 감이 오게 됩니다.

기본 19번 브러시는 동그란 원을 기준으로 나오는 브러시입니다. 모든 브러시가 기본형태가 있습니다. 동그란 원이 싫으신 분들은 F5번을 눌러 브러시 사전설정 창을 열고 동그란 원의 기준 X측과 Y측을 조절해 계란형으로 뒤틀 수 있습니다. 마치 수작업의 마카펜을 쓰는 느낌으로 언제든지 변경이 가능합니다. 아래의 첨부 이미지처럼 조절해 사용할 수 있습니다. 자신에게 맞게 조절해 쓰는 것도 좋은 방법입니다.

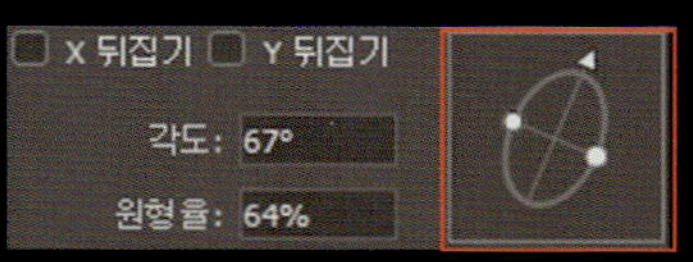

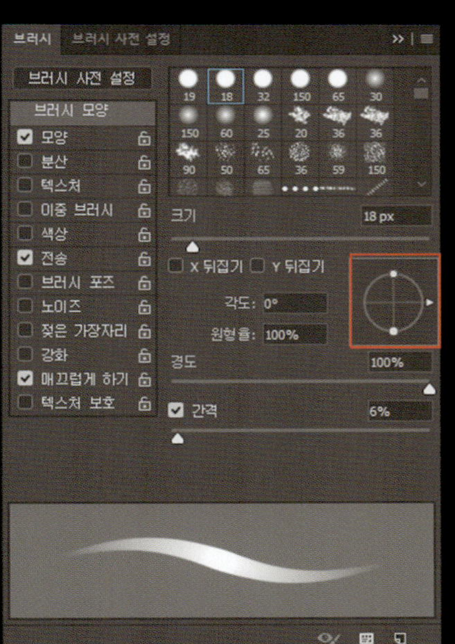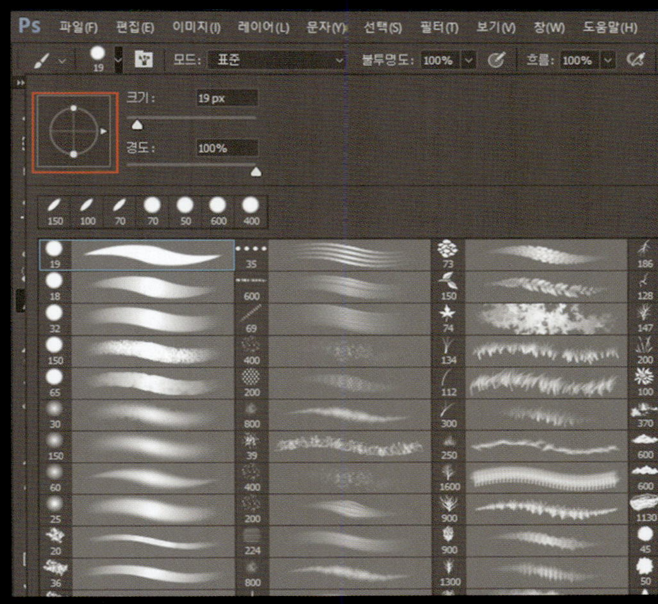

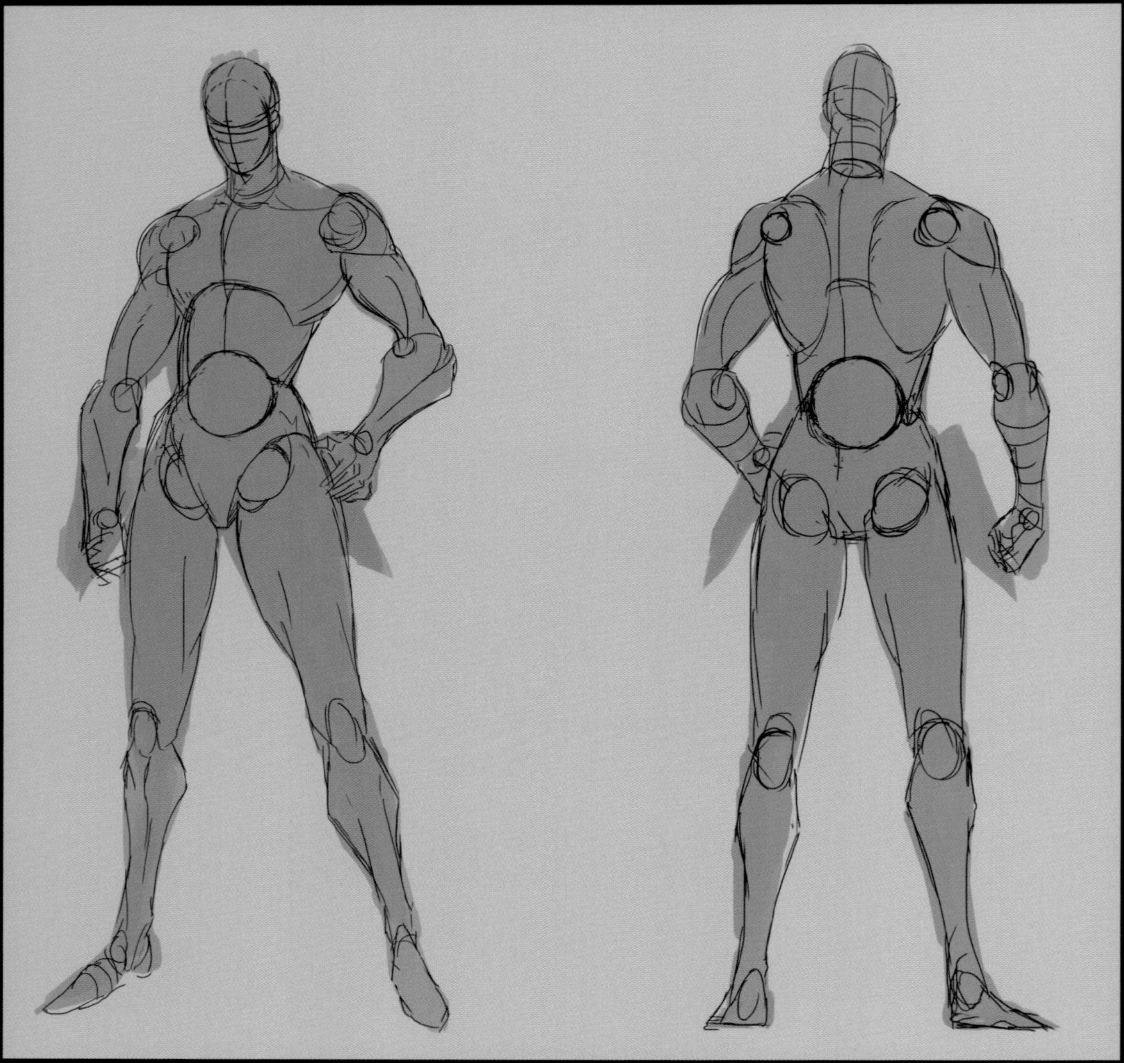

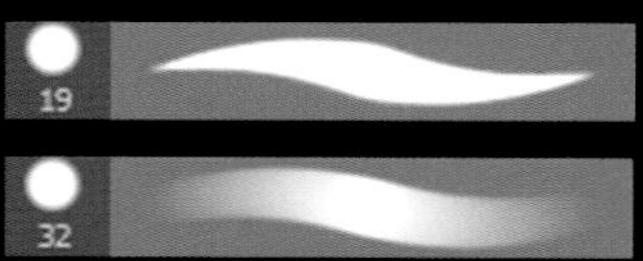

자신이 잡은 형태에 32번 브러시를 이용해 실루엣 처리를 합니다. 우선 어떤 복식으로 그려줄 것인지 부피는 어느 정도로 잡아줄지 실루엣 처리로 대략의 캐릭터 부피를 생각하는 단계입니다.

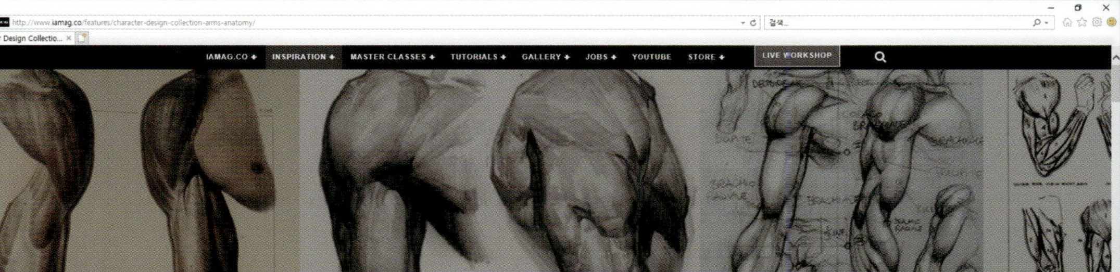

iamag.co/features/character-design-collection-arms-anatomy

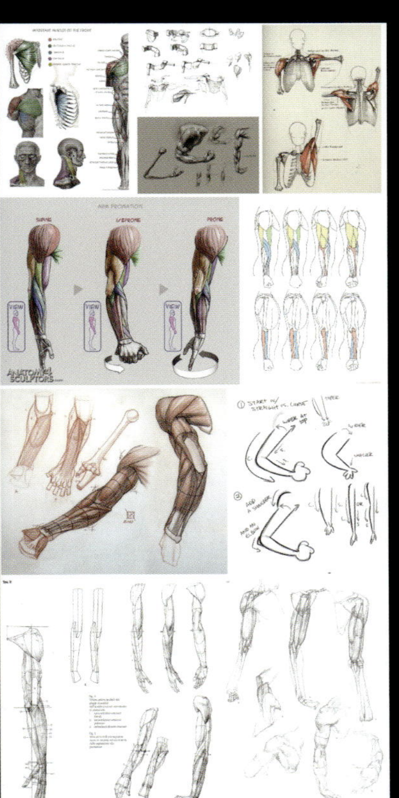

인체 해부학 지식이 부족하다고 생각하시는 분들이라면 인체를 우선 도형으로 생각하고 그리는 걸 잊지 마시고 이것도 어렵다 하시는 분들은 위의 사이트에서 해부학 자료를 다운받아 많이 모작해 보시길 바랍니다. 정말 답답하다면 자신의 몸을 거울로 비춰보며 근육의 흐름을 이해하고 느끼며 그리는 걸 더욱 더 추천드립니다.

필자 또한 인체 해부학의 중요성을 잘 인지하고 있습니다. 해부학 그림은 언제나 인체를 그리는 캐릭터 작업에서는, 특히나 그림 그리는 분들에게는 꼭 마스터해야 하는 하나의 숙제입니다. 인체를 해부학적으로 생각하지 못하고 그림을 그린다는 건 데포르메에만 치중한 그림을 그릴 수밖에 없게 된다는 겁니다. 실사를 추구하는 그림을 그리고 싶으신 분들은 꼭 해부학 그림을 많이 그리시길 바랍니다.

필자는 초심자들을 위해 기초적으로 접근해 튜토리얼을 만들어서 이렇게 설명을 하지만 필자도 그냥 작업을 할 때는 이런 형식으로 하지 않고 바로 인체를 그려서 작업을 합니다.

인체해부학 지식을 꼭 마스터하세요.
사람만 잘 그려도 그림의 반을 마스터한 것입니다.
사람을 잘 그리게 되면 동물 또한 잘 그리게 된다는 것이죠.
인체 드로잉 많이 그려 보시길 바랍니다.

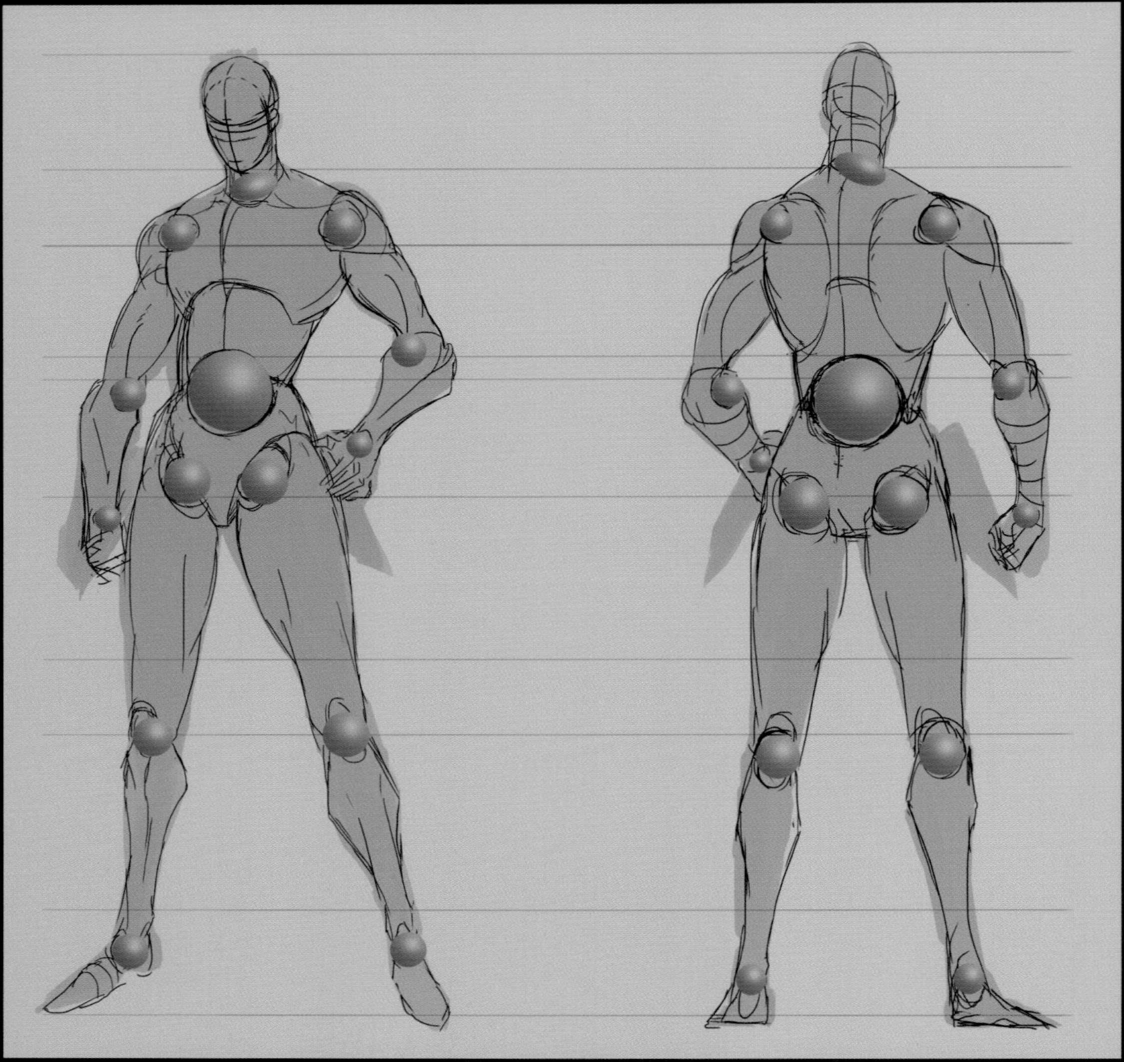

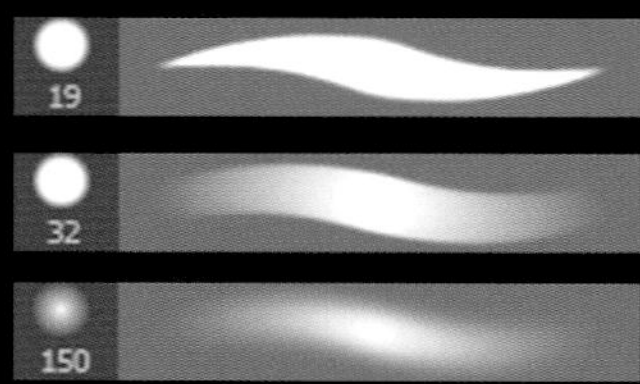

실루엣 설정이 끝났다면 형태 레이어 위에 다시 새 레이어를 만들고 기초 스케치에 들어 갑니다. 다시 기본 19번 브러시의 사이즈를 어느 정도 가늘게 만든 뒤(브러시 사이즈 조정은 키보드 [(작게)] (크게)) 기초 스케치에 들어 갑니다. 항상 인체를 그릴 때는 얼굴부터 신중히 스케치를 합니다. 기초 스케치를 하는 가장 큰 이유는 형태의 뒤틀림을 최대한 잡아가며 스케치를 할 수 있기 때문입니다.

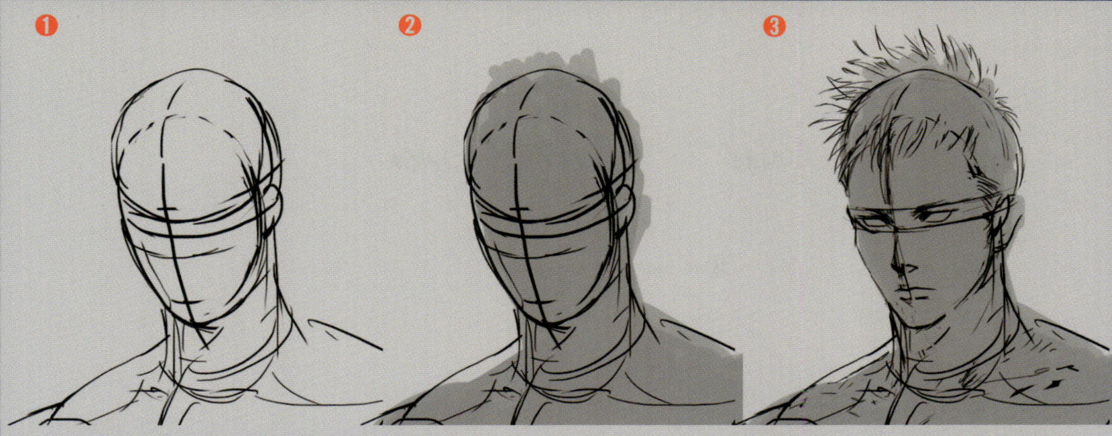

필자의 기초 스케치를 단계적으로 캡처해 첨부했습니다. 초반 형태를 잡을 때는 얼굴을 너무 아래를 보는 방식으로 잡았군요. 조금 얼굴을 든 느낌으로 형태를 고쳐가며 기초 스케치를 했습니다. 얼굴 스케치 형태에서 중요한 것은 눈, 코, 입의 위치를 정확하게 잡아 그려주는 것입니다. 스케치가 틀리면 정교한 디테일 스케치에서 또 수정을 해야 하는 일이 발생할 수 있으니 대칭을 정확하게 인지하고 선을 그어가며 기초 스케치를 잡아 줍니다.

기본 19번 라운드 브러시는 필압이 먹히지 않는 브러시입니다. 필압이라고 한다면 끝 쪽이 날카롭게 떨어진다 정도가 끝입니다. 수작업으로 친다면 싸인펜의 느낌과 비슷하다고 생각하시면 될 듯합니다.

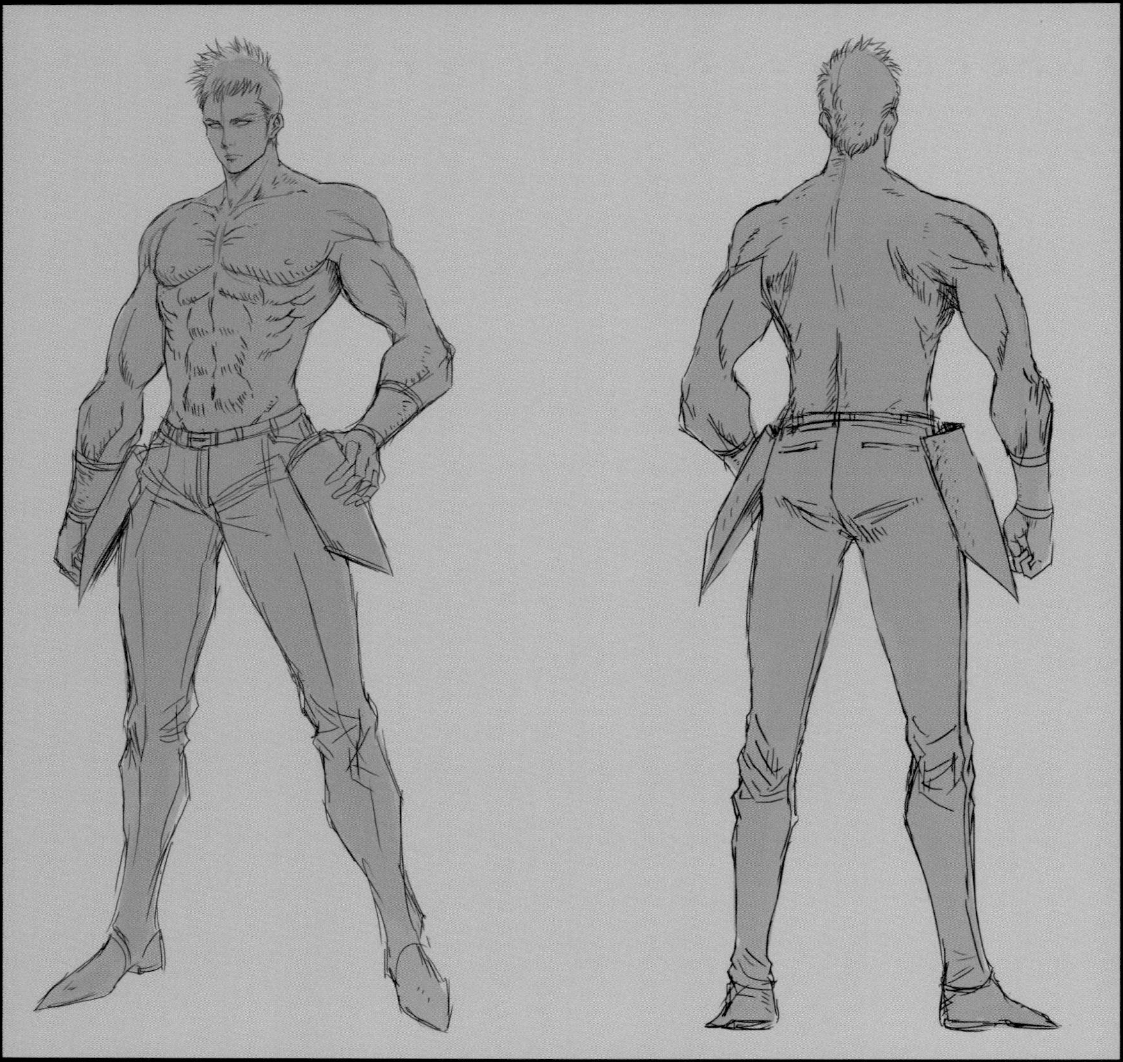

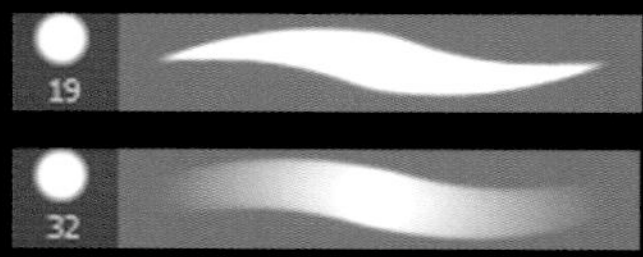

기초 스케치를 얼굴부터 몸, 팔, 다리 순으로 그려서 기본 형태 레이어를 제거한 모습입니다. 이제부터는 기본 형태 레이어는 필요 없습니다. 팔레트 레이어 휴지통에 버리셔도 되고 팔레트 레이어 젤 아래로 내려 눈체크를 꺼 주셔도 됩니다. 그리고 실루엣 레이어도 어느 정도 정교하게 기초스케치에 맞게 맞춰서 깔끔하게 선이 떨어지도록 안정감을 주었습니다.

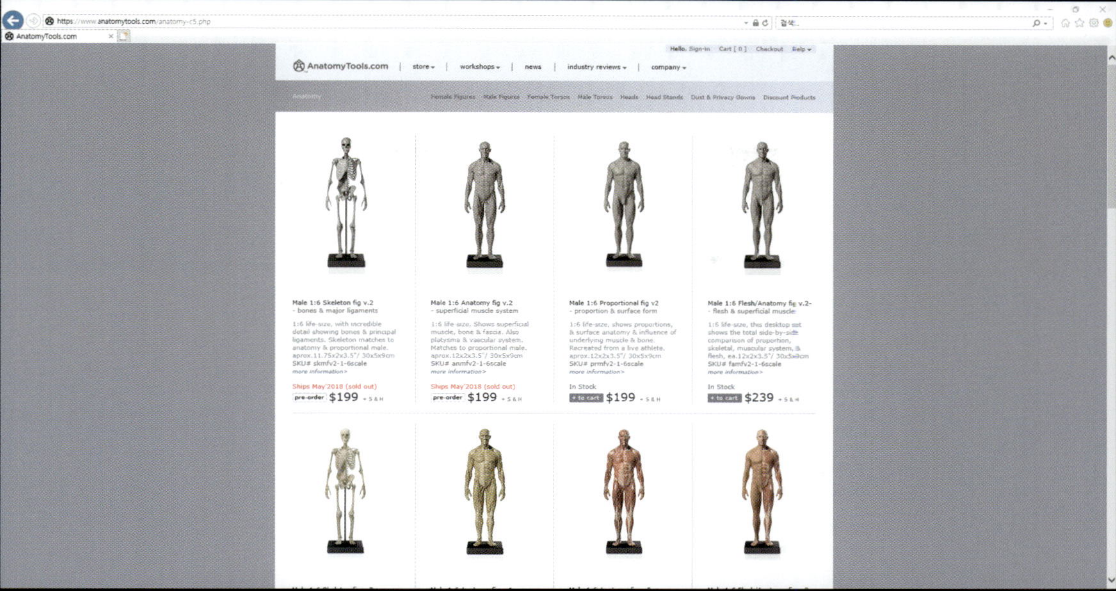

인체피규어 판매 사이트(anatomytools.com)

기초 스케치를 탄탄하게 하기 위해서 초심자들에게 좋은 사이트를 소개합니다. anatomytools 사이트는 인체에 대한 정교한 자료와 피규어를 판매하는 사이트인데 여기에 나와있는 이미지들이 상당히 인체를 잘 표현한 피규어여서 근육의 흐름을 한 번에 확인할 수 있습니다. 위 사이트에서 구입도 가능합니다.

기초 얼굴 스케치가 끝났다면 인체는 위 사이트를 참고하면서 자기만의 해석을 넣어 몸을 그립니다. 시트 작업 원화는 측면 앞태도 그려 주어야 하지만 측면 뒷태도 그려 주어야 합니다. 등 근육의 흐름을 잘 이해하지 못하겠다면 필자가 첨부한 이미지를 보며 등 근육을 모작해서 표현하셔도 됩니다. 자신의 부족한 부분들은 사진을 보며 참고하며 그리시길 바랍니다.

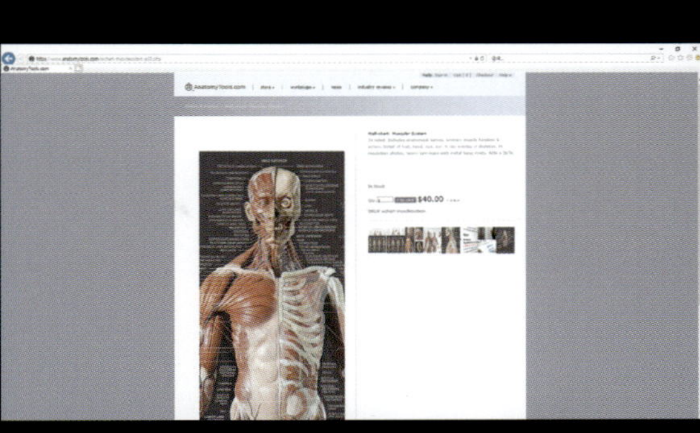
anatomytools.com

사람의 뼈를 먼저 이해해야 하며 그 다음 근육의 흐름을 읽어서 기초 스케치를 하게 되면 사람의 인체가 상당히 복잡하구나란 걸 알게 되실 겁니다. 그만큼 인체는 신비롭지요. 이 신비로운 인체를 다 외우셔야 합니다. 무조건 따라 그리며 외우세요. 방법이 딱히 있는 건 아닙니다. 오로지 인체 자료를 많이 보고 많이 그려보면서 인체의 흐름을 읽어 자기 자신이 또 다른 해석을 할 수 있을 때 자신만의 인체 드로잉이 탄생됩니다.

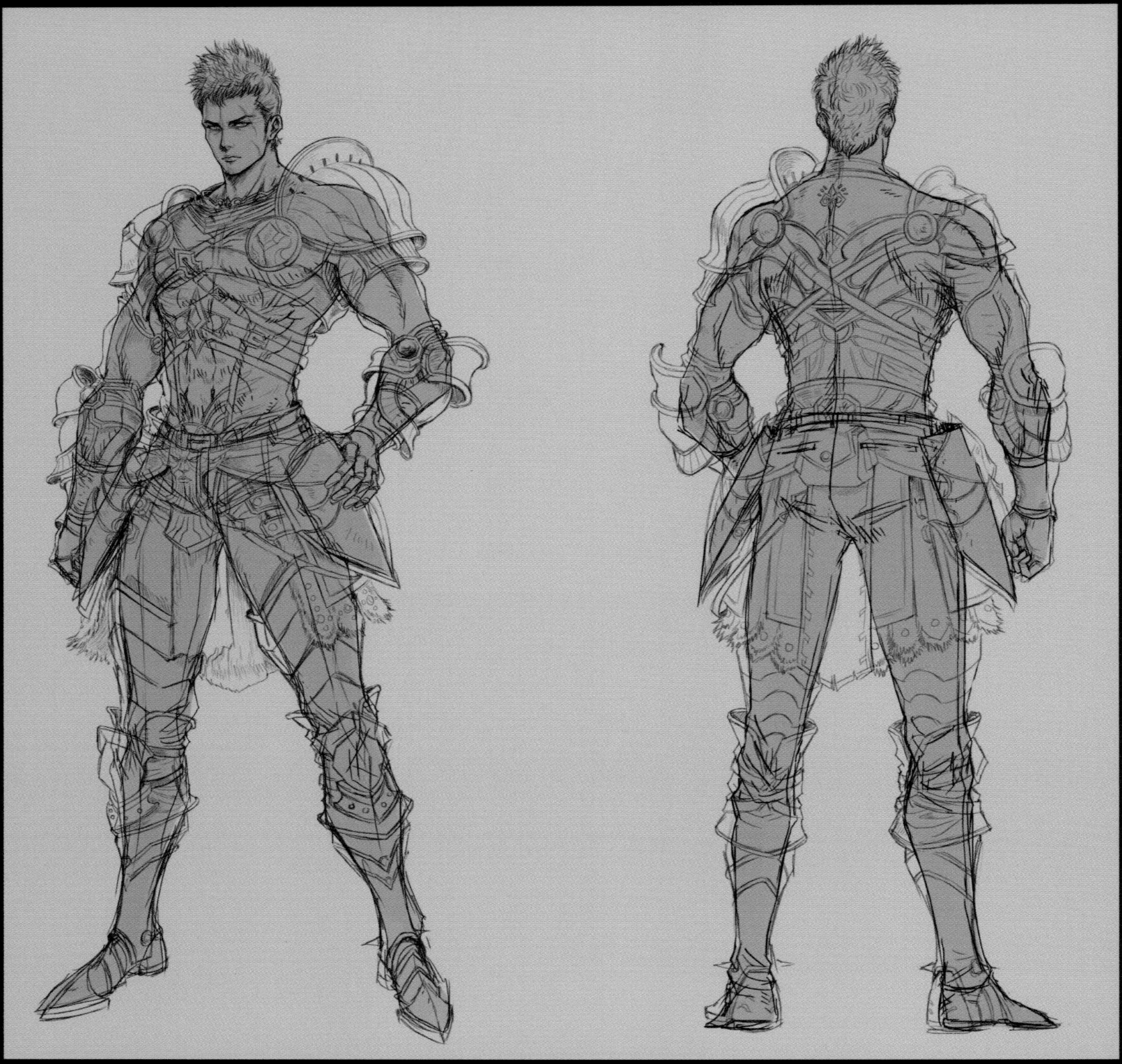

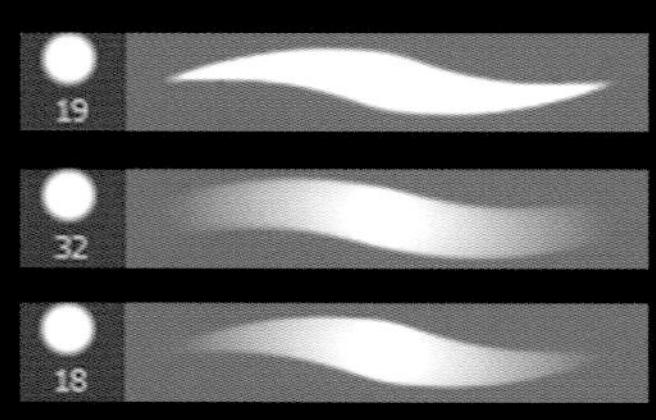

기초 인체 스케치가 끝났다면 다시 새 레이어를 기초 스케치 레이어 위
에 만들고 복식을 디자인합니다.
복식을 그릴 때는 18번 브러시로 바꾸어 작업했습니다.

필자는 중세 기사풍의 버서커(큰 대검을 휘두르는 전사)로 구상했기에 우선은 중세 갑옷 이미지를 인터넷 검색을 통해 자료를 수집했습니다. 실제 존재했던 중세 갑옷들의 자료를 보며 또 다시 게임적인 컨셉으로 생각을 해야 합니다. 흔히 사람들이 알고 있는 중세 갑옷의 느낌을 똑같이 디자인한다면 캐릭터성이 많이 떨어질 수 있습니다. 컨셉 아티스트의 최초 컨셉 방향과 잘 조합해 디자인이 들어가야 한다는 것입니다. 게임 캐릭터의 복식은 어디서 보았던 것이지만 그렇다고 실제로 존재하지 않는 것을 디자인하는 것입니다. 비슷하지만 비슷하지 않은 것을 디자인해야 한다는 것이지요. 자료들을 보며 컨셉을 도출해야 합니다. 필자는 캐릭터 레벨이 30이 최고 레벨이라고 생각한다면 15레벨 정도의 중급 장비로 결정했습니다. 너무 화려하지는 않지만 기본 복식은 아닌 중급 복식 정도로 컨셉을 잡았습니다.

게임원화 중세 갑옷 실사 자료(goo.gl/5yz3dS)

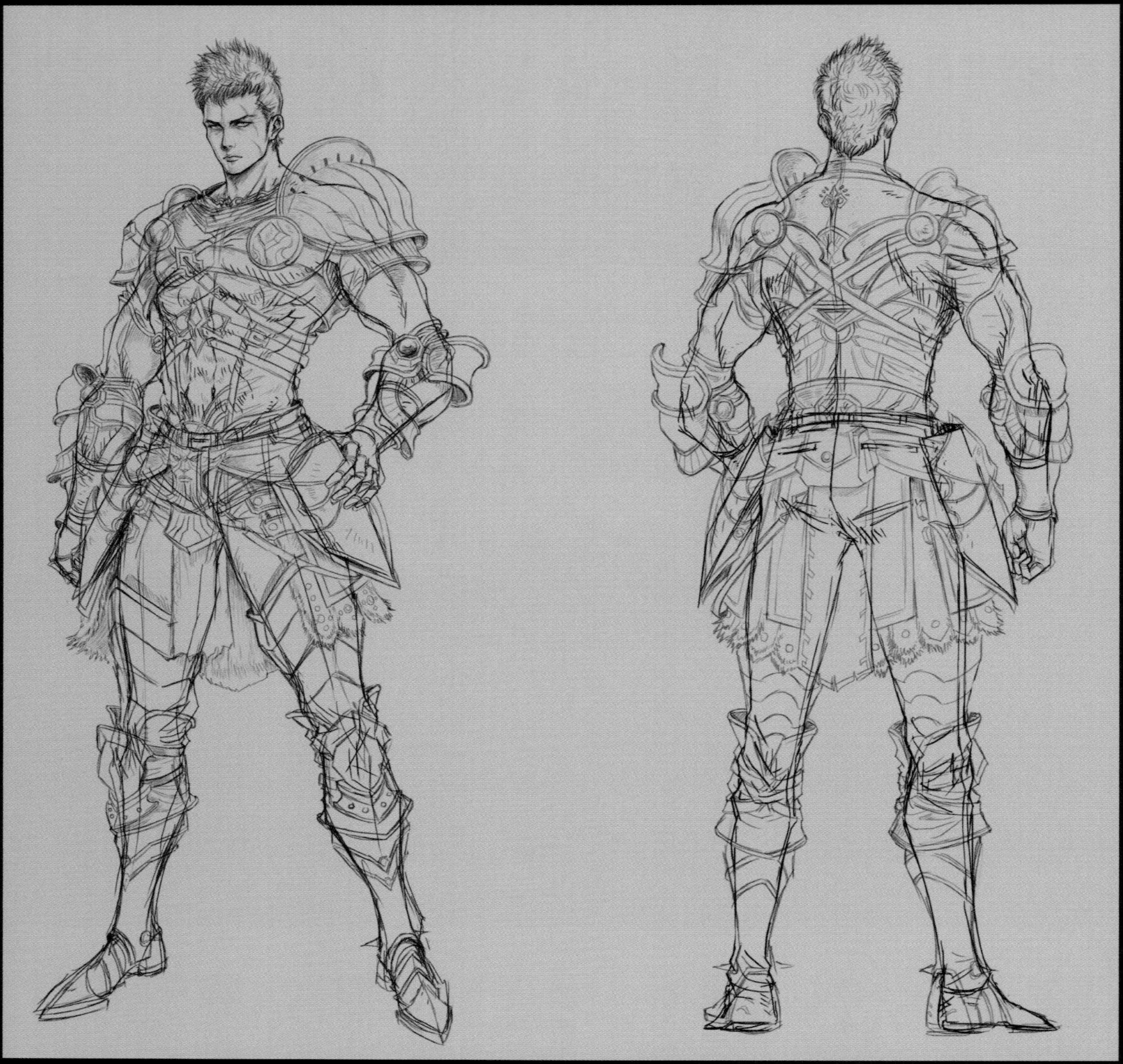

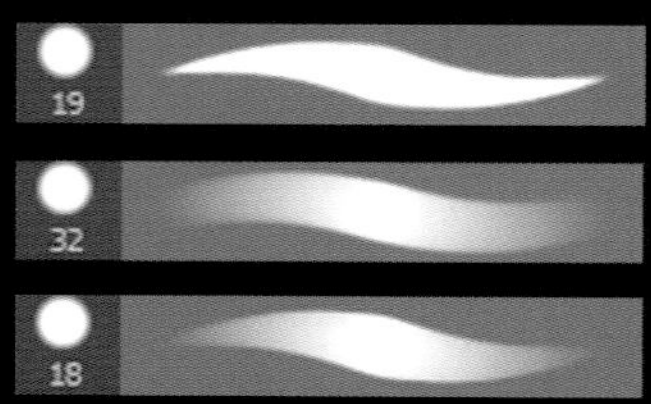

복식 디자인이 끝났다면 실루엣 레이어의 눈을 꺼 주고 자신이 그린 기초 스케치 레이어와 복식 스케치 레이어를 한 번에 잘 조합해 볼 수 있도록 셋팅해야 합니다. 자신이 그린 인체와 복식이 조화롭게 잘 어울리는지 체크하는 단계입니다.

인체와 복식을 조합해 자신이 생각한 복식과 기초 스케치가 잘 맞아떨어진다고 본인이 결정을 했다면 스케치 레이어와 복식 레이어를 Shift 키로 두 레이어를 지정한 후 Ctrl+E를 늘러 하나의 레이어로 과감하게 합칩니다. 그리고 기초 스케치의 느낌을 디테일 스케치로 바꾸어 나갑니다. 자신의 필력을 믿고 디테일하게 캐릭터를 만들어나가는 가장 중요한 디테일 스케치 단계입니다.

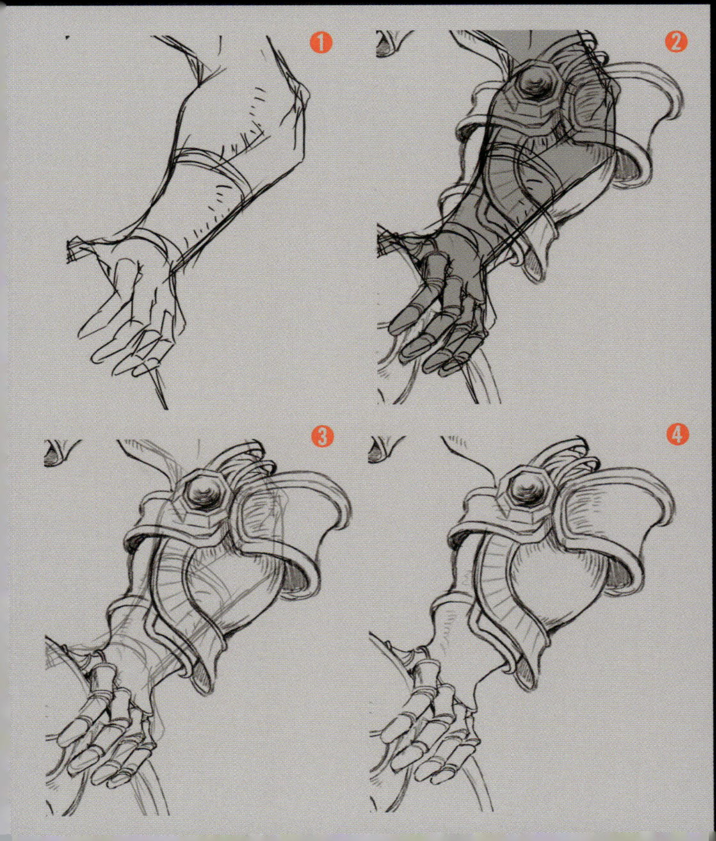

필자의 방식대로 단계적으로 하나의 디테일 스케치로 만들어 나갑니다.

좌측 이미지를 보시면 아시겠지만 기초 스케치와 복식 스케치가 하나가 되며 생긴 필요 없는 선들을 지워주고 미처 신경써서 그려주지 못했던 부분에 다시 신경을 써주는 방식으로 그려 나갑니다.

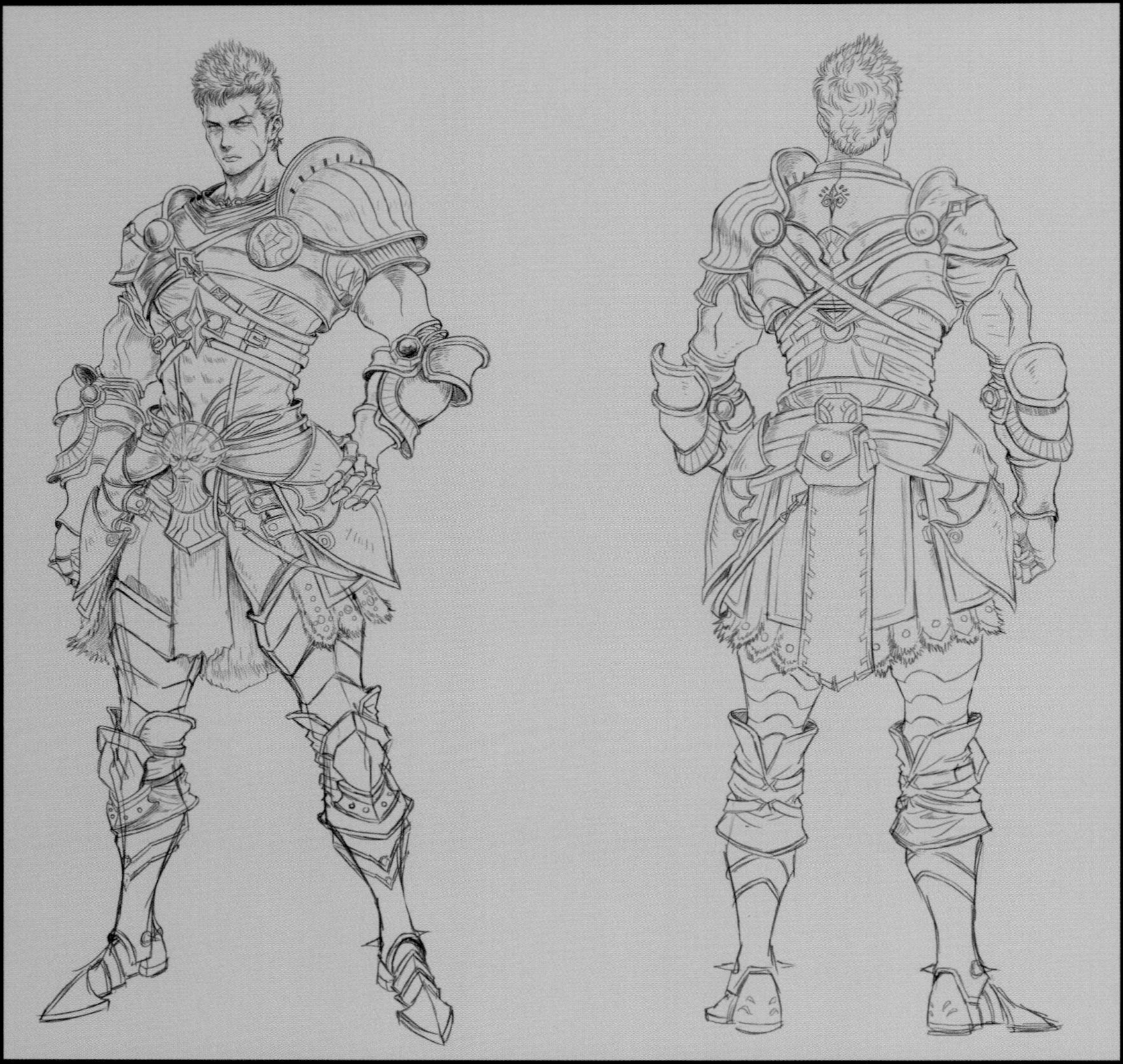

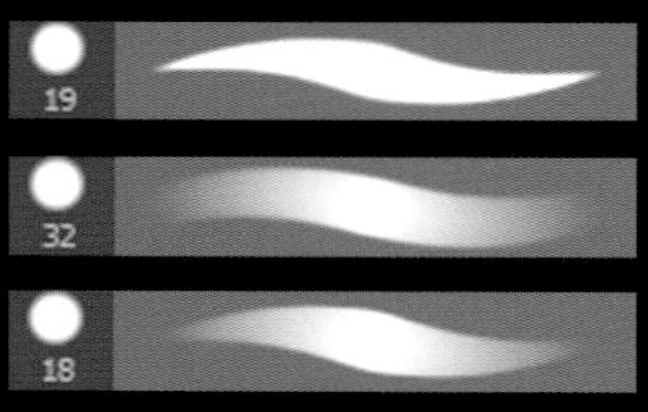

Shift 키를 누른 상태로 레이어를 지정하고 지정한 레이어를 Ctrl+E 명령어를 이용해 하나의 레이어로 만든 디테일 스케치의 완성 모습입니다.

필요 없는 인체의 근육 흐름은 지워주고 복식을 그리며 깔끔하게 스케치 라인선화로 만들어 주는 단계를 다 하셨다면 그림의 반은 끝난 것입니다. 좋은 스케치가 좋은 결과물을 가져옵니다. 디지털로 그림을 그린다는 건 그림을 그리면서 틀리면 언제든지 고칠 수 있다는 장점이 있지만 되도록 수작업의 느낌으로 그림을 그린다고 생각하시면 더 그림 실력을 올리는데 도움이 되실 겁니다. 그림을 배울 때는 쉽게 쉽게 배우는 것보다 힘들게 하나하나 펜을 그어가며 생각하며 배우는 것이 훨씬 더 머릿속에 오래 남아 있게 되며 손이 기억하게 됩니다. 스케치는 항상 꼼꼼하게 마무리하는 버릇을 가졌으면 합니다.

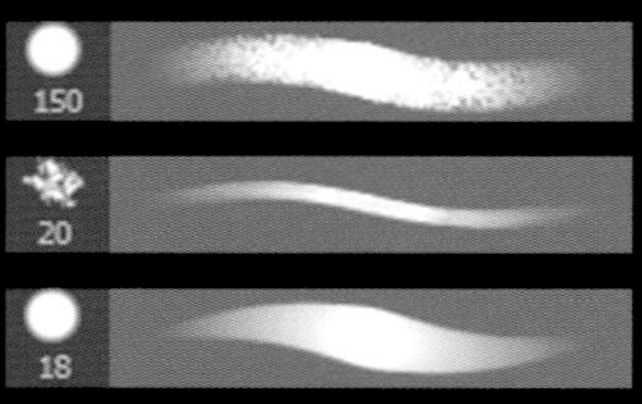

디테일 스케치 레이어 아래에 새 레이어를 만들고 옆의 세 가지 브러시를 이용해 빛에 대한 기본 명암과 양감을 잡아 줍니다.
여기서 중요한 점은 디테일 스케치를 팔레트 레이어 제일 상단에 위치시켜야 합니다.

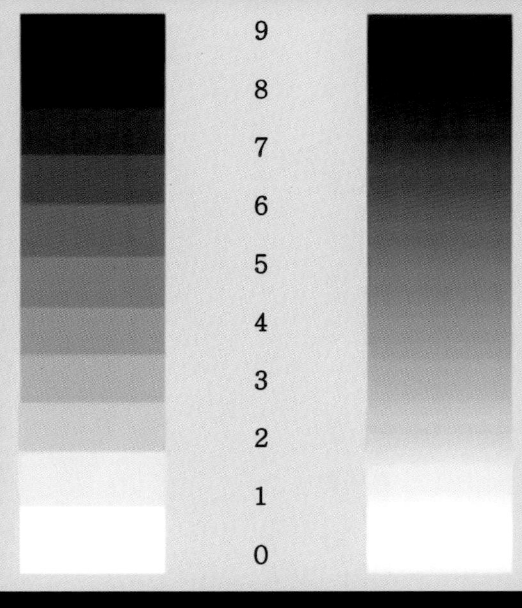
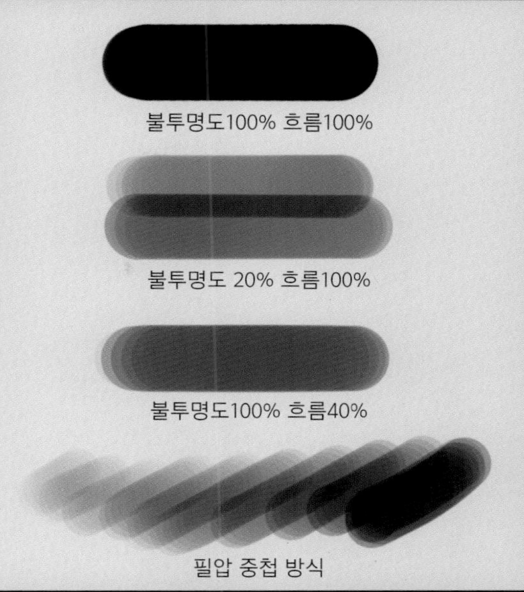

명암이란 빛의 방향에 따른 밝고 어두운 감을 말합니다.

양감이란 표현대상의 부피감, 무게감, 덩어리감을 말합니다.

이 두 가지 느낌을 글레이징 기법의 회색 음영만을 이용해 명암을 잡아 줍니다.

모든 브러시가 중첩 효과가 있으나 가장 기본적인 18번 브러시를 예로 들어 위에 설명했듯이 타블렛 펜의 필압을 이용해 밝고 어두운 명암을 단계적으로 빛이 어디서 오는지 생각하며 충첩해서 발라 줍니다. 가장 밝은 명암이 0으로 보고 가장 어두운 명암을 9로 보았을 때 자신이 9로 명암을 바르다 0으로 변경해 바르면 타블렛 필압의 기능으로 5정도의 명암이 찍히게 되는 것입니다. 필압을 강하게 써야 자신이 선택한 0의 흰색 명암이 나오겠지요.

이렇게 수작업과 비슷한 디지털 필압 터치기능 때문에 명암을 중첩해서 발라줄 수 있는 것입니다. 그럼 캐릭터에 빛을 설정하고 빛에 맞게 명암을 표현해 줍니다.

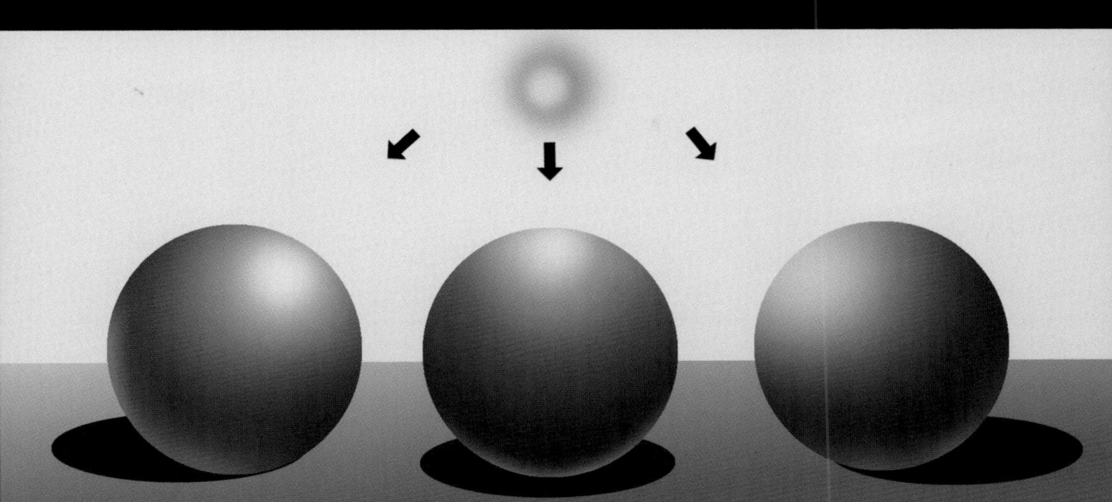

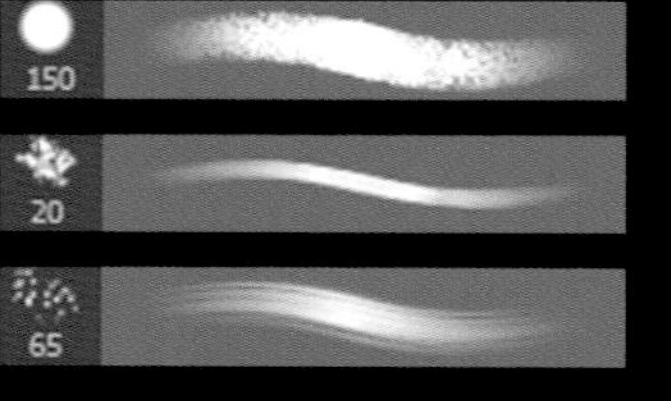

디테일 스케치 레이어를 복사해 원본 디테일 스케치는 팔레트 레이어에 남겨둔 후 복사한 디테일 스케치 레이어와 명암을 표현한 레이어를 합쳐 글레이징 레이어로 만듭니다.
그리고 옆의 브러시, 특히 20번 펜슬 브러시를 많이 사용해 좀 더 명암과 양감을 잡아 줍니다. 명암과 양감은 항상 빛을 생각하며 조화롭게 바르는 것이 중요합니다.

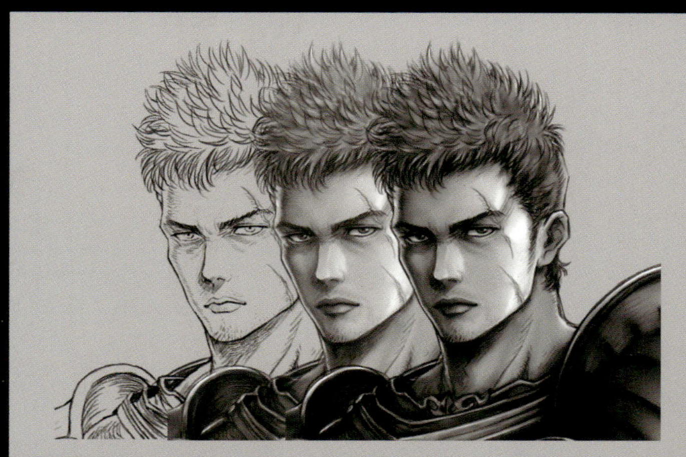 

양감이 잘 표현된 그림은 안정감, 입체감을 전해줍니다. '양감이 크다, 양감이 잘 표현되었다'는 말은 덩어리 느낌이 난다는 말이고, 덩어리는 곧 입체적이라는 뜻과 같게 됩니다.

그러니까 양감이 잘 나타나려면 무엇보다도 입체 표현에 필수적인 명암을 잘 표현해 주어야 한다는 것입니다. 아래의 그림을 보며 명암을 더욱 덩어리감 있게 표현해 주고 20번 펜슬 브러시를 사용해 질감의 느낌을 강조시킵니다. 질감이란 물체의 표면에서 느껴지는 성질을 얘기합니다. 어깨 갑옷의 질감을 필자가 옆 페이지에 표시한 세 가지 브러시를 이용해 완성시켜 나갑니다.

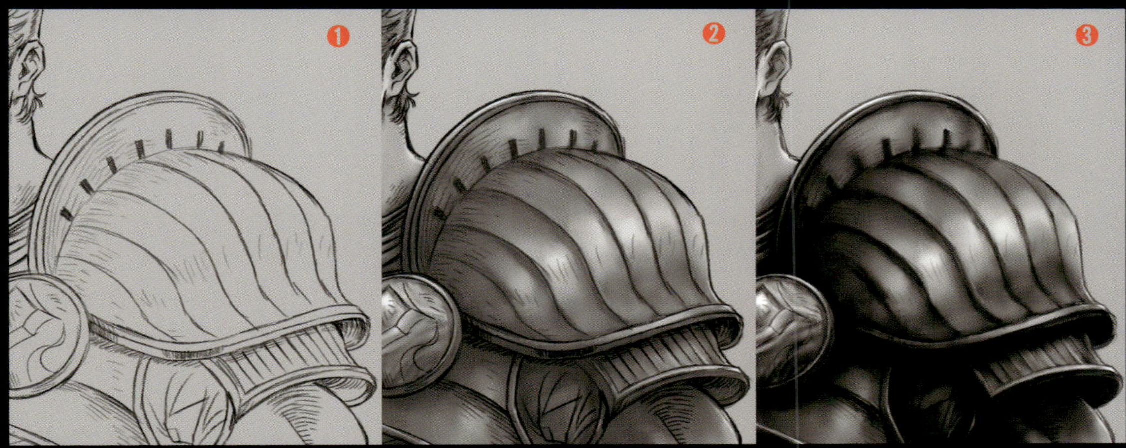

질감 표현을 마무리했다면 이제 본격적으로 색지정에 들어가 보도록 하겠습니다.

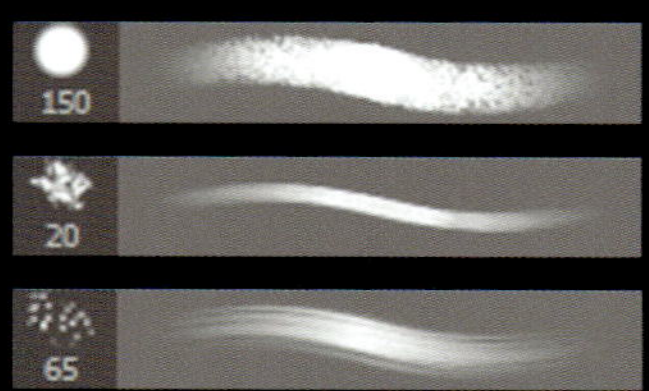

글레이징 레이어 위에 색상균형을 잡아준 뒤 색감을 살짝 갈색톤으로 변경했습니다. 그리고 새 레이어를 만들어 Art 키를 누른 상태에서 아래 레이어에 펜을 끓어 팔레트 레이어 선에 가져가면 꺾인 화살표 모양이 나오게 됩니다. 그 상태를 클릭하면 클리핑 마스크가 발동합니다(단축키 Alt+Ctrl+G).

클리핑 마스크란 화살표로 지정한 레이어에만 귀속되어 지정한 레이어 그림 밖으로 브러시 터치가 벗어나지 않게 해줍니다. 다시 말하자면 이 상태로 색지정을 하게 되면 클리핑 마스크가 지정된 레이어 밖으로 색이 벗어나지 않게 된다는 것입니다.

옆의 세 가지 브러시들을 이용해 채색해 나갑니다.

클리핑 마스크로 지정한 레이어의 블랜딩 모드를 곱하기로 변경해
색지정을 해줍니다. 필자는 옆에 표시한 색으로 색지정을 했습니다.
색지정을 하며 채색에 들어갈 때는 우선 얼굴의 피부부터 바르고
눈, 코, 입의 음영을 채색한 뒤 머리카락, 옷, 갑옷 순으로 지정해 진
행했습니다. 팔레트 레이어의 모습은 아래 이미지의 모습을 하고 있
어야 합니다.

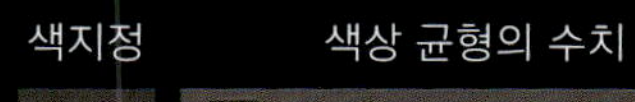

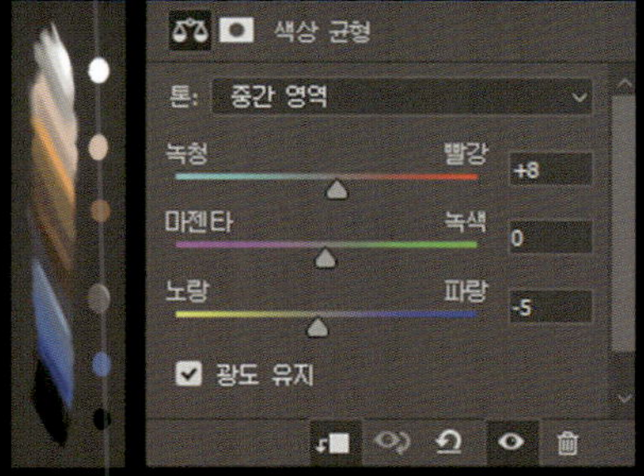

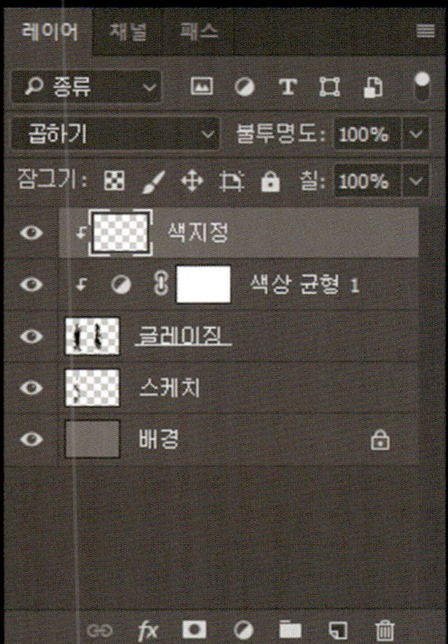

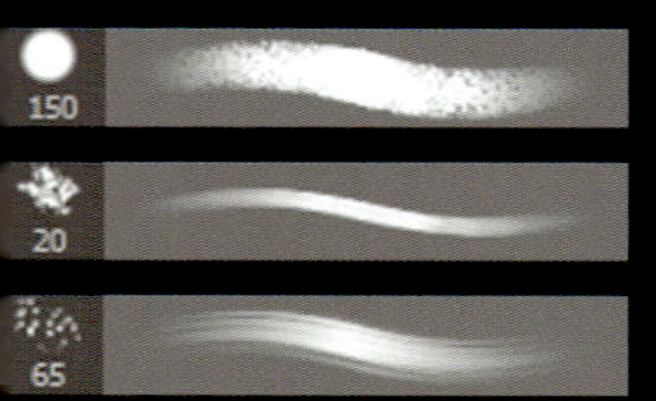

글레이징 기법 채색은 회색 명암 때문에 탁한 색감을 가질 수밖에 없지만 기존의 명암 처리 때문에 한 번의 색터치 만으로 쉽고 단계적으로 채색된 느낌을 얻을 수 있습니다. 이젠 이 탁한 색감을 어느 정도 풀어주며 색을 태워 주어야 합니다. 색지정의 곱하기 레이어 위에 새 레이어를 만들고 블랜딩 모드를 오버레이로 놓고 옆에 첨부한 브러시들을 이용해 터치해 나갑니다. 20번 브러시와 150번 브러시를 변행하며 작업한 뒤 갑옷의 질감에는 65번 브러시로 타블렛판을 톡톡 찍어주며 텍스쳐 느낌을 넣어 줍니다.

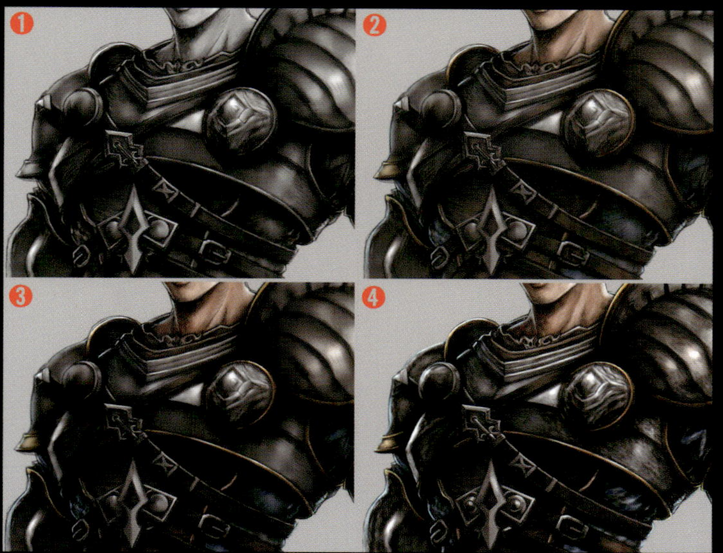

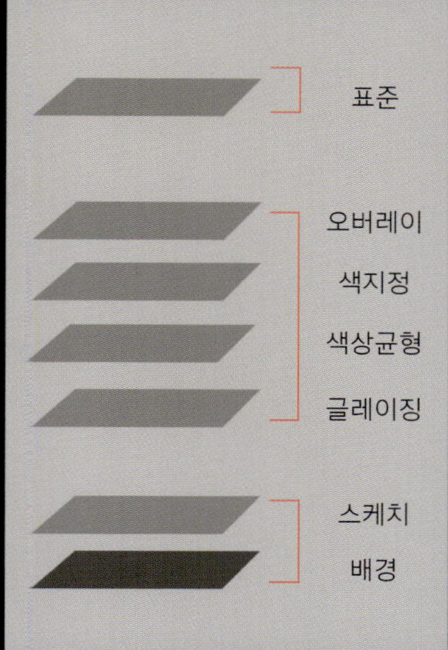

아래의 이미지처럼 1번의 탁한 글레이징 색지정 곱하기 레이어에 새로 생성한 오버레이 레이어의 기능으로 태워가며 2번의 이미지처럼 밝은 느낌으로 잡아주는 단계입니다. 오버레이 레이어도 클리핑 마스크 명령으로 글레이징 레이어에 귀속시켜 작업을 합니다. 팔레트 레이어는 아래의 모습처럼 되어 있어야 합니다. 여기까지가 글레이징 기법으로 그린 그림에 색을 표현할 수 있는 한계선입니다. 글레이징 기법으로 여기까지만 하고 완성작이라고 하는 컨셉 아티스트가 되어서는 안 되겠죠. 이제 그림의 색지정 반을 끝낸 것뿐입니다. 다시 미술 전공식 기법으로 바꾸어 색 작업을 진행해야 합니다.

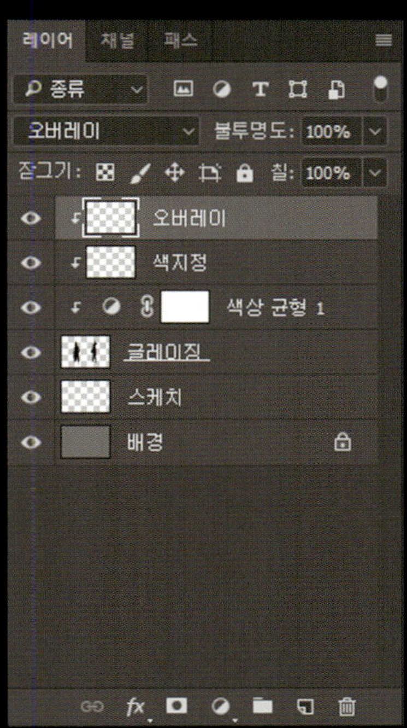

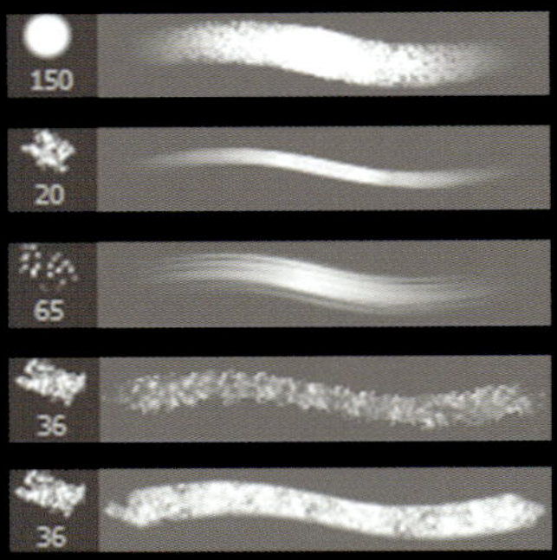

오버레이 레이어까지 사용해 색을 밝게 만들어 주었다면 우선은 글레이징으로 그린 색지정은 마무리가 된 것입니다.

이젠 미술 전공식 기법으로 색을 다시 잡아 나가야 합니다. 오버레이 레이어 위에 표준 레이어를 만들어 다시 색을 다듬며 안정된 색감으로 터치합니다. 유화를 그리듯 정교하게 붓터치를 한다는 개념으로 접근하는 것이 바른 접근법입니다. 타블렛 펜의 필압을 이용해 다시 한 번 그리며 디테일 작업을 시작합니다.

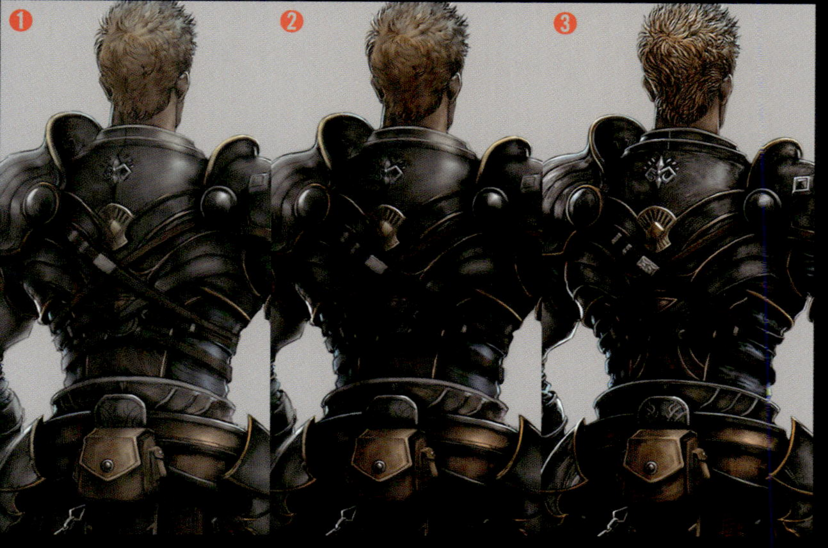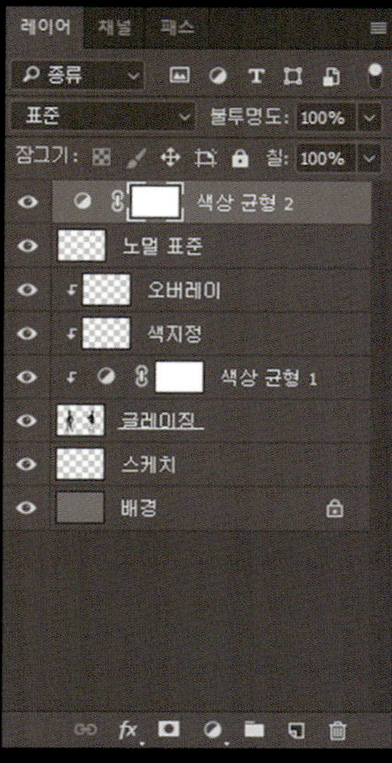

아래의 브러시로 색을 중첩해서 칠한 후 브러시로 타블렛 펜을 타블렛 판에 찍으면서 낡은 가죽의 느낌으로 만들어 줍니다. 디테일한 묘사를 제일 상단 표준 레이어에 묘사했다면 전체적인 색감 균형을 다시 잡아 줍니다. 전체적인 색상톤을 중간 영역, 어두운 영역, 밝은 영역 모두 체크하며 최상의 값을 찾아 나갑니다. 차례대로 진행했다면 팔레트 레이어는 위의 모습처럼 되어 있어야 합니다.

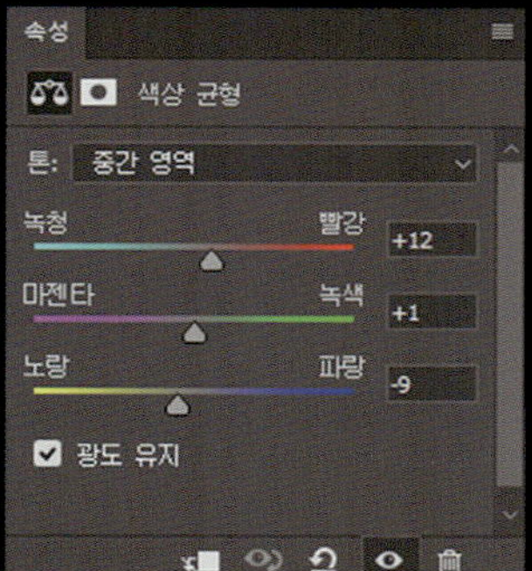

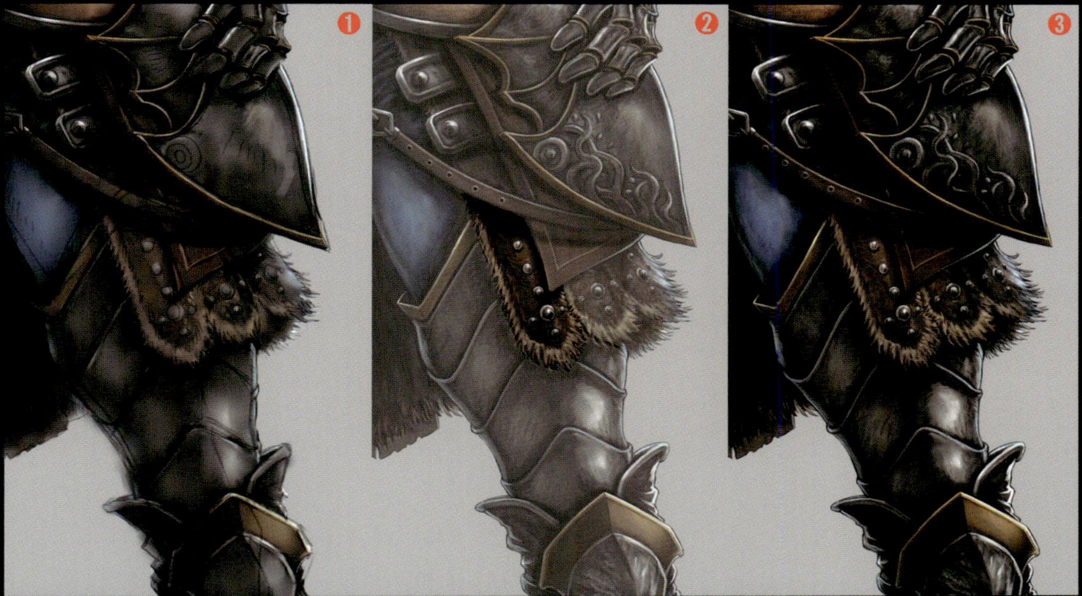

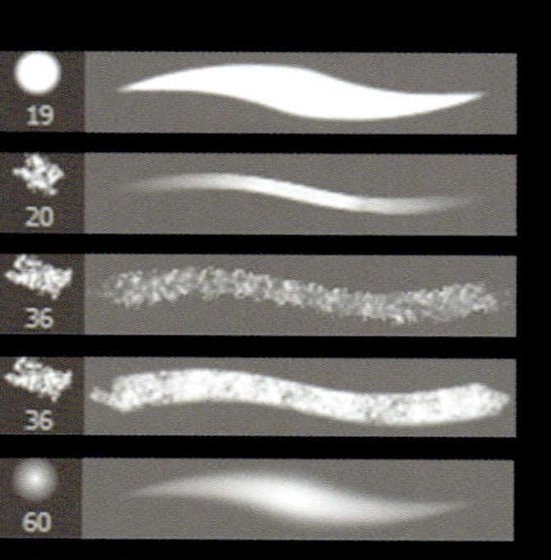

전공식 채색법은 표준 레이어에 작업을 하는 것이기에 자신의 그림을 다시 디테일하게 끌어올릴 수 있습니다. 물론 실수를 하면 안 되겠지요. 하지만 밑에 자신이 만들어온 레이어들이 그대로 존재해 있으므로 과감하게 터치해 나갑니다. 계속 더 좋은 드로잉 더 좋은 디테일을 생각하며 하는 시간과의 싸움이 이 지점부터 시작됩니다. 미처 그리지 못했던 부분까지 옆의 브러시들을 사용하며 그림의 디테일을 올려 나갑니다.

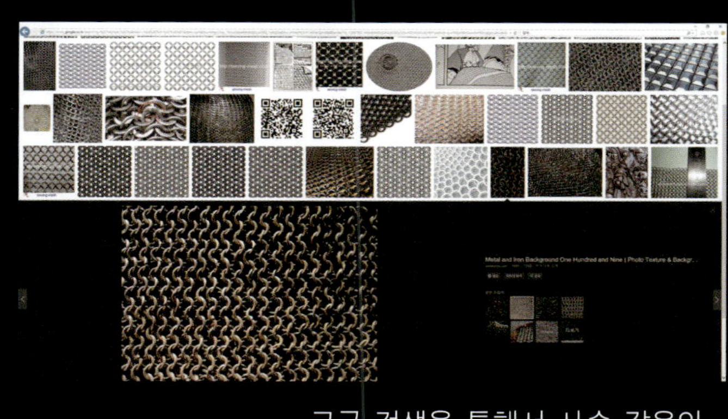

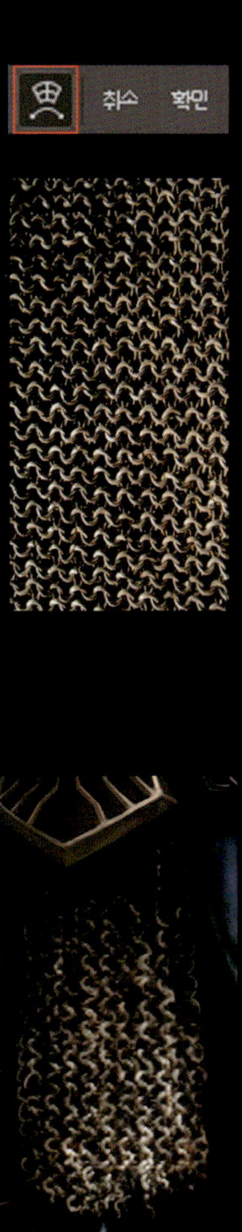

구글 검색을 통해서 사슬 갑옷의 텍스처를 검색해 앞 부분의 천을 사슬로 바꿔 주었습니다. 검색을 통해 구한 텍스처의 블랜딩 모드를 오버레이로 바꾸고 Ctrl+T 자유변형 기능을 이용해 합성해 줍니다. 자유변형 기능은 포토샵의 강력한 기능 중 하나이며 자주 사용하는 기능이므로 단축키를 꼭 외워 두세요.

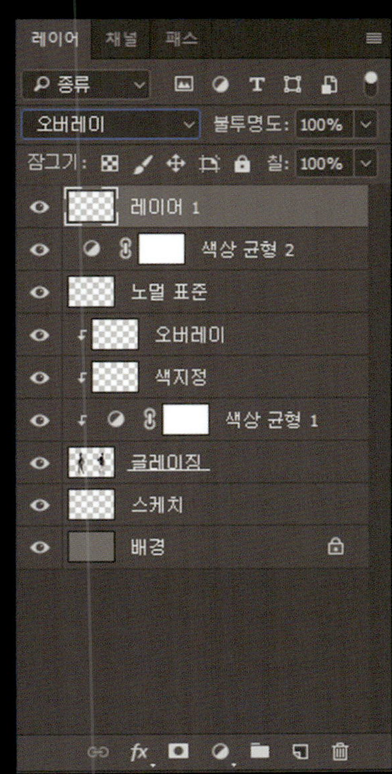

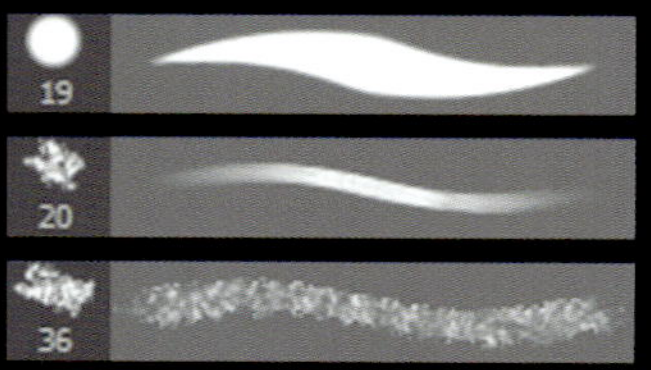

이제 마무리에 들어 갑니다. 19번 라운드 브러시를 지우개로 사용해 깔끔하게 외곽을 지워주고 포토샵 색상 보정 기능을 이용해 마무리해 줍니다.

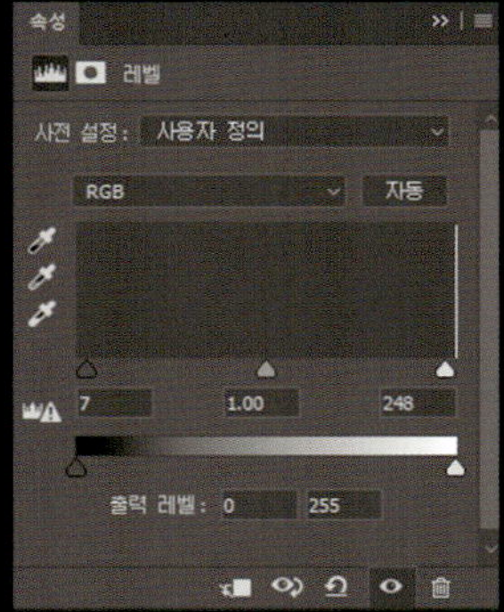

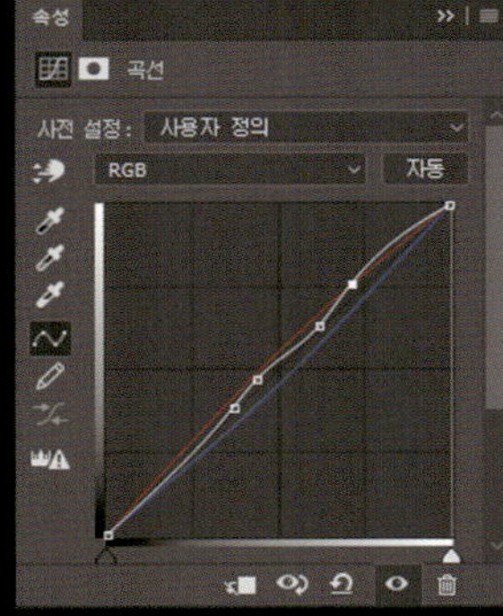

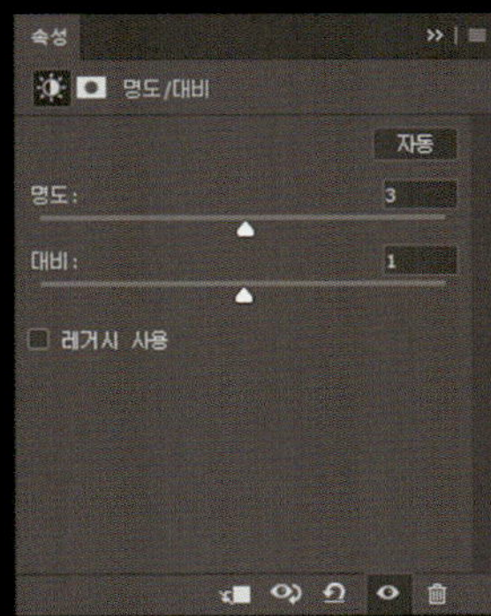

필자는 포토샵 보정을 위와 같이 해 주었습니다. 우선 레벨을 이용해 밝은 영역을 잡아 주었습니다. 레벨은 명도와 대비를 조절할 수 있습니다. 그 다음 곡선으로 빨강, 녹색, 파랑의 수치를 미세하게 조정해 주었습니다. 그 다음 전체적인 명도/대비 효과를 미세하게 주어 갑옷의 질감에 도움을 주었습니다. 포토샵 보정 효과는 본인의 그림을 이리저리 만져보며 자신이 최상의 값을 찾아가는 것이라 느낌 위주로 좋은 색감을 찾아주는 것입니다. 수치 그래프를 너무 과감하게 움직여서 자신의 브러시 터치를 태워먹지 마시고 조금씩 수치를 이동하며 자신이 그린 색감에서 최상의 색감을 미세하게 찾아가는 과정이라 생각하시면 될 듯합니다. 자 드디어 기본 버서커 캐릭터를 완성했습니다. 이제 메이지 여성 캐릭터 작업에 들어가 보도록 하겠습니다. 다들 수고하셨습니다.

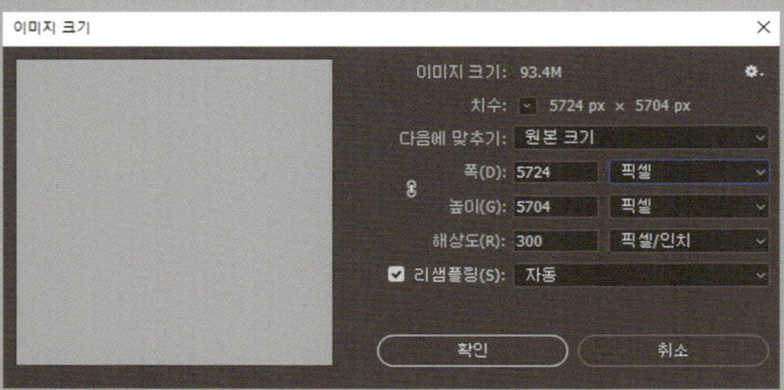

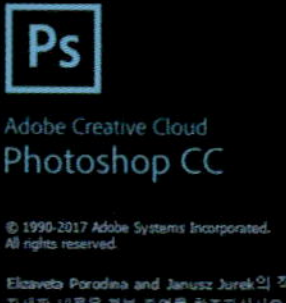

포토샵CC는 업데이트가 될 때마다 시작화
이 달라지죠. 필자는 작업 중 버전 업데이
가 되어 포토샵 실행화면이 옆 이미지처럼
뀌었습니다.

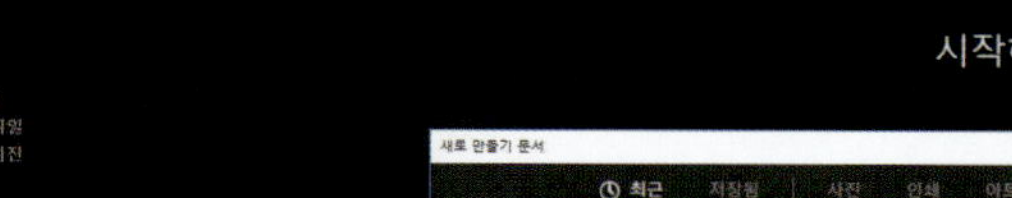

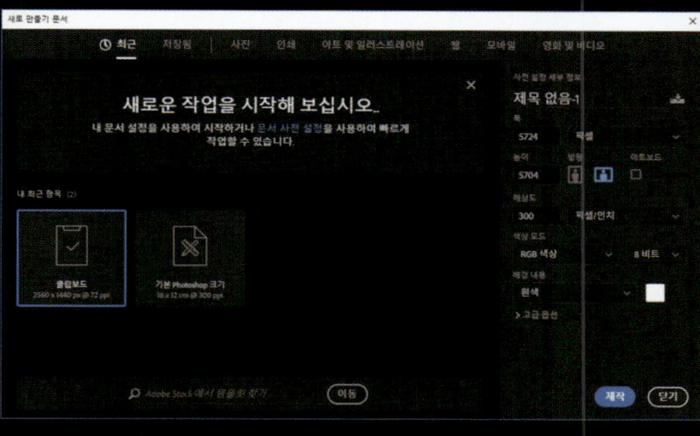

버서커 남 캐릭터를 완성했으니 이젠 지팡이를 들고 마법을 사용하는 메이지 여 캐릭터 시트 작업 원화를 만들어 보도록 하겠습니다. 폭 5724 픽셀, 높이 5704 픽셀, 해상도 300 사이즈로 새로 만들기를 클릭해 캔버스를 만듭니다. 버서커 남 캐릭터를 만들 때도 얘기했듯이 팔레트 레이어의 배경을 꼭 회색으로 두십시오. 필자는 캔버스의 배경색을 하얀색으로 두고 작업하는 것을 싫어합니다. 컨셉 아티스트들마다 성향이 다 다르겠지만 여러분들도 자신의 소중한 눈을 생각하신다면 배경색은 필히 회색 계열로 두고 작업하시길 바랍니다.

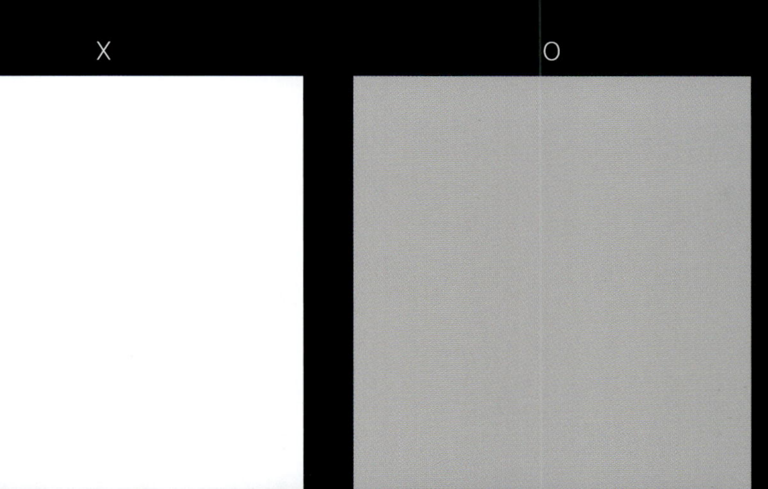

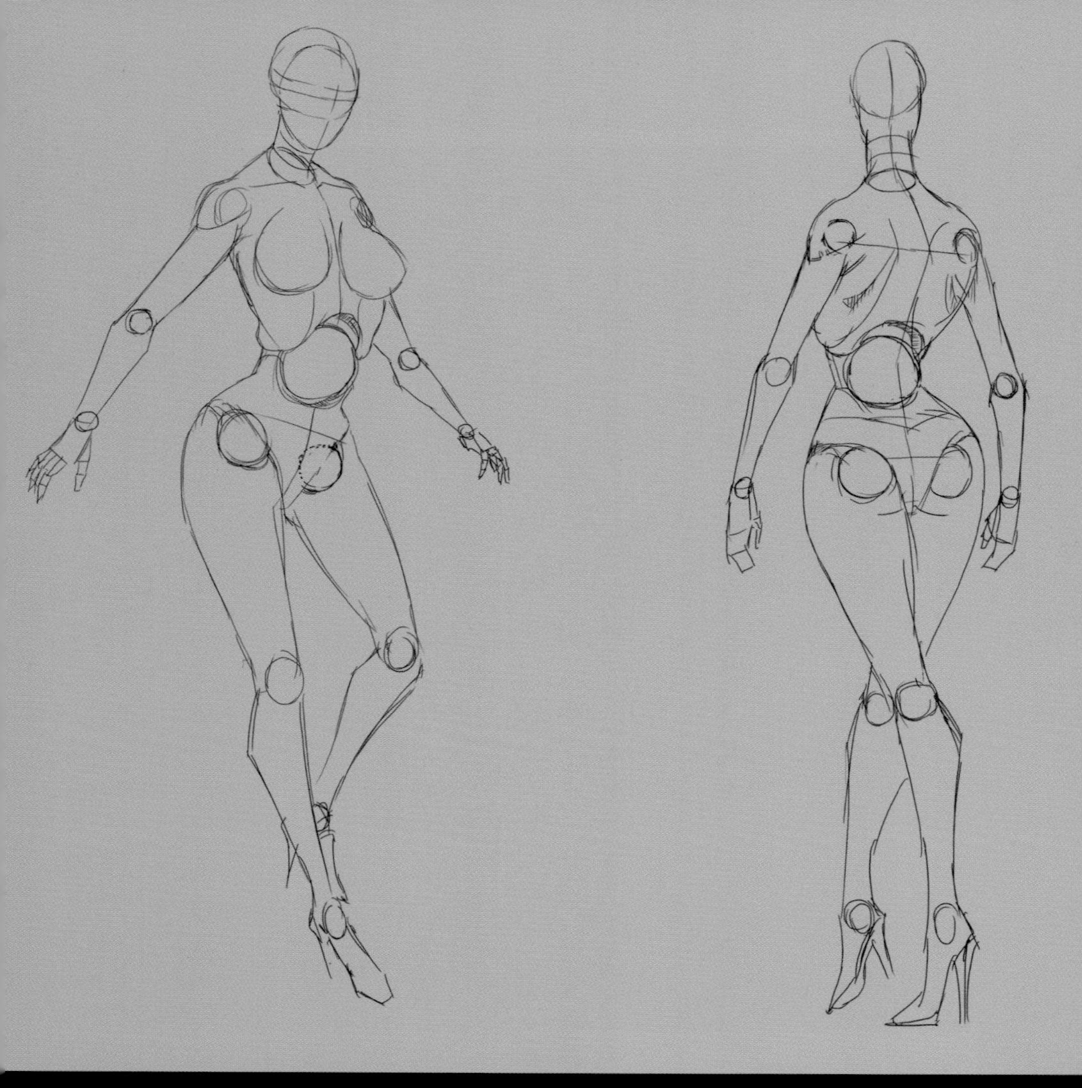

기본 19번 하드 라운드 브러시로 간단한 포즈를 잡은 드로잉을 시작합니다. 버서커 남 캐릭터는 왼쪽 측면 앞태로 형태를 잡았으나 메이지 여 캐릭터는 오른쪽 측면 앞태로 형태를 잡아 보겠습니다.
인체 드로잉 기초가 부족하신 분들은 여 캐릭터 또한 앞 작업과 마찬가지로 '구체관절인형'을 그린다 생각하면 그리는 걸 추천드립니다.

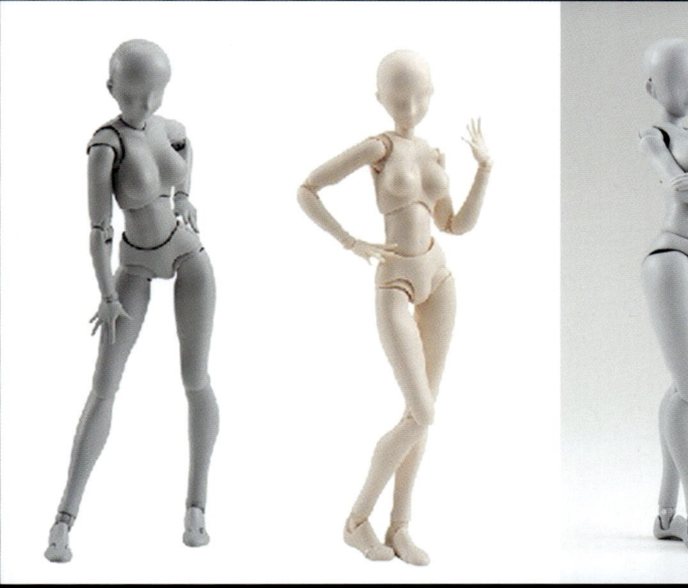
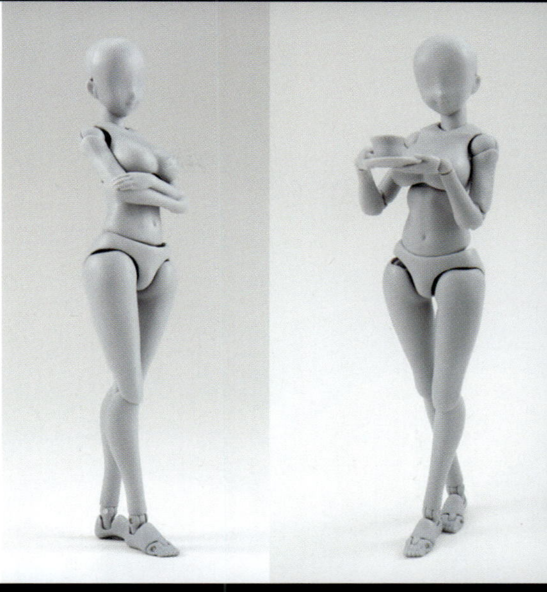

피규어 판매 사이트(ko.aliexpress.com)

인체 드로잉의 흐름을 모르는 초심자인 경우는 관절 인형을 만져보고 포즈를 잡아보며, 촉감으로 감각을 느끼며 그리는 것을 추천드립니다. 인체 드로잉 초심자들을 위해 아래와 같은 제품들이 판매되고 있으니 포즈와 입체감이 부족한 분들은 보고 만져보며 그리시길 바랍니다. 남성 제품만 있는 것이 아니라 여성 제품도 판매되고 있습니다.

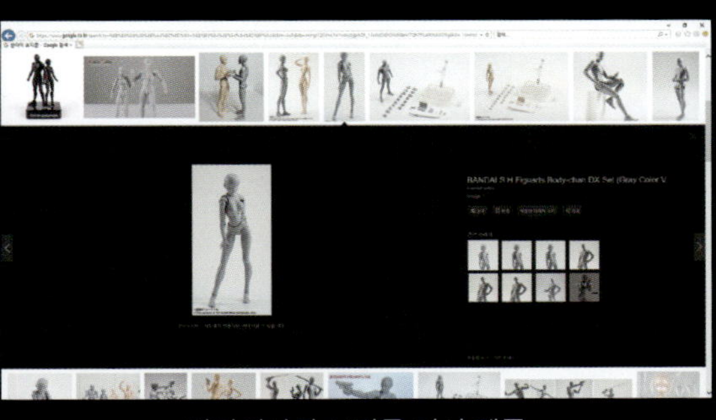

반다이사의 보디쿤 여성 제품

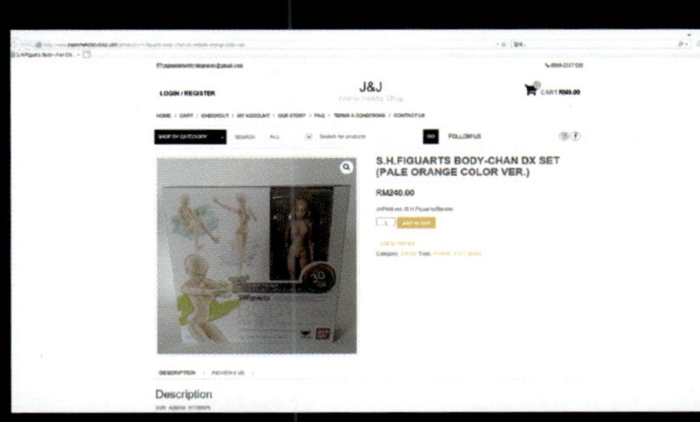

반다이사의 보디쿤 DX SET 제품

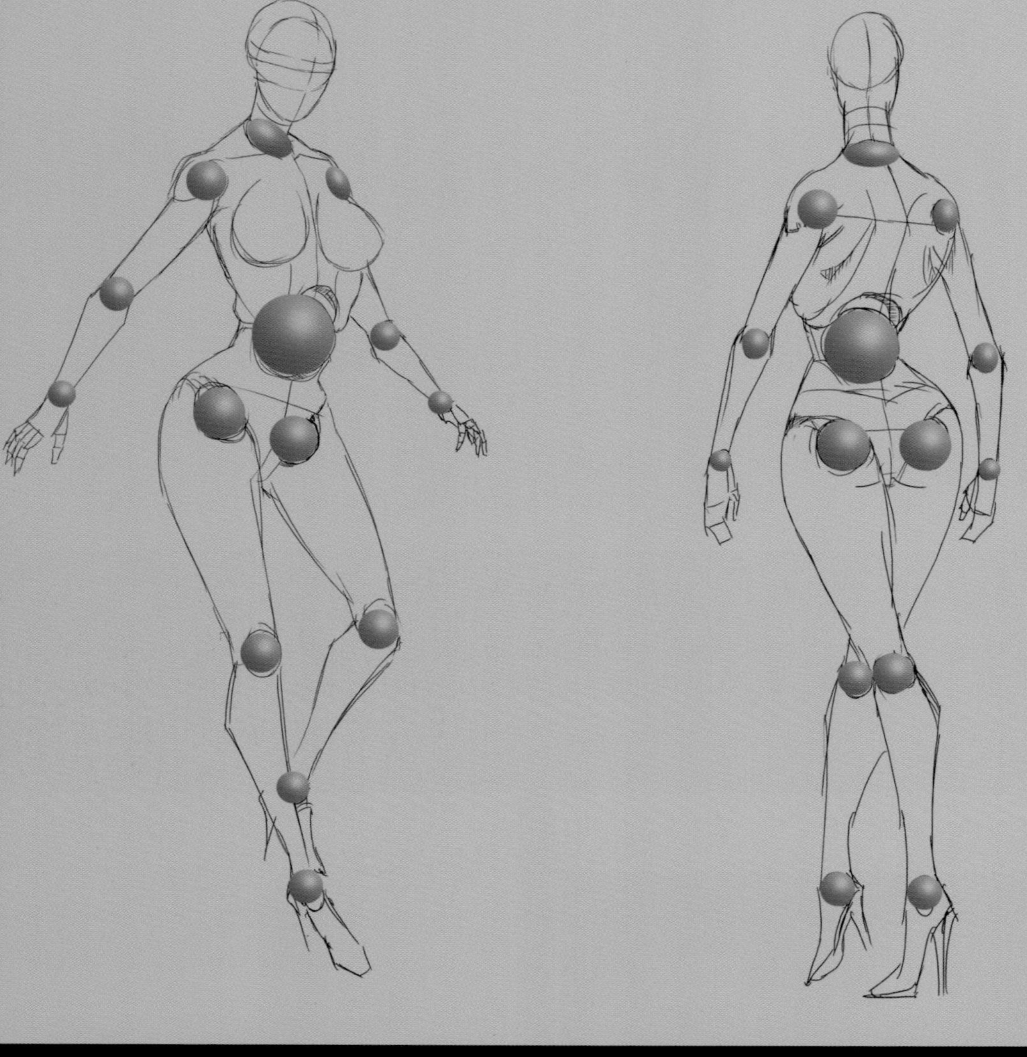

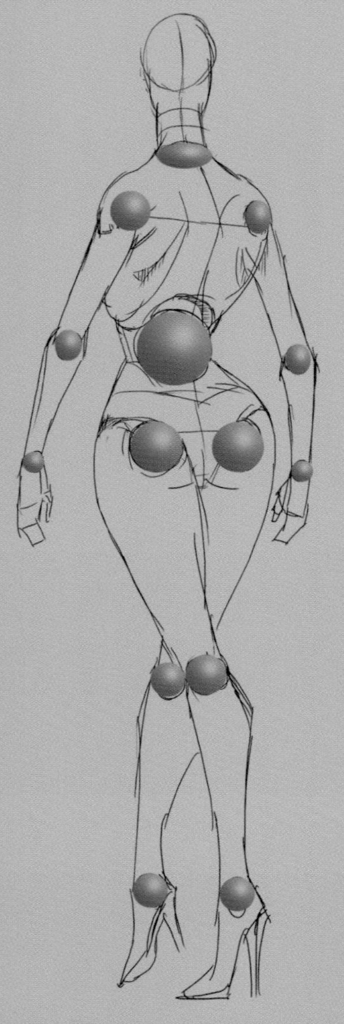

모든 관절에 큰 '구'가 있다 생각하며 형태를 잡아 나갑니다.

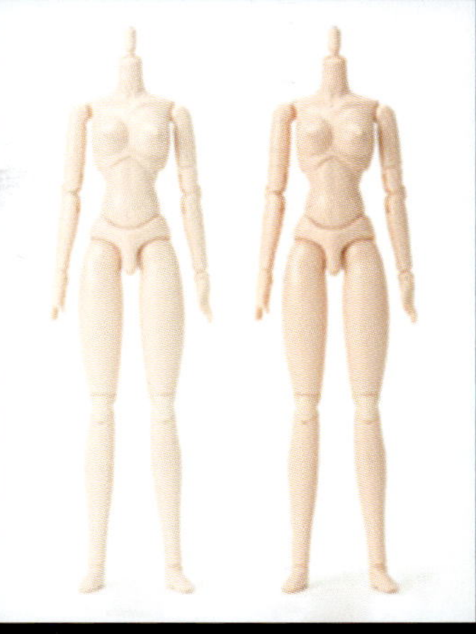 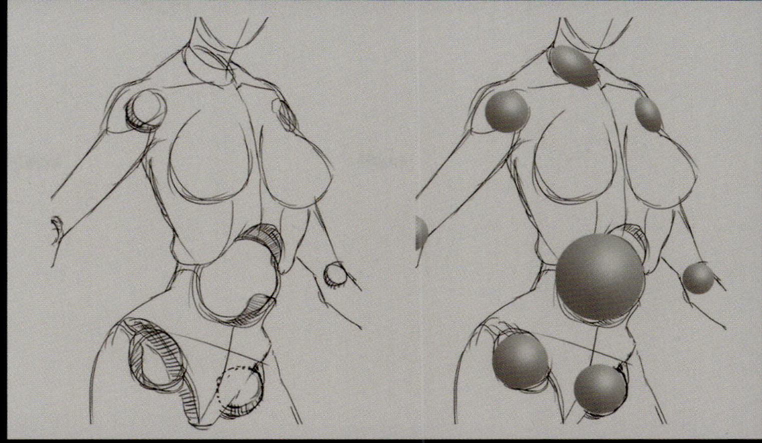

인체 해부학적 지식이 없고 관절에 대한 지식이 부족하며 해부학 책을 봐도 잘 모르겠다 싶으신 분들에게
추천하는 방식으로 관절이 아니라 관절 부위에 '구'가 있다고 생각하시면 되는 방식입니다. 어렸을 때 모두
들 장난감 하나 정도는 다 만져 보았을 것입니다. 그것들을 생각하며 관절에 구가 있다, 이 구 때문에 움직
일수 있다고 생각하며 인체를 잡아 보시길 바랍니다.

초보자들에게는 이런 방식이 도움이 많이 되는 것으로 알고 있습니다. 하지만 이 방식은 형태를 잡을 때뿐
입니다. 어차피 정교한 스케치 작업을 하려면 해부학 공부와 인체 드로잉을 평상시에 꼭 많이 연습해야 합
니다. 기본 브러시의 설정을 이용해 브러시 크기를 조절하고 자신에게 맞는 편안한 브러시 형태로 인체 드
로잉을 해 나갑니다.

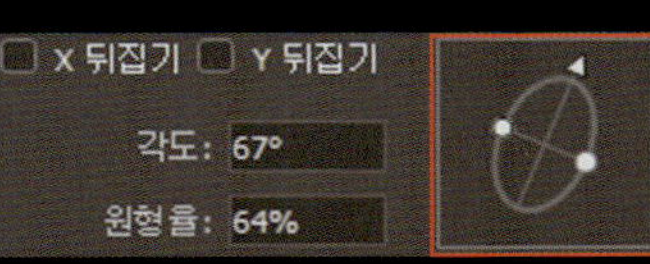 

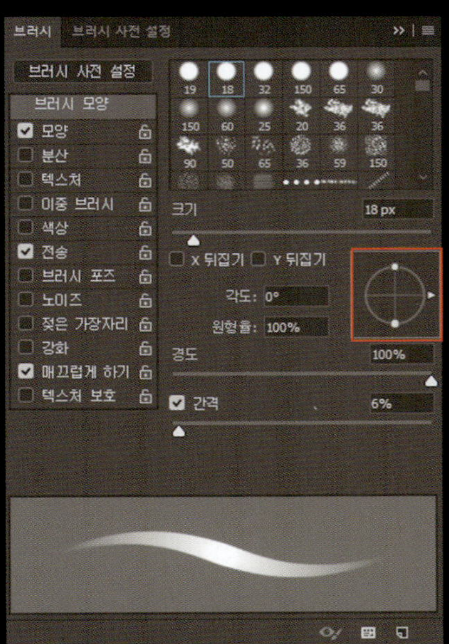 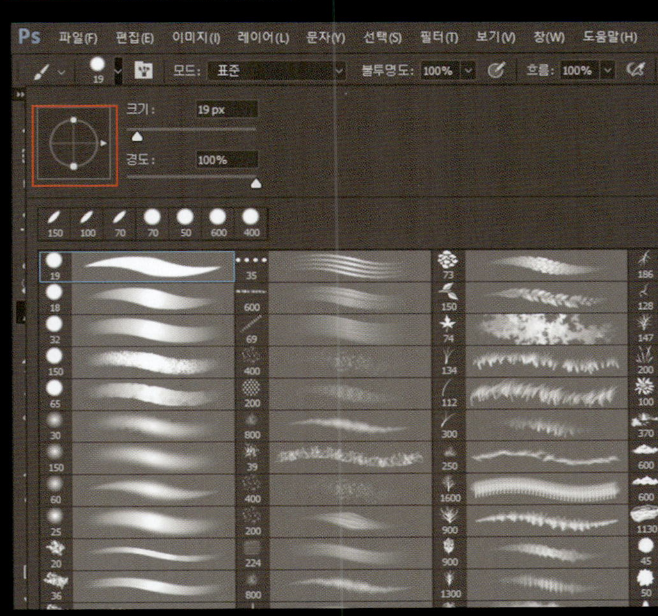

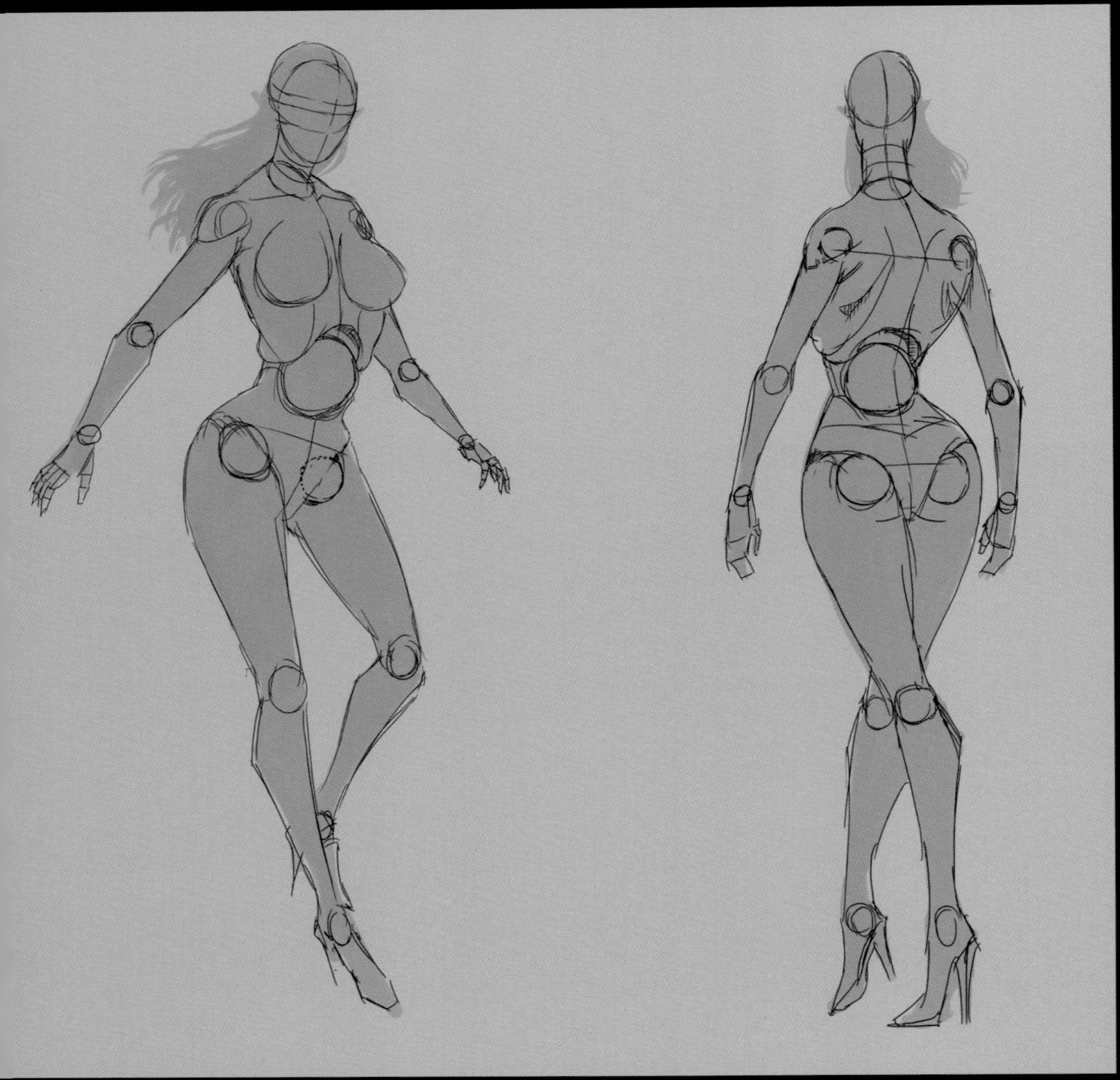

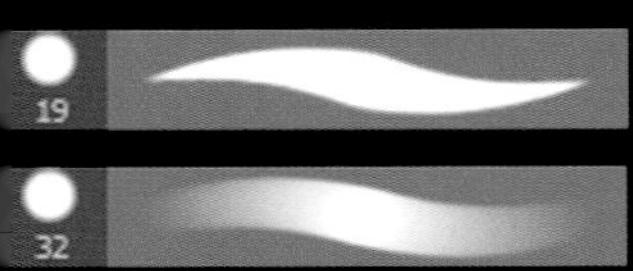

자신이 잡은 형태에 32번 브러시를 이용해 실루엣처리를 합니다. 우선 어떤 복식으로 갈지 부피는 어느 정도로 잡아줄지 실루엣 처리로 대략의 캐릭터 부피를 생각하는 단계입니다.

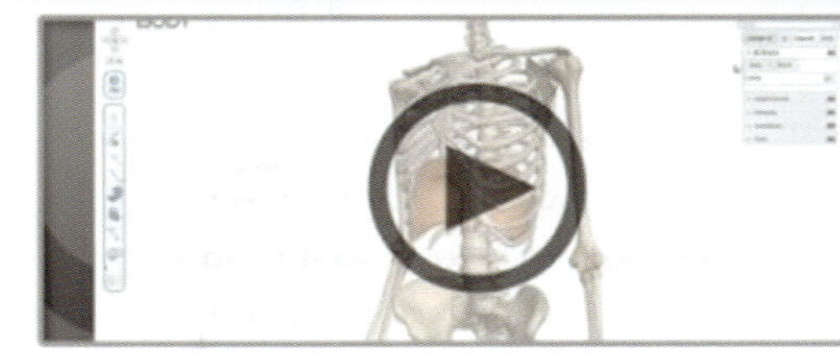

Premium Overview

Zygote is excited to announce many new premium features, including additional content and tools, with the latest release of ZygoteBody.

Watch this short overview to quickly learn more about the many new premium features in this release of ZygoteBody.

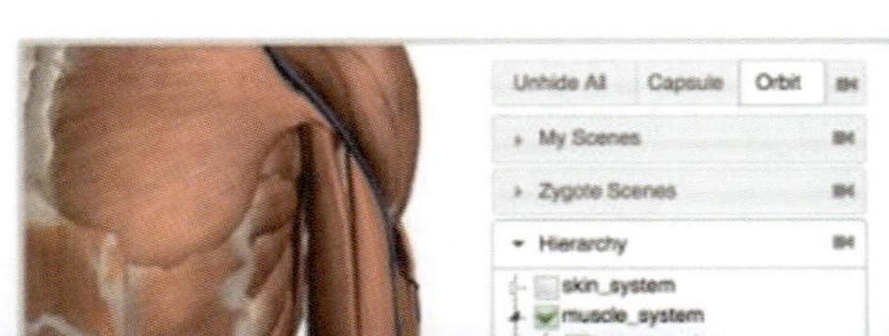

Premium Tools

Did you know that ZygoteBody Premium has advanced 3D tools?

Now you can add notes, use advanced navigation & 3D library hierarchy to focus study, take quizzes, pull anatomy apart, dissect, pin, sketch, and customize your own scenes so you can learn faster with your new ZygoteBody Premium account.

3D 해부학 사이트(zygotebody.com)

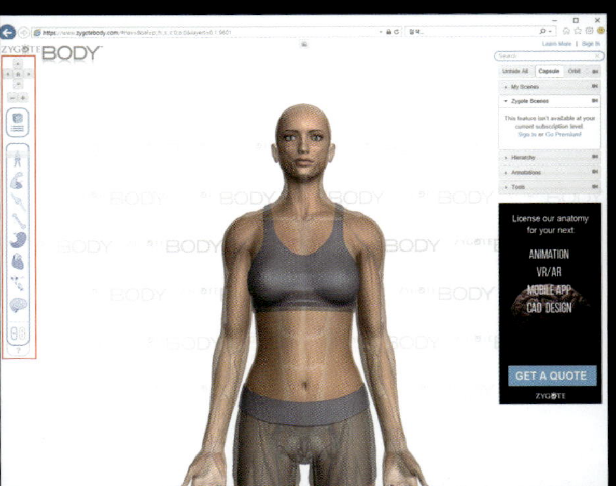

zygotebody 사이트는 인체 해부학을 3D로 볼 수 있는 곳입니다. 이리저리 마우스 클릭으로 뼈와 근육을 카메라 각도에 맞게 볼 수 있습니다. 사이트 옆 메뉴바를 클릭해보며 뼈와 근육이 어떻게 연결되어있으며 피부는 어떻게 이루어지는지 한 번의 마우스 클릭으로 알 수 있습니다. 그림 초심자들에게 적극 추천하는 3D 해부학 사이트입니다.

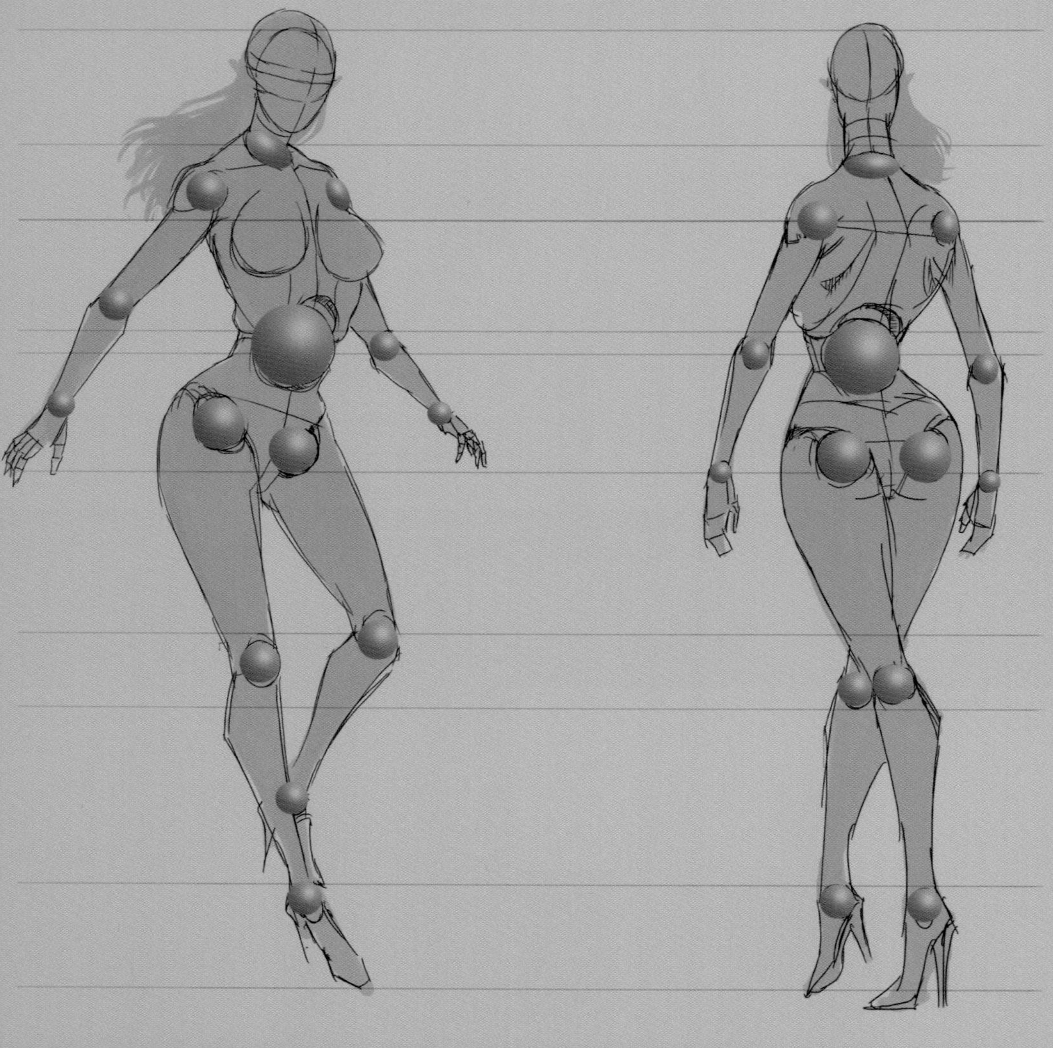

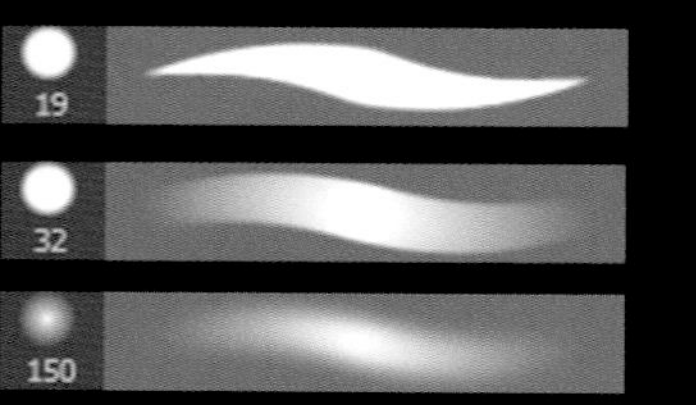

실루엣 설정이 끝났다면 형태 레이어 위에 다시 새 레이어를 만들고 기초 스케치에 들어 갑니다. 항상 인체를 그릴 때는 얼굴부터 신중히 기초 스케치를 합니다.
기초 스케치를 하는 가장 큰 이유는 형태의 뒤틀림을 최대한 잡아가며 스케치할 수 있기 때문입니다.

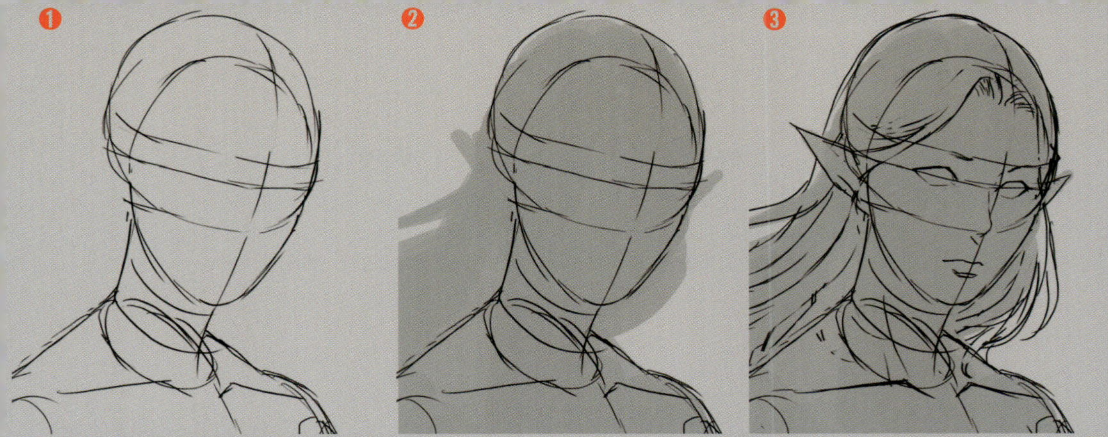

필자의 기초 스케치를 단계적으로 캡쳐해 첨부했습니다. 눈, 코, 입의 위치를 정확하게 잡아 주고 여성 캐릭터이기에 머릿결의 큰 흐름도 잡아 줍니다.
기초 스케치가 틀리면 정교한 디테일 스케치에서 또 수정을 해야하는 일이 발생할 수 있으니 대칭을 정확하게 인지하고 선을 그어가며 기초 스케치를 잡아 나갑니다.

기본 19번 라운드 브러시는 필압이 먹히지 않는 펜슬 브러시입니다. 필압이라고 한다면 끝 쪽이 날카롭게 떨어진다 정도가 끝입니다. 수작업으로 친다면 싸인펜의 느낌과 비슷하다고 생각하시면 될 듯합니다.

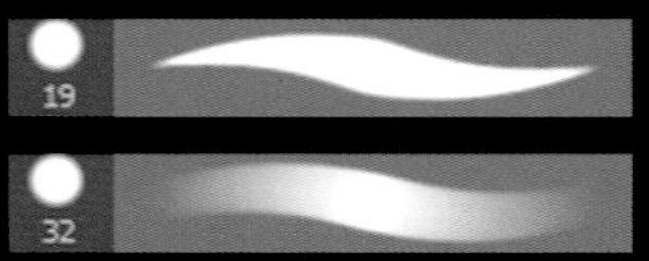

기초 스케치를 얼굴부터 몸, 팔, 다리 순으로 그립니다. 기초 스케치가 마무리 되었다면 기본형태 레이어를 제거합니다. 이제부터는 기본형태 레이어는 필요가 없습니다. 팔레트 레이어 휴지통에 버리셔도 되고 팔레트 레이어 젤 아래로 내려 눈체크를 꺼 주셔도 됩니다.

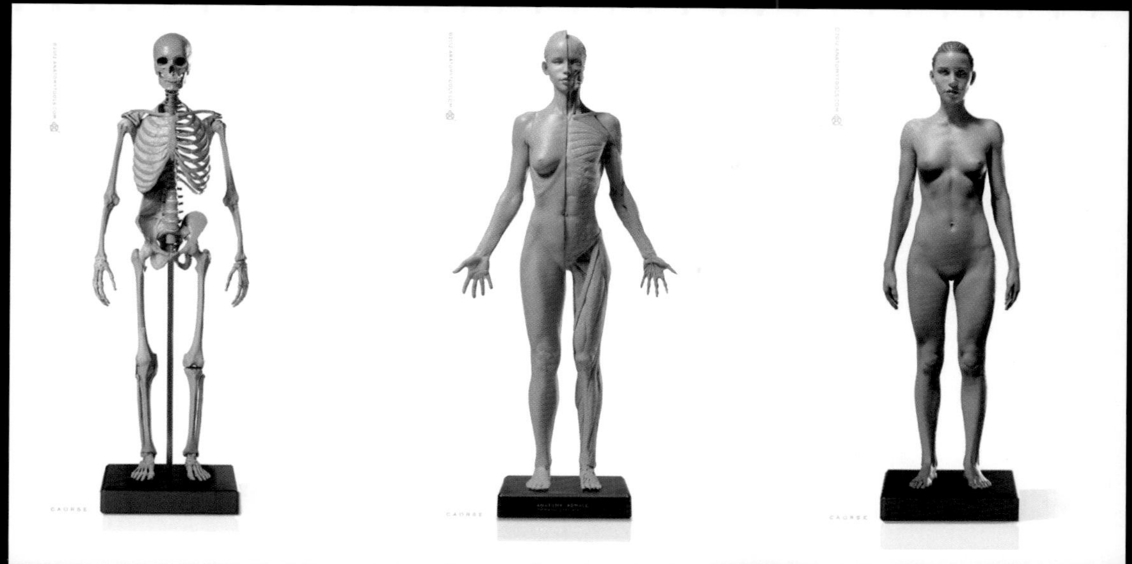

인체피규어 판매 사이트(anatomytools.com)

기초 스케치를 탄탄하게 하기 위해서는 초심자들에게 좋은 사이트를 하나 더 소개합니다. 인체에 대한 정교한 자료와 디테일한 인체 피규어를 판매하는 사이트인데 여기에 나와 있는 이미지들이 상당히 인체를 잘 표현한 피규어여서 근육의 흐름을 한 번에 잘 확인할 수 있습니다. 위 사이트에서 구입도 가능합니다.

기초 얼굴 스케치가 끝났다면 몸은 위 사이트의 이미지를 참고하면서 자기만의 해석을 넣어 그립니다. 시트 작업 원화는 측면 앞태도 그려주어야 하지만 측면 뒷태도 그려주어야 합니다. 여성의 등 근육 흐름을 잘 모르겠다면 필자가 첨부한 이미지를 보며 등 근육을 모작해서 표현하셔도 됩니다. 자신이 부족한 부분들은 사진을 참고하며 그리시길 바랍니다.

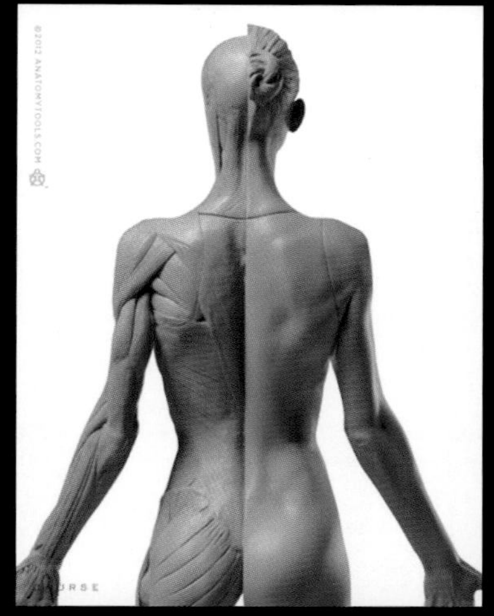

anatomytools.com

특히나 여성의 등 근육은 남성처럼 덩어리감이 많이 표현되어 있지 않습니다. 하지만 허리부가 남성보다 위에 있고 그대신 엉덩이가 크다는 것을 알 수 있습니다. 허리부가 남성보다 위에 있지만 엉덩이는 남성보다 크며 호리병 느낌의 엉덩이 쉐입이 허벅지로 연결됩니다. 가장 핵심적인 여성 뒷태의 묘사 방식이니 꼭 숙지해 놓으시길 바랍니다.

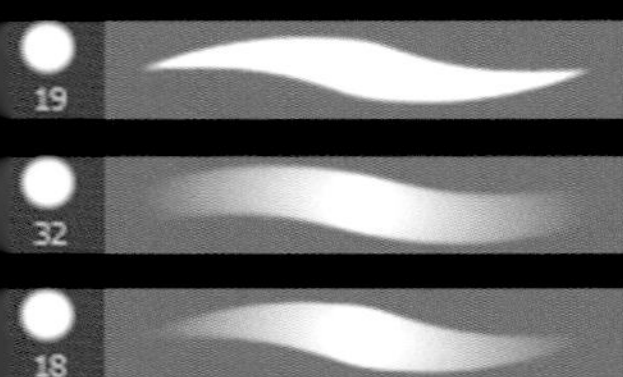

기초 인체 스케치가 끝났다면 다시 새 레이어를 기초 스케치 레이어 위에 만들고 복식을 디자인합니다. 복식을 그릴 때는 18번 브러시로 바꾸어 작업했습니다.

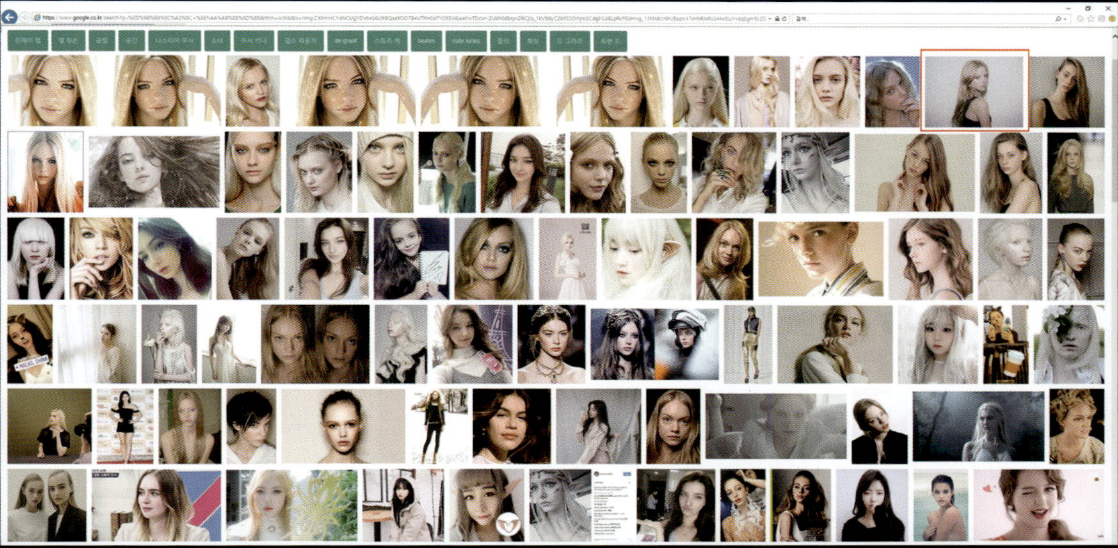

구글로 검색해 나온 이미지(instiz.net/pt/780740)

메이지 마법사 캐릭터의 복식을 그리기 위해 인터넷을 검색해 참고한 자료들입니다. 금발 엘프종족 여성으로 설정해 앞에 작업한 버서커 남 캐릭터와 어느 정도 조화를 이루기 위하 어깨부와 하체부에 갑옷을 넣어주기로 결정했습니다.

남 캐릭터와 마찬가지로 여 캐릭터 또한 15레벨 정도의 중급 장비로 결정했습니다.
그리고 커다란 지팡이를 들고 있는 쪽으로 결정했습니다.

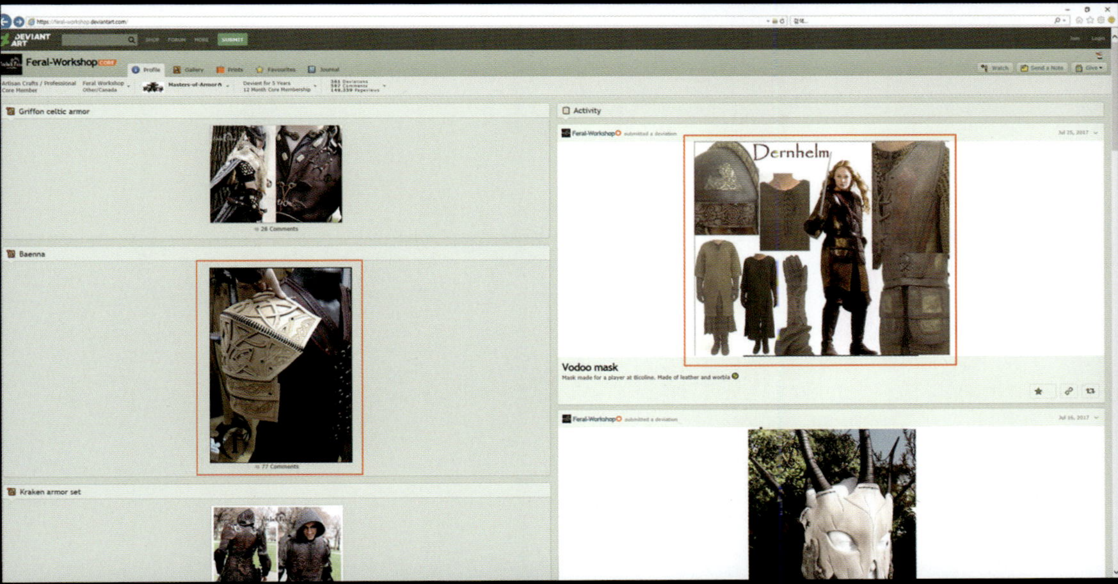

feral-workshop.deviantart.com

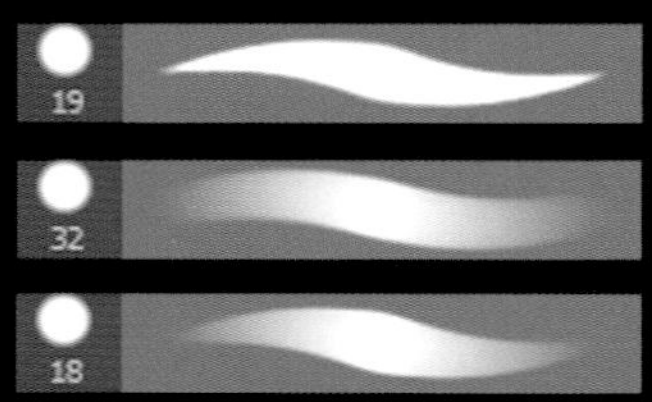

복식 디자인이 끝났다면 실루엣 레이어의 눈을 꺼 주고 자신이 그린 기초 스케치 레이어와 복식 스케치 레이어를 한 번에 잘 조합해 볼 수 있도록 셋팅해야 합니다.

조합해 자신이 생각한 복식과 기초 스케치가 잘 맞아떨어진다고 본인이 결정을 보았다면 스케치 레이어오 복식 레이어를 팔레트 레이어에서 Shift 키로 두 레이어를 지정한 후 Ctrl+E를 눌러 하나의 레이어로 과감 하게 합칩니다. 그리고 기초 스케치의 느낌을 디테일 스케치로 바꾸어 나갑니다. 자신의 필력을 믿고 디테 일하게 캐릭터를 만들어나가는 가장 중요한 디테일 스케치 단계입니다.

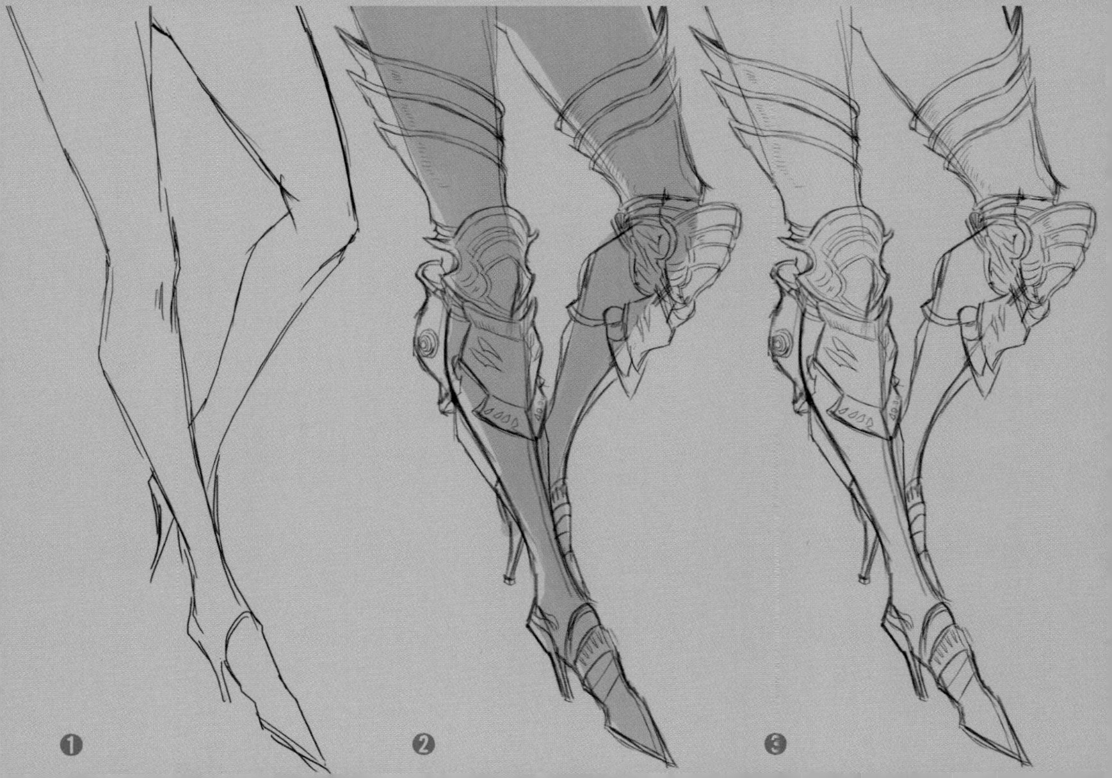

하나로 만든 디테일 스케치의 완성 모습입니다.

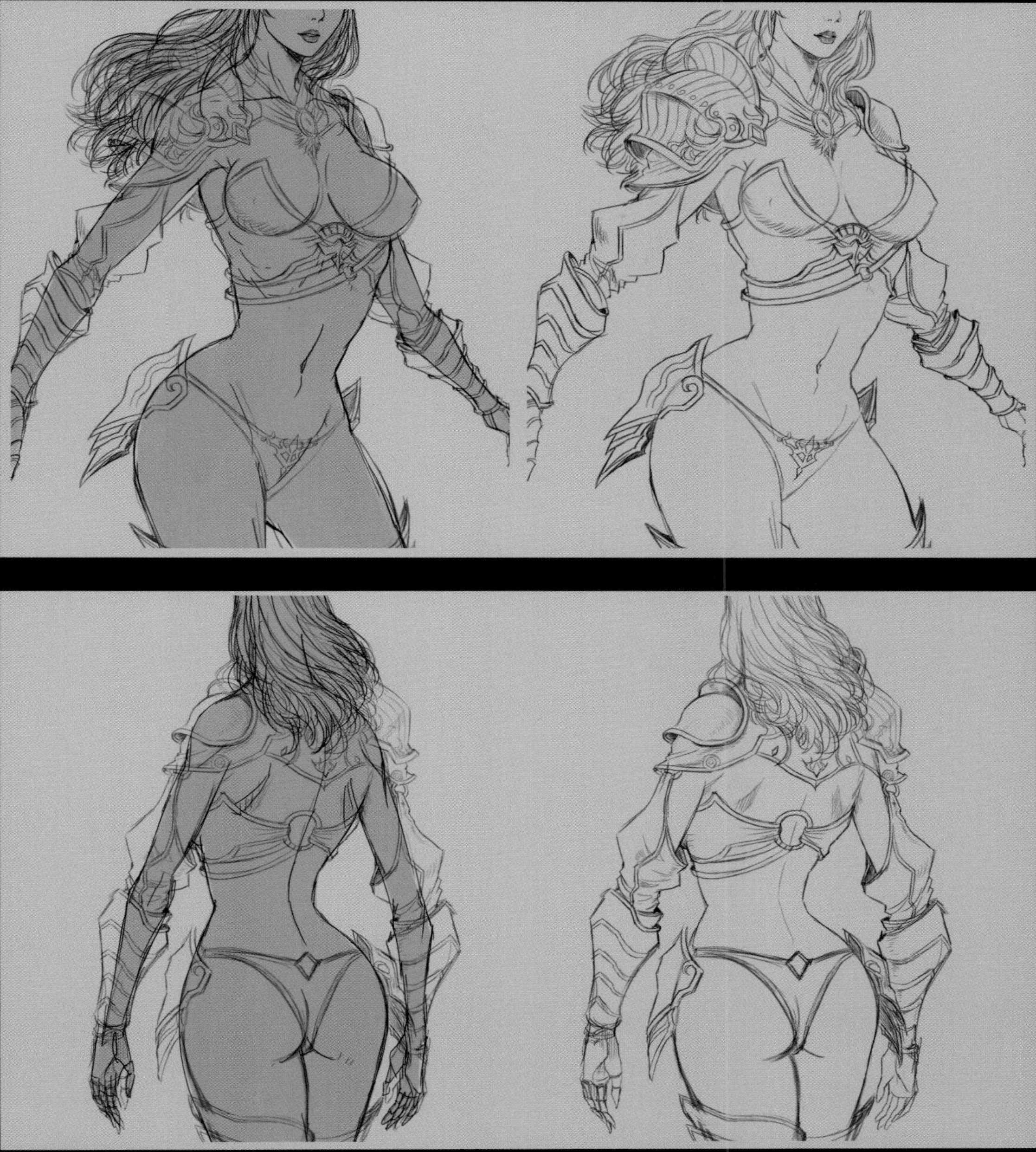

회색 음영의 실루엣을 제거해 깔끔하게 스케치선화로 만들어 줍니다.
어깨부의 보호구가 상체에서 가장 큰 포인트이므로 어느 정도 생각을 정리해 장식패턴을 조금 넣어 주었
습니다.

디테일 스케치 단계를 다 하셨다면 그림의 반은 끝난 것입니다. 언제나 신경을 많이 쓴, 디테일이 좋은 스
케치가 좋은 결과물을 가져올 수 있도록 그림을 끌고가는 하나의 시작점이 된다는 것을 잊지 마시길 바랍
니다.

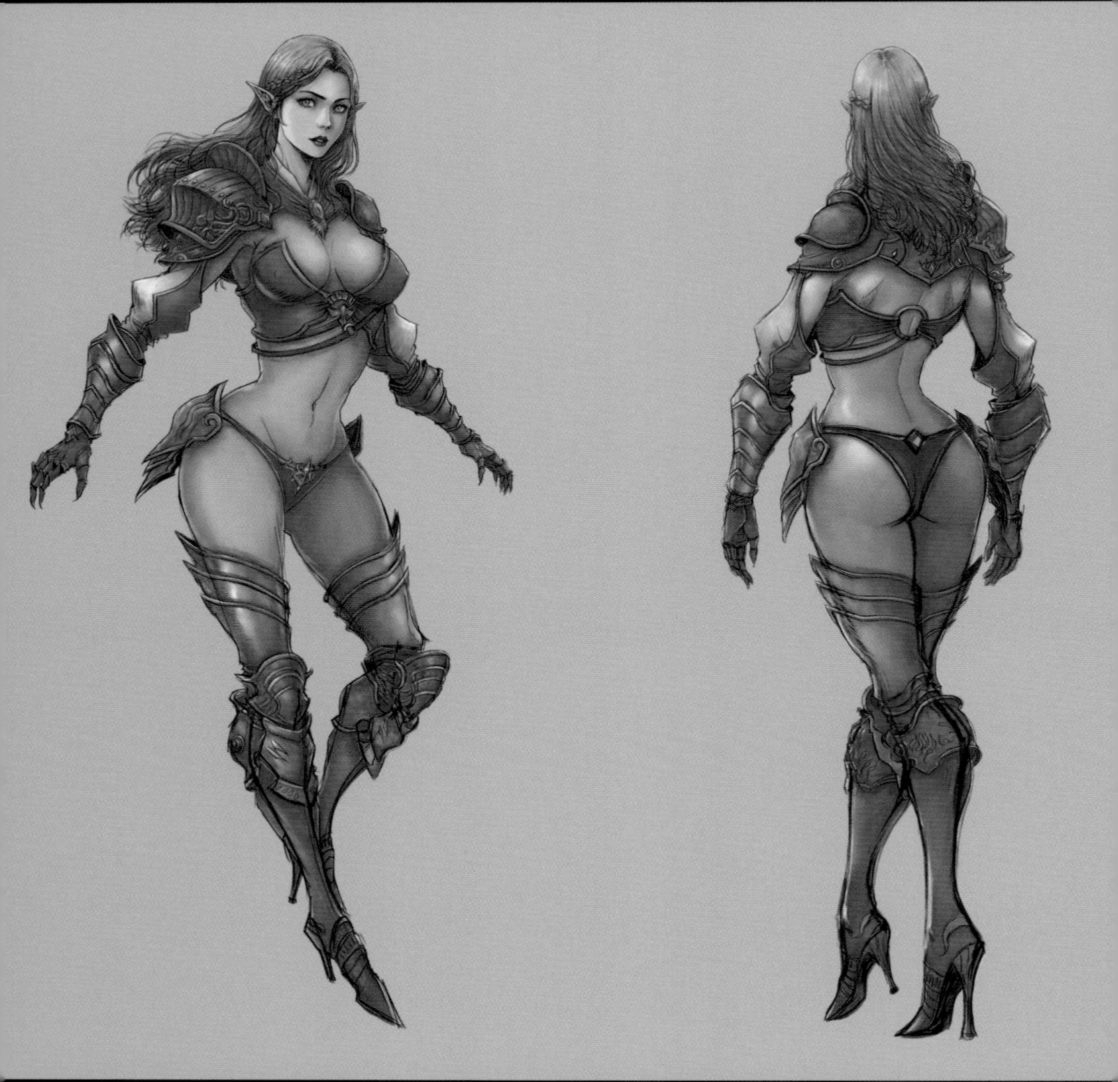

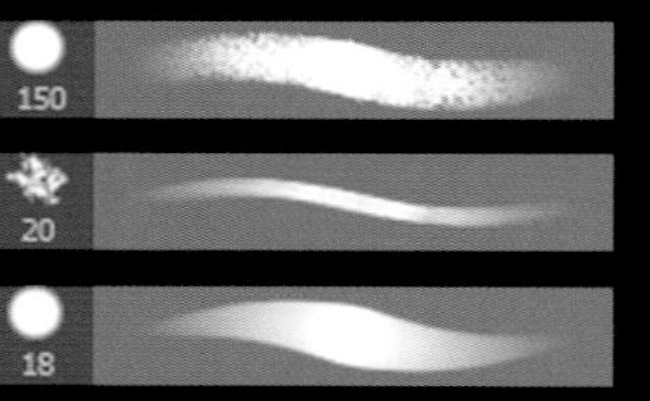

디테일 레이어 아래에 새 레이어를 만들고 옆의 세 가지 브러시를 이용하
빛에 대한 기본 명암과 양감을 잡아줍니다. 여기서 중요한 것은 디테일
스케치가 팔레트 레이어 제일 상단에 위치해야 합니다. 150번 브러시로
갑옷의 재질감을 느끼게 터치해 봅니다.

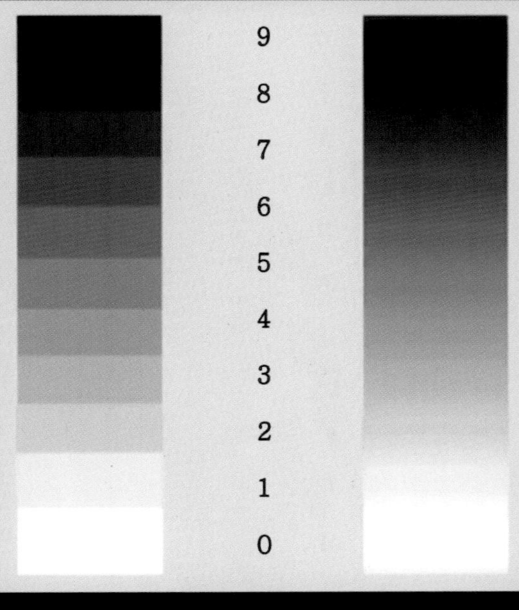

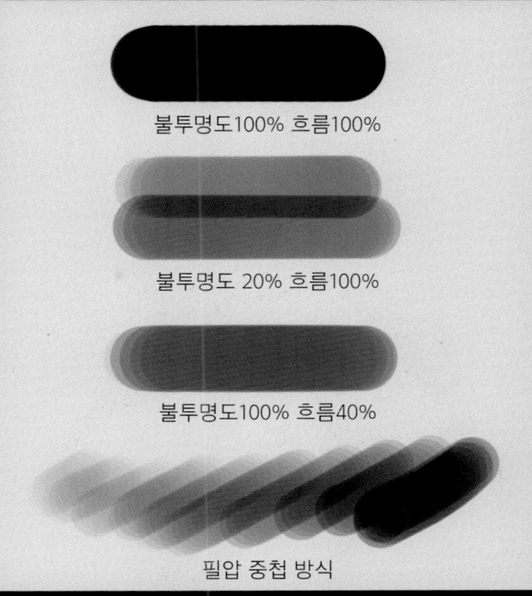

앞서 질감이란 물체의 표면에서 느껴지는 성질이라고 얘기했는데 그럼 재질감이란 어떤 느낌을 말하는 걸까요? 재질감의 뜻은 물체의 실제 촉각에 대한 표면 상태를 시각적으로 표현하는 것입니다. 쉽게 생각해서 질감이나 재질감이나 비슷한 것이지만 재질감은 표면에서 나타나는 촉각적인 것입니다. 털이나 갑옷의 딱딱함 가죽의 거친 촉각적인 재질을 비유하면 이해가 쉬울 것입니다. 필자가 제공하는 JH 브러시는 이런 재질감이 들어가 있어 쉽게 재질 표현을 할 수 있습니다.

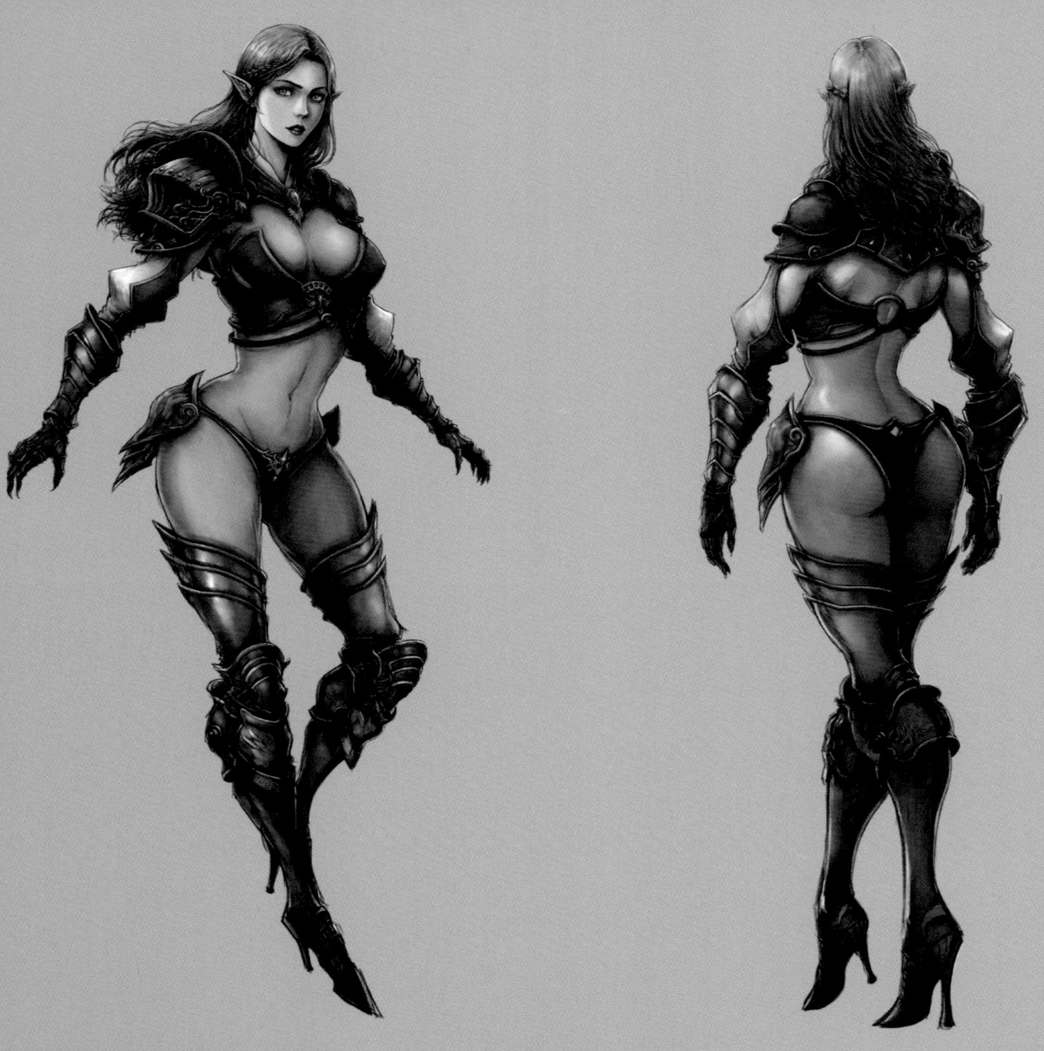

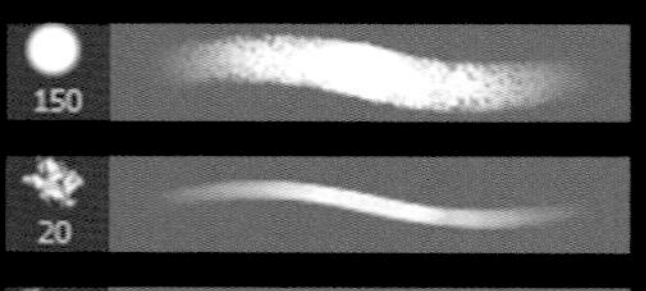

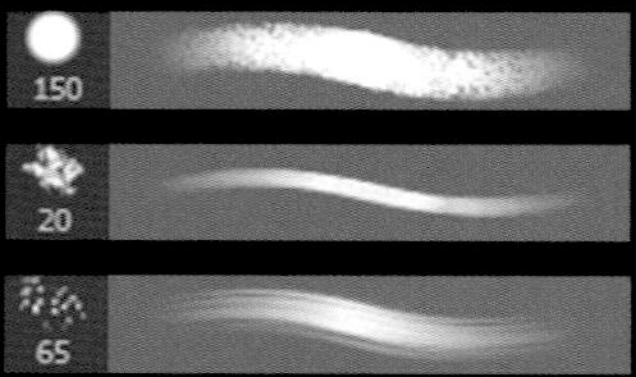

팔레트 레이어에서 디테일 스케치 레이어를 복사합니다. 그다음 원본 디테일 스케치는 팔레트 레이어에 남겨 두고 복사한 디테일 스케치 레이어와 명암을 표현한 레이어를 합쳐 글레이징 레이어로 만듭니다.

20번 펜슬 브러시로 얼굴의 명암과 양감을 잡아 나갑니다. 150번 브러시로 어깨 갑옷의 질감을 표현합니다. 필자가 밑에 브러시를 사용하는 방법을 단계적으로 올려 놓았으니 이런 느낌으로 갑옷을 칠한다 보시면 됩니다. 150번 브러시는 재질 브러시로써 갑옷이나 무기류를 그릴 때 상당히 좋은 브러시입니다. 브러시를 사용해 질감의 느낌을 강조시킵니다. 명암과 질감 표현을 다 했다면 디테일 스케치와 명암을 표현한 레이어를 하나의 글레이징 레이어로 합칩니다. 이때 디테일 스케치 레이어는 복사해 따로 남겨주시길 바랍니다. 혹시나 색지정을 끌고 나갈때 디테일 스케치를 다시 체크해야 할 상황이 발생할 수 있으므로 필자는 꼭 디테일 스케치는 남겨주고 있습니다.

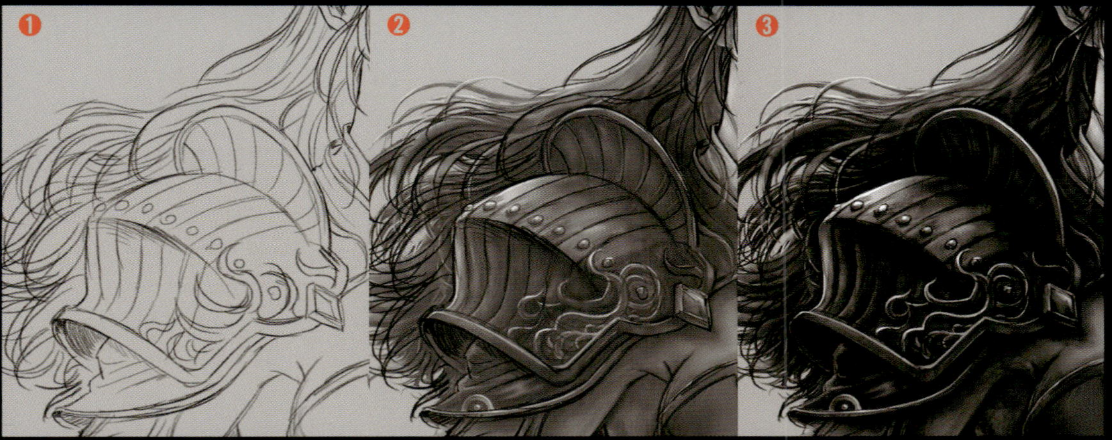

❶   ❷   ❸

글레이징 레이어에 마무리 질감 표현까지 다했다면 메이지 여 캐릭터 역시 색지정에 들어가 보도록 하겠습니다.

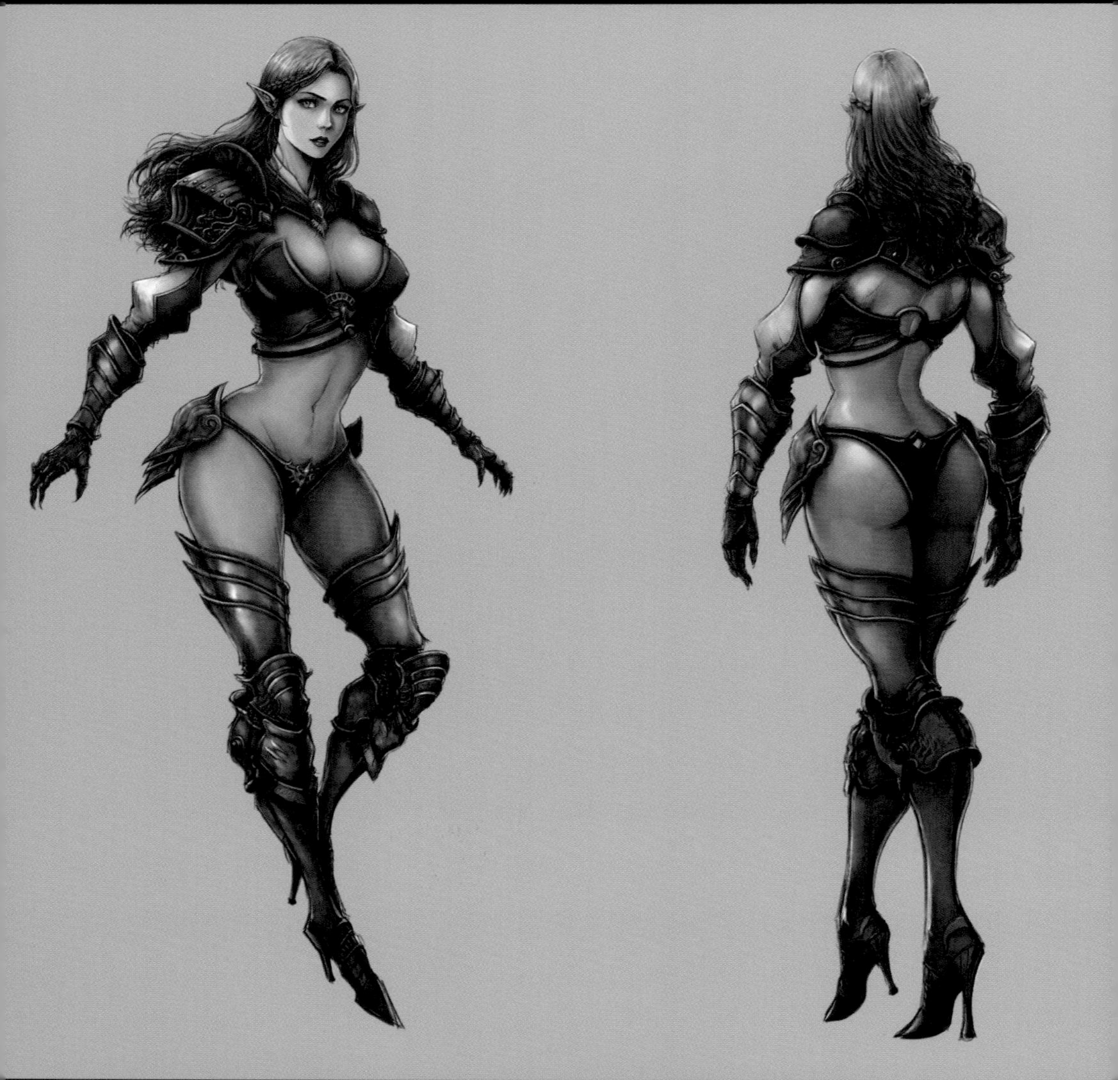

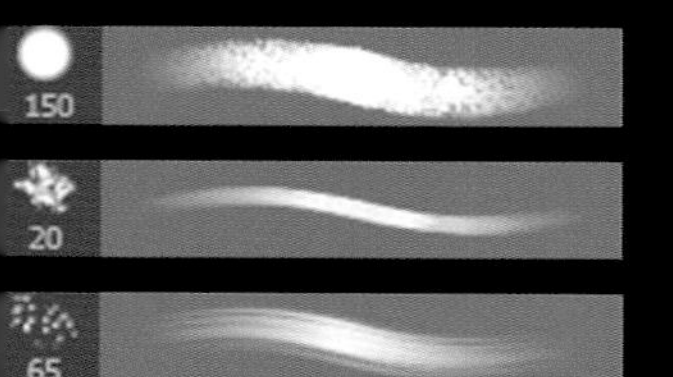

글레이징 레이어 위에 색상 균형을 잡아준 뒤 새 레이어를 만들어 Art 키를 누른 상태에서 아래 레이어에 펜을 끌어 팔레트 레이어 선에 가져가면 꺾인 화살표 모양이 나오게 됩니다. 그 상태를 클릭하면 클리핑 마스크가 발동합니다. 클리핑 마스크란 화살표로 지정한 레이어에만 귀속되어 아래 레이어의 그림에서 밖으로 벗어나지 않게 해줍니다. 이 상태로 색지정을 하게 되면 클리핑 마스크가 지정된 레이어 밖으로 색이 벗어나지 않게 됩니다.

옆의 브러시들을 이용해 작업을 이어 나갑니다.

클리핑 마스크로 지정한 레이어의 블랜딩 모드를 곱하기로 변경해
색지정을 해 줍니다. 필자는 옆의 느낌대로 색지정을 해 발라 주었
습니다. 우선은 피부부터 바르고 눈, 코, 입, 머리카락, 옷, 갑옷 순
으로 지정해 진행했습니다. 팔레트 레이어의 모습이 아래 이미지
의 모습을 하고 있어야 합니다.

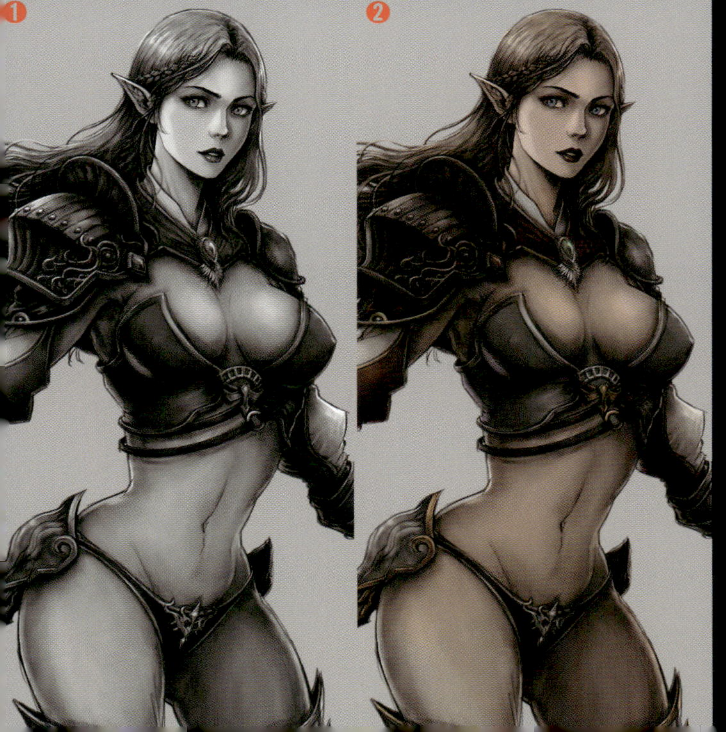

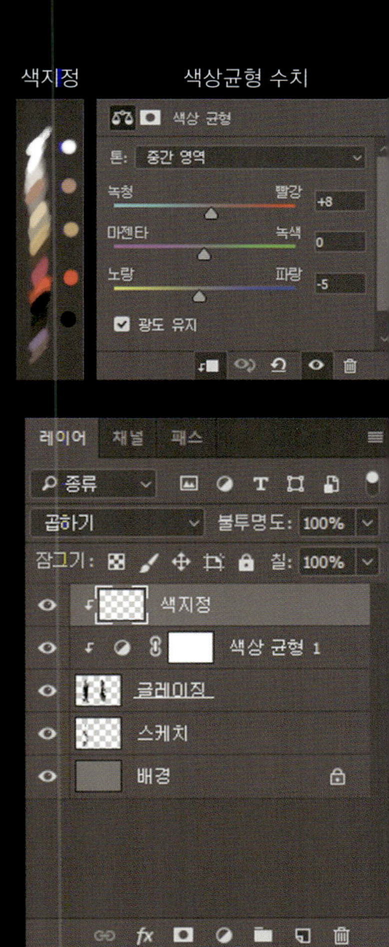

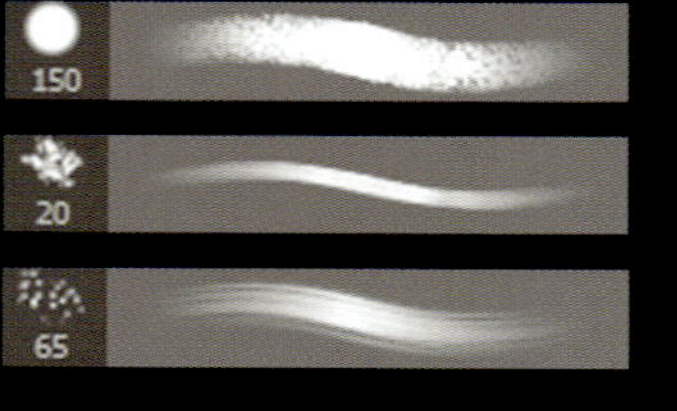

글레이징의 탁한 색감이지만 어느 정도 색지정이 되었다면 이젠 이 탁한 색감을 어느 정도 풀어주며 색을 밝게 태워 주어야 합니다. 색지정 곱하기 레이어 위에 새 레이어를 만들고 블랜딩 모드를 오버레이로 놓고 옆의 브러시를 이용해 터치합니다. 20번 브러시와 150번 브러시를 병행하며 작업한 뒤 갑옷의 질감에는 65번 브러시로 타블렛 판을 타블렛 펜으로 찍어주며 텍스쳐 느낌을 넣어 줍니다.

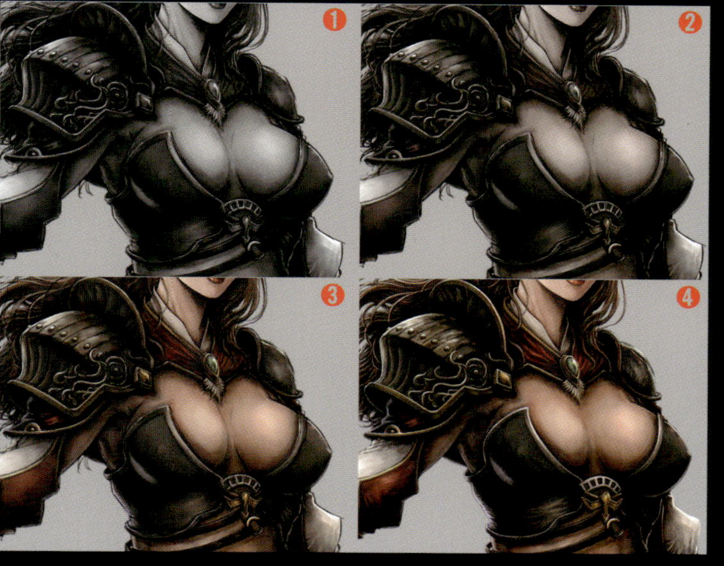

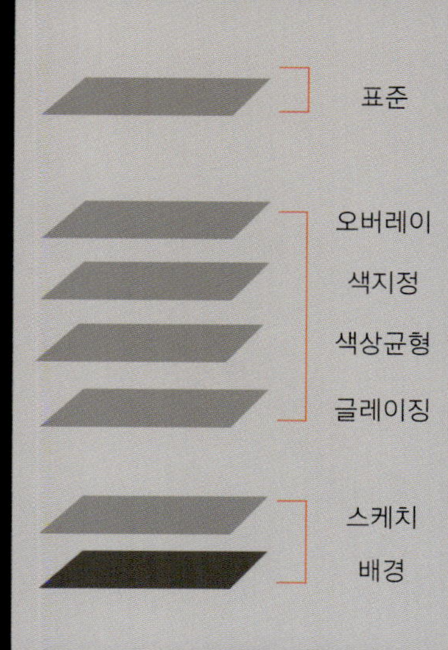

아래의 이미지처럼 1번의 탁한 글레이징 색지정 레이어를 새로 생성한 오버레이 레이어의 힘으로 태워가며 2번의 이미지처럼 밝은 느낌으로 잡아주는 단계입니다. 오버레이 레이어도 클리핑 마스크 명령으로 글레이징 레이어에 귀속시켜 작업을 합니다. 팔레트 레이어는 아래의 모습처럼 되어 있어야 합니다. 여기까지가 글레이징으로 색을 표현할 수 있는 한계선입니다.

글레이징 채색기법으로 여기까지만하고 완성작이라고 하는 컨셉 아티스트가 되어서는 안 되겠죠. 이제 그림의 반을 끝낸 것일 뿐입니다. 다시 미술 전공식 기법으로 바꾸어 작업을 진행해야 합니다. 버서커 남 캐릭터 채색방법과 전체적인 흐름은 동일합니다.

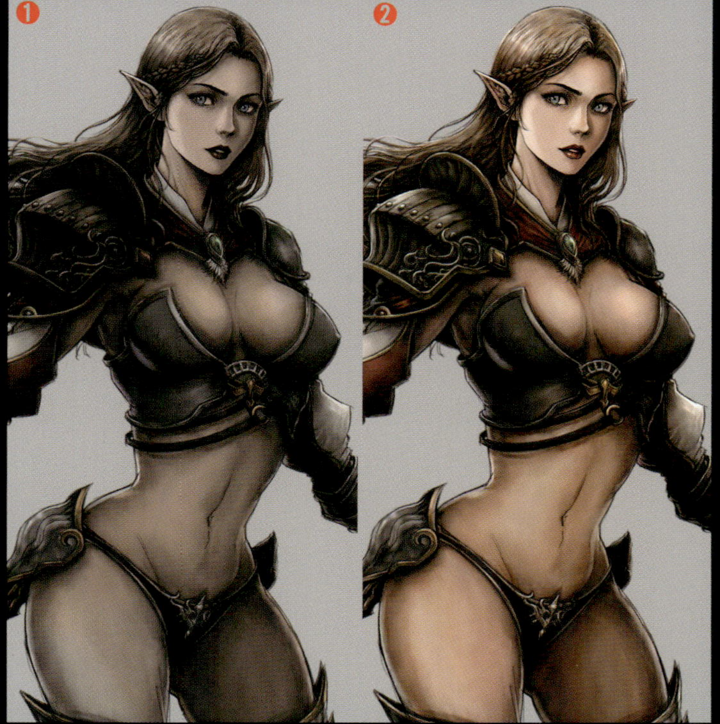

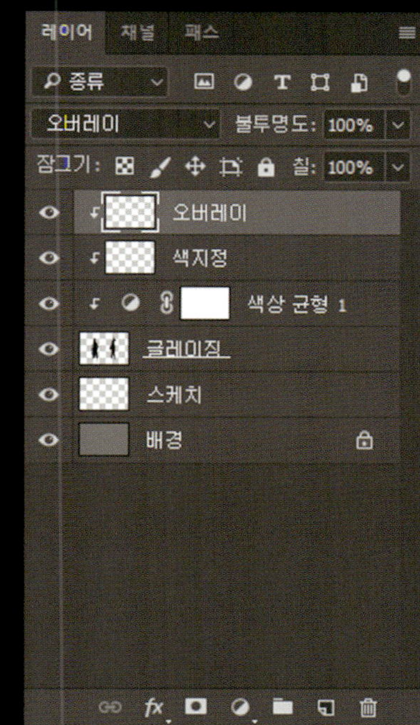

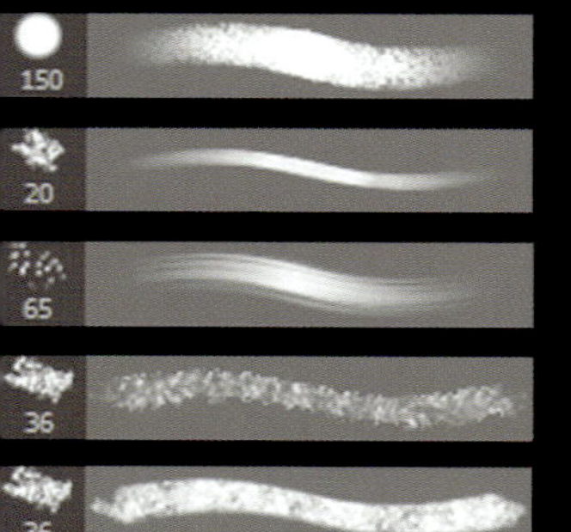

오버레이 레이어까지 사용해 색을 밝게 만들어 주었다면 우선은 글레이징으로 그린 거친(칙칙한) 색지정까지는 마무리가 끝났습니다. 글레이징은 여기까지가 끝입니다. 이젠 전공식으로 그림을 잡아 나가야 합니다. 오버레이 레이어 위에 표준 레이어를 만들어 다시 색을 다듬으며 안정된 색감으로 터치합니다. 타블렛 펜의 필압을 이용해 다시 한 번 그린다는 개념으로 접근해 디테일 작업을 시작합니다.

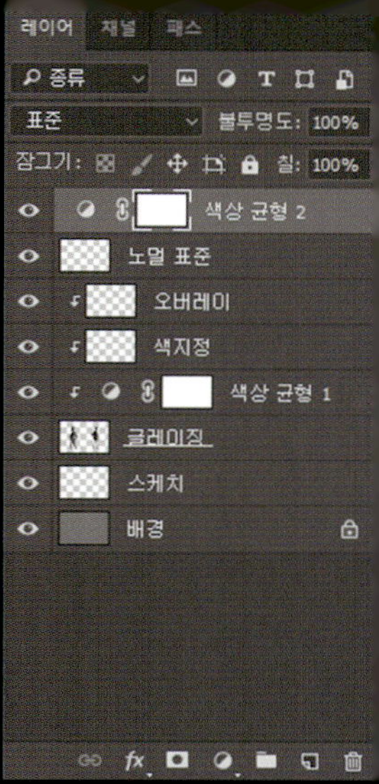

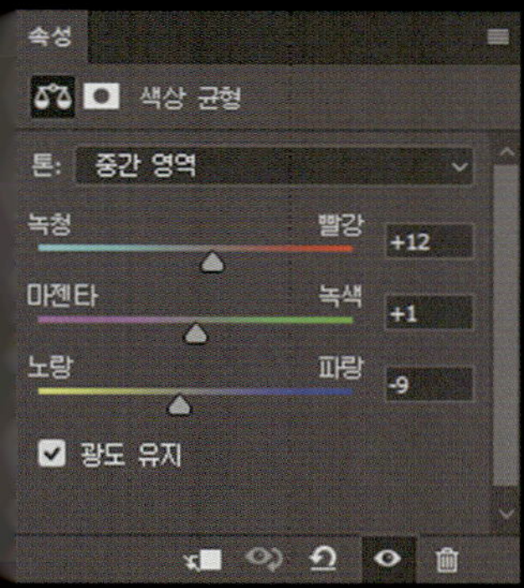

아래의 브러시로 색을 중첩해서 칠한 후 브러시로 타블렛 펜을 타블렛 판에 찍으면서 갑옷의 질감을 만들어 줍니다. 디테일한 묘사를 최고 상 단 표준 레이어에 묘사했다면 전체적인 색감 균형을 다시 잡아 줍니다 톤을 중간 영역, 어두운 영역, 밝은 영역 모두 체크하며 최상의 값을 찾 아 갑니다. 차례대로 진행했다면 팔레트 레이어바는 위의 모습을 하고 있어야 합니다.

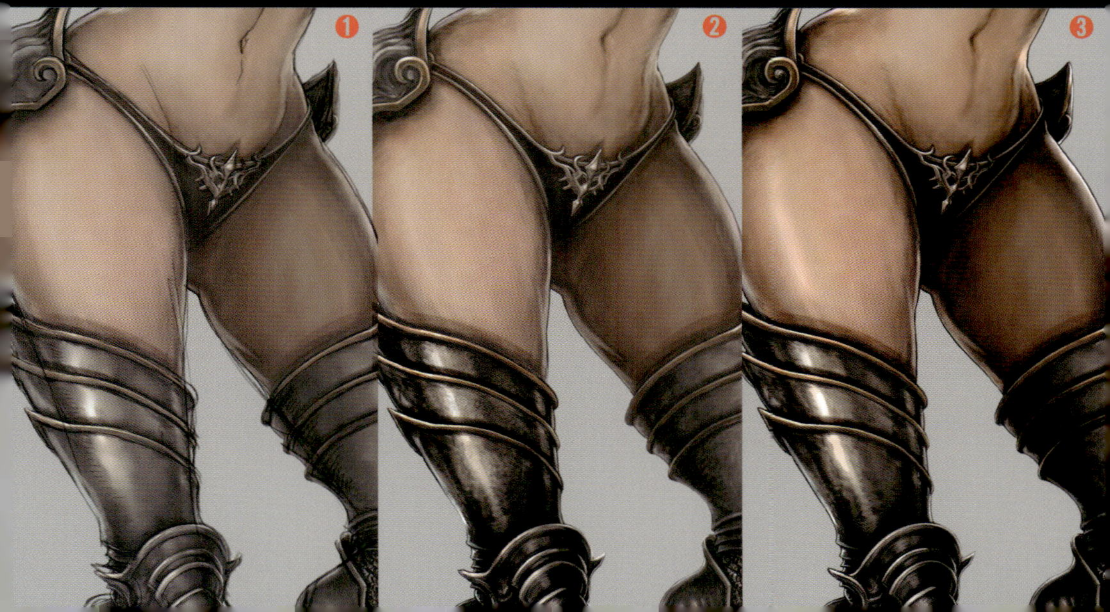

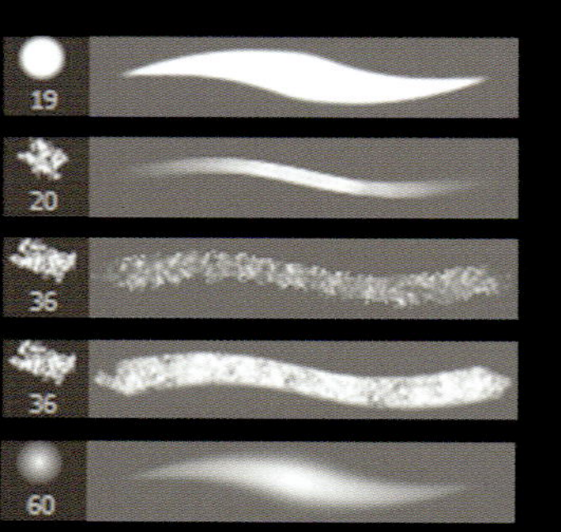

전공식 채색 기법은 표준 레이어에 작업을 하는 것이기에 자신의 그림을 다시 디테일하게 끌어 올릴 수 있습니다. 물론 실수를 하면 안 되겠지요. 하지만 밑에 자신이 만들어온 레이어들이 그대로 존재하고 있으므로 과감하게 터치해 나갑니다. 계속 더 좋은 드로잉 더 좋은 디테일을 생각하며 시간과의 싸움이 이 지점부터 시작됩니다. 미처 그리지 못했던 부분까지 옆의 브러시들을 사용하며 디테일을 올려 나갑니다.

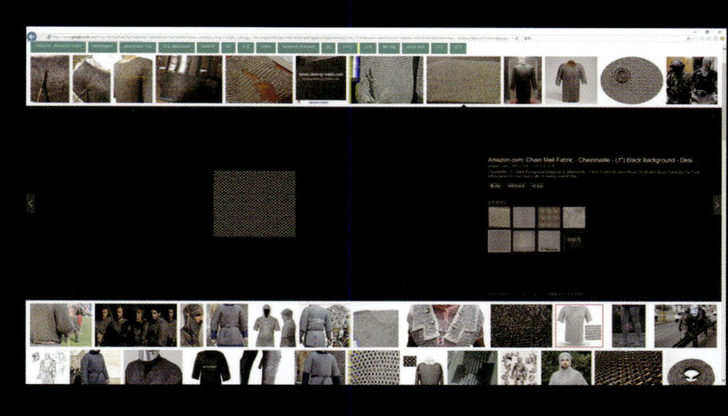

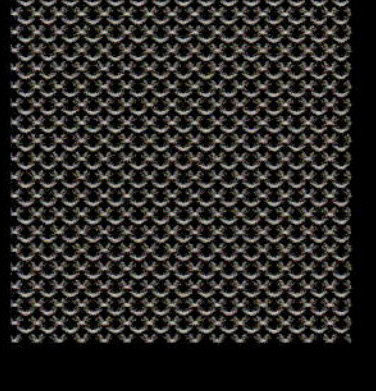

구글 검색을 통해서 사슬 갑옷의 텍스처를 검색해 텍스처를 오버레이로 바꾸고 Ctrl+T 자유변형을 이용해 합성해 줍니다. 무릎 안의 사슬 느낌을 쉽게 완성할 수 있습니다.

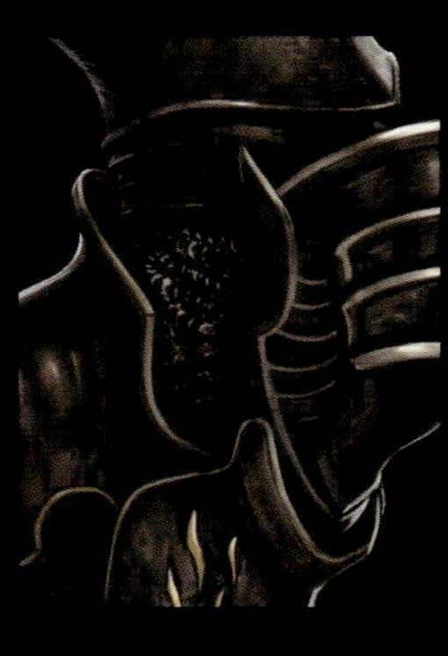

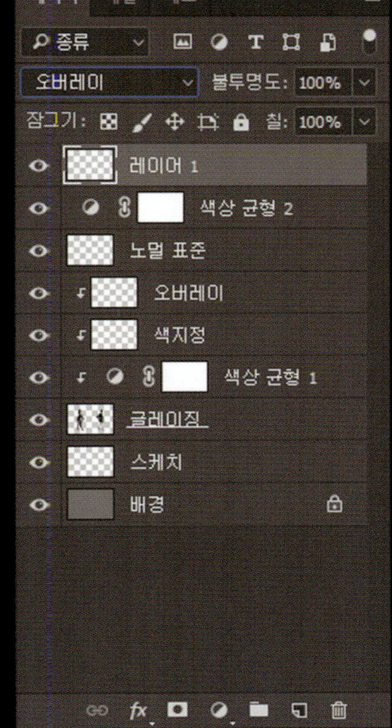

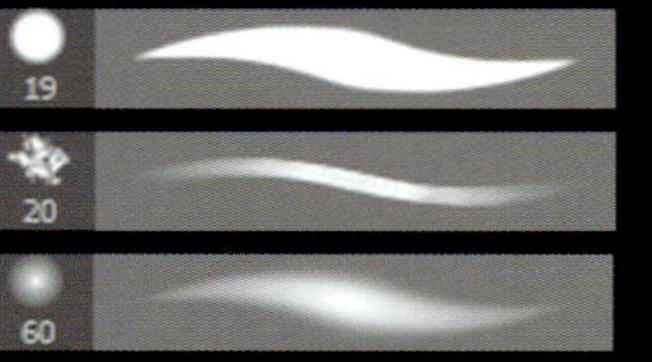

이제 마무리에 들어 갑니다. 19번 라운드 브러시를 지우개로 사용해 깔끔하게 외곽을 지워주고 포토샵 보정 기능을 이용해 마무리해 줍니다.

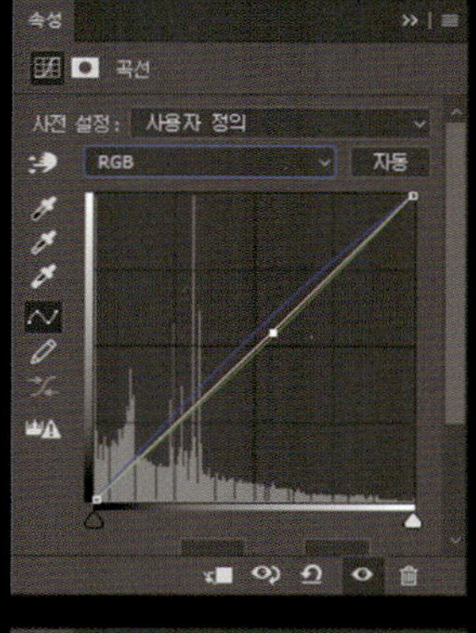

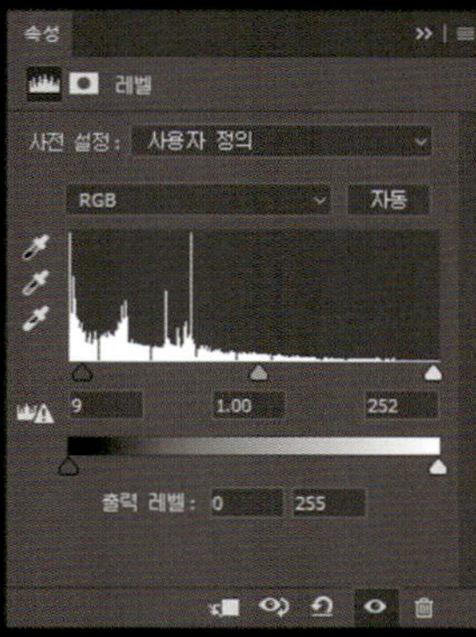

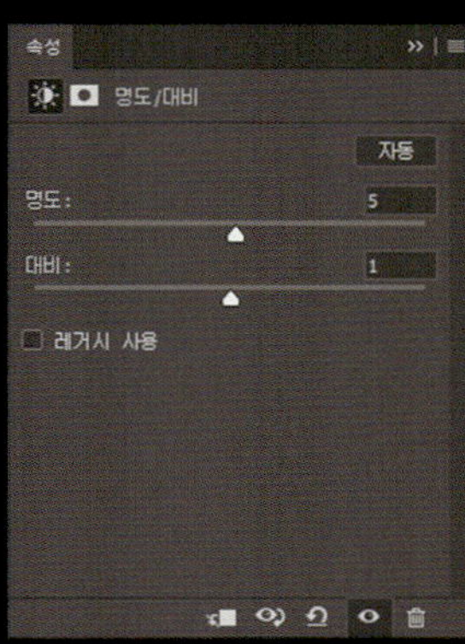

필자는 보정을 위와 같이 해 주었습니다. 우선 레벨을 이용해 밝은 영역을 잡아 주었습니다. 레벨은 명도와 대비를 조절할 수 있습니다. 그다음 곡선으로 빨강, 녹색, 파랑의 수치를 미세하게 조정해 주었습니다. 그다음 전체적인 명도/대비 효과를 미세하게 주어 갑옷의 질감에 도움을 주었습니다. 보정 효과는 본인이 그림 완성작을 이리저리 만져보며 자신이 최상의 값을 찾아가는 것이라 느낌 위주로 잡아주는 것입니다. 수치 그래프를 너무 과감하게 움직여서 자신의 브러시 터치를 태워먹지 마시고 조금씩 수치를 이동하며 자신이 그린 색감에서 최상의 색감을 미세하게나마 찾아가는 과정이라 생각하시면 됩니다. 이렇게 메이지 마법사 여 캐릭터도 완성하게 되었습니다. 이제 시트 작업 원화에 캐릭터와 같이 첨부해야 하는 캐릭터들의 무기 아이템을 디자인 해 보도록 하겠습니다.

PART 5

게임 무기
아이템 만들기

현실을 창조적으로 재구성하는 예술의 창작 원리는 '미메시스'를 통해 구체화할 수 있습니다.

미메시스는 그리스어로 '재현(representation)' 또는 '모방(imitation)' 이라는 뜻을 가진 미학 용어입니다. 하이데거의 '예술 작품의 근원'에 따르면, 미메시스는 단순한 모방과 다른 의미를 갖는데, 이는 미메시스가 부정적인 의미의 복제로서의 모방이 아닌 인간의 원초적 활동과 창조적 변형을 의미하는 긍정적이고 확장된 개념으로 쓰이기 때문입니다.

미메시스의 재현 유형은 유사, 은유, 변환 세 가지로 나누어집니다.
첫째로 유사 재현은 현실 대상과 같거나, 모방해 유사한 형태를 만드는 것입니다.
둘째로 은유 재현은 은유적, 동화적 시각 표현을 통해 재현하는 것입니다.
셋째로 변환 재현은 극심한 왜곡 변형으로 시각적, 효과를 극대화해 재현하는 것입니다.
아래에 필자가 이해하기 쉽게 간단한 섬네일 형식의 컨셉 무기아트 표를 만들어 놓았으니 참고하시길 바랍니다.

'유사 1차 재현'은 실제 존재하는 무기 이미지를 그대로 모방하거나 유사하게 재현해 그리는 것입니다. 예를 들어 레벨1로 게임을 시작하게 되면 실제로 존재했던 무기로 디자인해 주는 것이 좋습니다.

'은유 2차 재현'은 실제 존재하는 무기 이미지의 특징적 요소를 부분적으로 사용하거나, 다른 이미지와의 차용, 및 융합으로 은유와 동화를 통해 재현하는 것입니다. 레벨10부터는 은유해 무기를 디자인해 주는 것이 좋습니다.

'변환 3차 재현'은 무기 이미지가 상상에 의해 표현될 수 있고, 유사성의 모호함이 증가되도록 변환을 통해 극심한 외형 왜곡, 변형을 통해 재현하는 방식으로 높은 레벨의 무기에 디자인하는 변환 재현 방법입니다.

이렇게 1차, 2차, 3차 재현을 통해 게임 속에 등장하는 다양한 무기 아이템들을 생각하며 디자인하는 것을 습관화해야 합니다. 예를 들어 30레벨이 최고레벨인 캐릭터가 있다면 레벨1~10까지는 '유사 1차 재현'의 무기로 디자인해주는 것이 좋습니다. 실제로 존재했던 무기들을 유저에게 디자인해 거부감 없이 받아들이도록 하는 것입니다. 레벨11~20까지는 '은유 2차 재현'으로 디자인하는 것이 좋습니다. 이젠 실제로 존재했던 무기에 컨셉 아티스트만의 은유된 생각을 같이 조합해 실제로 존재할 것 같은 느낌의 무기들로 레벨업 시켜 디자인해야 합니다. 그렇다고 해서 이 중간 레벨에 너무 화려한 무기를 선택해 디자인하면 안 되겠지요. 레벨21~30까지는 '변환 3차 재현'으로 극심하게 외형을 왜곡시키고 유사성의 모호함을 증가시켜 화려하게 디자인해야 합니다.

변환 3차 재현 형식의 디자인이야말로 게임 유저들이 가장 우월감을 느낄 수 있게 남들이 들고 있지 않은 나만이 들고 있는 무기란 느낌이 들 정도로 과감하게 변형시켜 디자인하는 것이 좋습니다.

우측의 필자가 디자인해 놓은 무기들을 보면 알겠지만 레벨이 오를수록 은유적으로 변화하며 끝으로 갈수록 많이 변환된 것을 알 수 있을 겁니다.

게임 무기 디자인은 항상 '끝은 화려하게' 입니다. 이 룰은 변화지 않습니다.

필자는 이 책에서 무기 아이템을 30레벨 무기가 최고라고 가정했을 때 15~20정도의 '은유 2차 재현' 방식으로 무기 튜토리얼을 만들어 보았습니다.

이제부터 본격적으로 무기 아이템 디자인을 해보도록 하겠습니다.

버서커의 대검을 만들어 보겠습니다. 늑대검으로 컨셉을 구상했습니다. 우선은 늑대부터 절반만 그린다 생각하고 그림을 그립니다. 나머지 반쪽은 레이어를 복사해서 이미지 반전을 시켜 붙여주는 형식으로 하기 위해서 입니다.

3D 모델러에게 주는 무기 원화는 이렇게 정면샷만을 그려서 주면 됩니다. 3D 맵핑으로 쓰이므로 측면으로 화려하게 그려서 주면 아무 소용이 없습니다. 오로지 정면으로 3D 모델러들이 편하게 작업할 수 있도록 그려주어야 합니다.

필자의 작업 순서를 보며 여러분들도 무기의 절반만 그려 주시면 됩니다.

필자의 작업 순서대로 일직선으로 기준점을 그어준 뒤 칼의 포인트가 될 부분부터 그려서 맞춰주는 형식으로 그리는 것이 좋습니다.

늑대 얼굴이 포인트니 얼굴부터 그린 뒤 검의 손잡이를 잡고 칼날을 그려주는 형식으로 스케치했습니다.

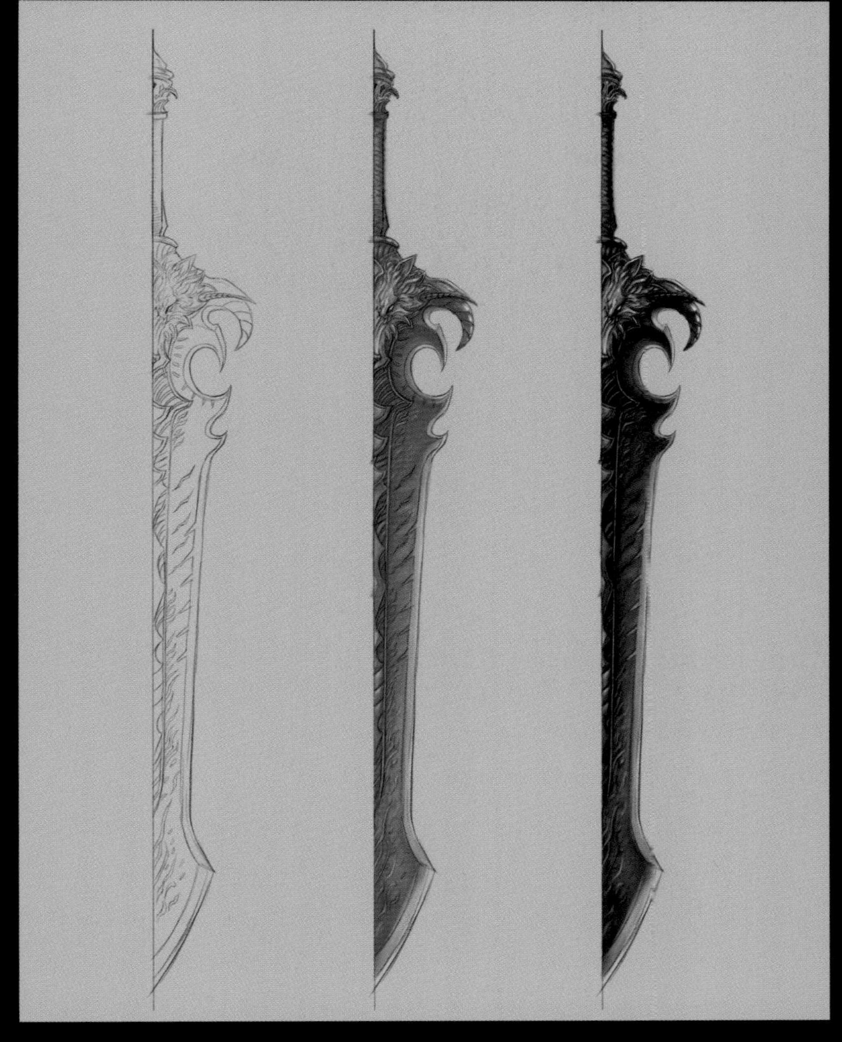

캐릭터 스케치와 다르게 무기 아이템 스케치는 초반부터 정교하게 그려주는 것이 좋습니다.
아이템을 구상할 때 손풀기로 다른 캔버스에 열심히 그려본 뒤 본 작업에 들어갈 때는 손 풀며 그렸던 것을 생각하며 그려주는 방식을 필자는 추천합니다.
지저분하게 스케치한 레이어에 또 새 레이어를 만들어 정교하게 그려주는 방식이 더 편할 수는 있으나 깔끔한 선을 다시 그어야 하는 이중 일이 발생합니다.
그러니 필자의 방식대로 해보시길 바랍니다.
스케치가 정교하게 끝났다면 명암과 양감을 잡아주고 디테일을 올려 줍니다.

명암을 다 넣었다면 새 레이어의 블랜딩 모드를 곱하기(멀티)로 변경 후 색지정을 해 줍니다. 필자는 회색 청동검에 금장식 패턴으로 너무 화려하진 않지만 어느 정도 화려한 은유적인 2차 재현의 중간 지점으로 타협해 색지정을 해주었습니다. 기존의 버서커 작업과 비교해 너무 다른 형식의 색은 피했습니다. 되도록 이면 먼저 작업한 캐릭터의 갑옷 느낌과 비슷하게 한 쌍의 복식 세트 아이템이란 통일감을 더욱 중시해 색 지정을 했습니다.

색지정이 끝났다면 곱하기 레이어 위에 오버레이 레이어를 만들어 색을 발광하게끔 태워 줍니다. 레이어 하나를 더 만들어 닷지 레이어로 변경해 빛나는 느낌을 더 넣어 주어도 됩니다. 이리저리 만져보며 빛 느낌 을 잡아 줍니다. 빛까지 다 설정해 넣었다면 최상단에 노멀 표준 레이어를 만들어 글레이징의 거친 색감 느 낌을 바로잡아 주며 다시 색을 정리하며 칠해 줍니다.

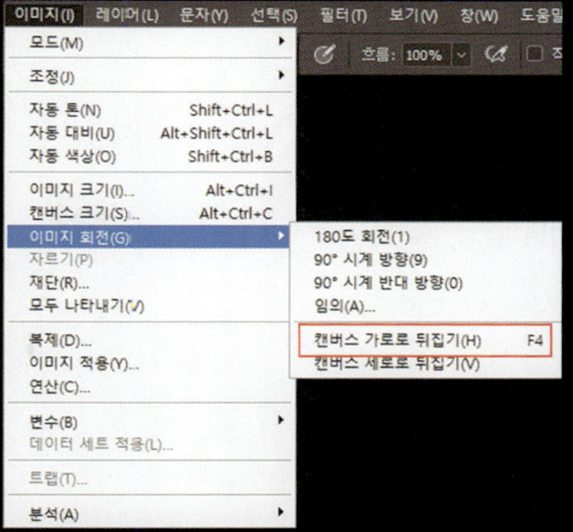

완성된 절반의 칼을 복사해 이미지 회전을 선택한 뒤 캔버스 가로 뒤집기를 선택해 나머지 절반을 뒤집어 줍니다. 그리고 레이어를 서로 만나게 해 하나의 대검 이미지로 만듭니다.

원본 절반의 칼을 하나 더 복사해 블랜딩 모드를 곱하기로 만든 뒤 불투명도를 20%로해 음영처리를 해줍니다. 그러면 옆 이미지처럼 절반은 빛을 받고 있고 절반은 살짝 어두운 양감을 얻을 수 있습니다.

버서커의 늑대검이 완성되었습니다. 그럼 이제 완성된 검의 늑대 마크을 버서커 남 캐릭터의 '엠블렘'으로 설정해 보도록 하겠습니다.

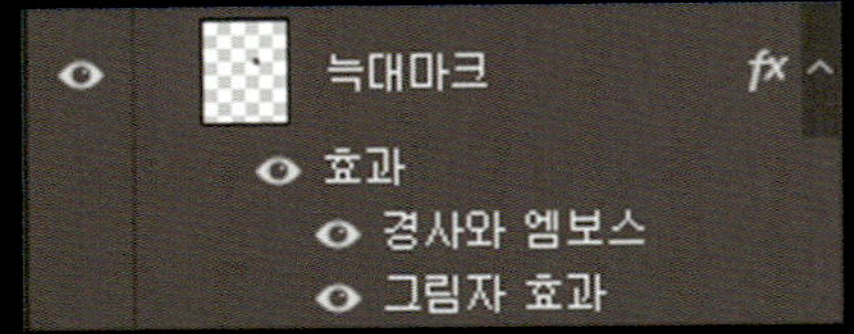

올가미 툴을 이용해 늑대 마크만을 선택합
니다. Ctrl+C를 눌러 저장한 후 Ctrl+V를 눌
러 불러옵니다. 그리고 위와 옆의 이미지처
럼 FX(레이어 스타일)효과를 넣어 줍니다.

레이어 스타일 효과의 수치는 첨부한 이미
지의 수치로 설정했습니다. 자, 엠블렘과 무
기 늑대검 아이템이 완성된 모습입니다.

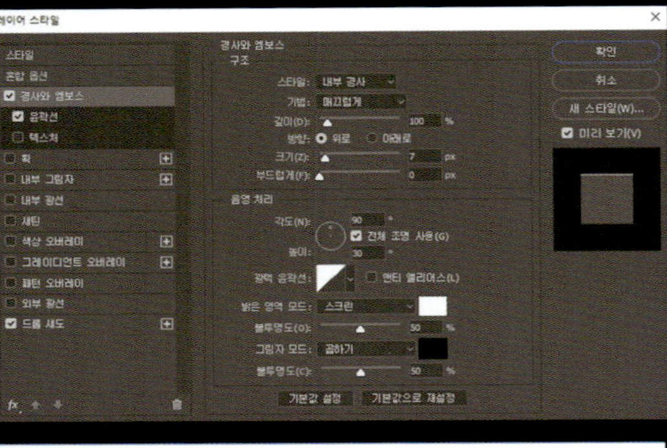

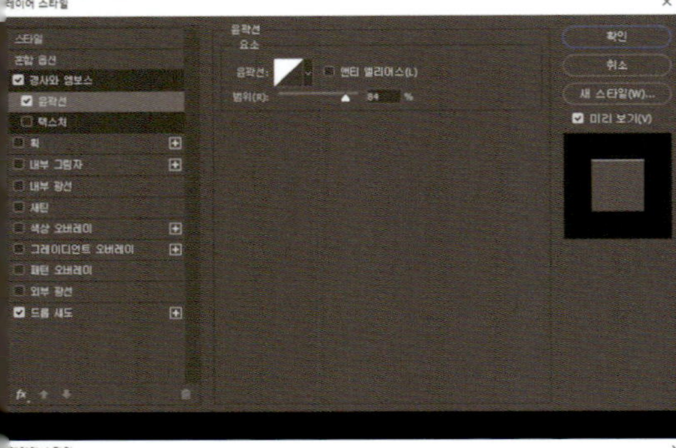

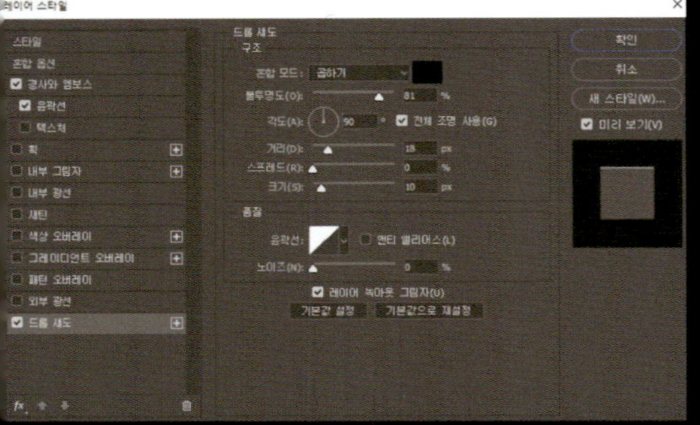

남 캐릭터 버서커의 무기를 만들었으니 이젠 여 캐릭터 메이지의 지팡이를 디자인해보도록 하겠습니다. 지팡이 무기 아이템 레벨도 15~20선으로 중간 레벨로 잡아 주었습니다. 기존의 버서커 늑대검을 디자인할 때와 같이 기준선을 세로로 그어준 뒤 절반부터 작업을 합니다. 그러나 늑대검 같은 경우는 양쪽 대칭이 같은 대칭으로 컨셉을 잡았지만 메이지의 무기 아이템 지팡이는 비대칭으로 컨셉을 잡았습니다. 비대칭일 경우는 일일이 다른 절반도 그려주어야겠지요. 열심히 절반부터 지팡이 머리 포인트를 중심으로 그려 나갑니다.

기준선을 중심으로 지팡이의 머리부부터 디자인해 그려 주었습니다.

그리고 지팡이의 손잡이를 Shift 키를 누른 상태에서 타블렛 펜을 밑으로 그어 줍니다.

Shift 키를 눌러 줌으로써 손떨림이 방지되어 일직선으로만 그어집니다.

일직선을 그을 때는 Shift 키를 꼭 누르고 그어 주시면 되겠습니다.

지팡이 제작을 순서대로 나열해 보았습니다.

필자가 그린 것처럼 여러분들도 단계적으로 완성해 가시길 바랍니다.

색지정은 황금색을 주
포인트로 주었으며 은
색 날개 모양의 패턴
을 넣어 주었습니다.

가운데에 위치하고 있
는 크리스탈을 지팡이
의 포인트로 지정했습
니다.

엠블렘 작업은 늑대검의 방식과 같이 올가미 툴을 이용해 제작했습니다.

이렇게 만들어 놓은 두 캐릭터의 시트 작업 원화에는 그 캐릭터에 맞는 무기 아이템을 디자인해 같이 첨부해야 합니다.

그래야지 3D 모델러 작업자들이 이 캐릭터가 들고 있는 무기가 기존에 창작해 놓은 캐릭터들과 비교하며 크기가 얼마인지 알 수 있기 때문에 같이 꼭 첨부해 완성해야 합니다.

이렇게 만든 각각의 무기 아이템을 버서커 남 캐릭터와 메이지 여 캐릭터 시트 작업 원화에 나중에 같이 한 장에 첨부해 표현하도록 하겠습니다.

무기 아이템 작업은 게임 유저들에게 가장 강한 우월감과 성취감을 제공해 주어야 하는 작업이므로 항상 상징적인 것 화려한 것을 중점으로 생각해 디자인하는 것이 좋습니다.

필자는 늑대와 크리스탈을 포인트로 두었습니다.

여러분들도 상징적인 우월감이 존재할 것 같은 멋진 아이템을 디자인해 보시길 바랍니다.

그럼 이제부터 만들어 놓은 두 캐릭터에게 좀 더 강한 갑옷 '바레이션' 작업을 해 보도록 하겠습니다.

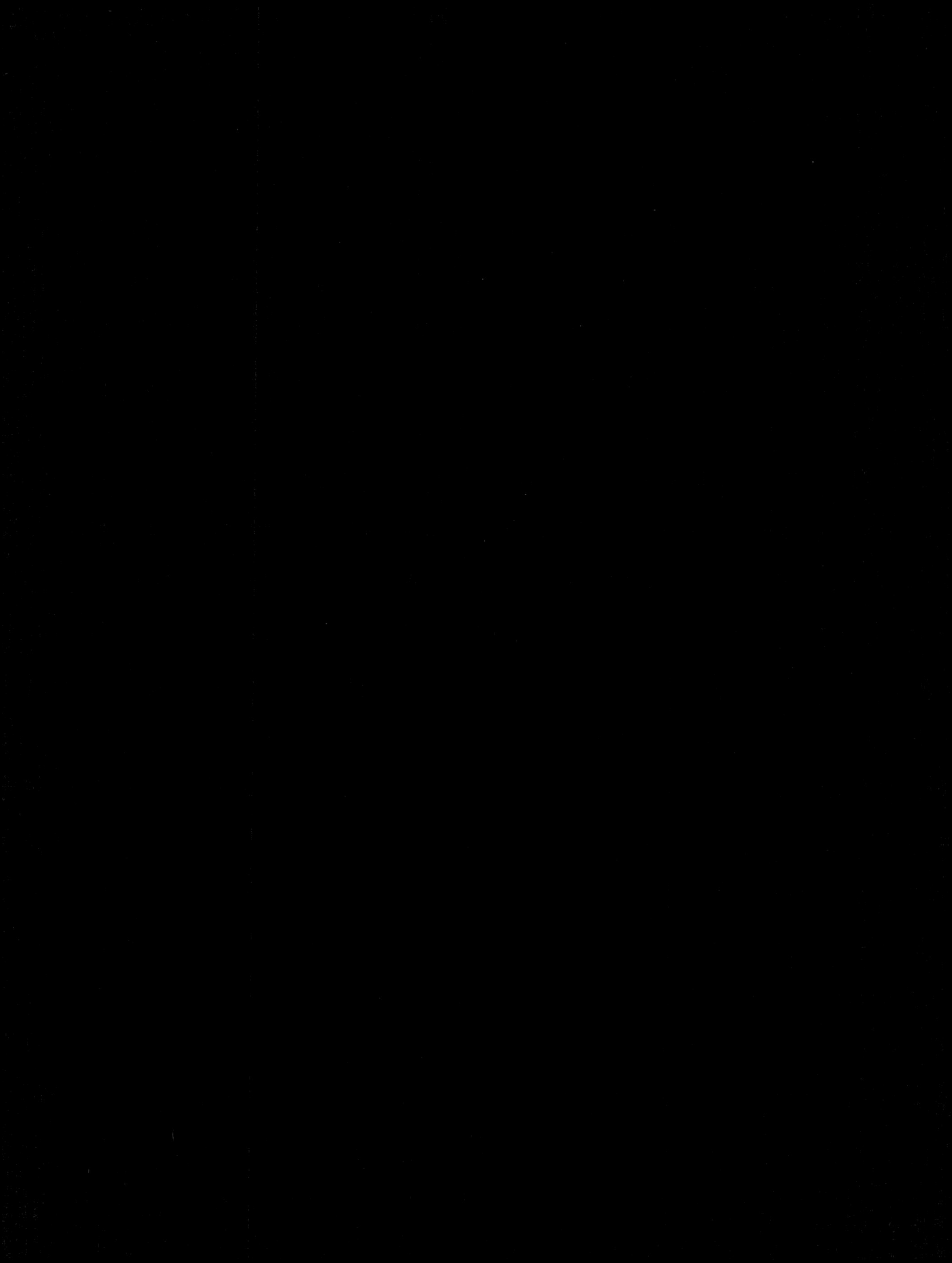

▷ 캐릭터 시트 작업
원화 바레이션

자신이 완성해 놓은 기본 남 캐릭터 레이어를 팔레트 레이어에서 불투명도
와 칠을 30%로 잡고 흐리게 만든 뒤 그 위에 새 레이어와 캐릭터 레이어
아래 새 레이어를 만들어 투구와 복대, 망토를 만들어 스케치해 줍니다.
20번 펜슬 브러시로 스케치합니다.

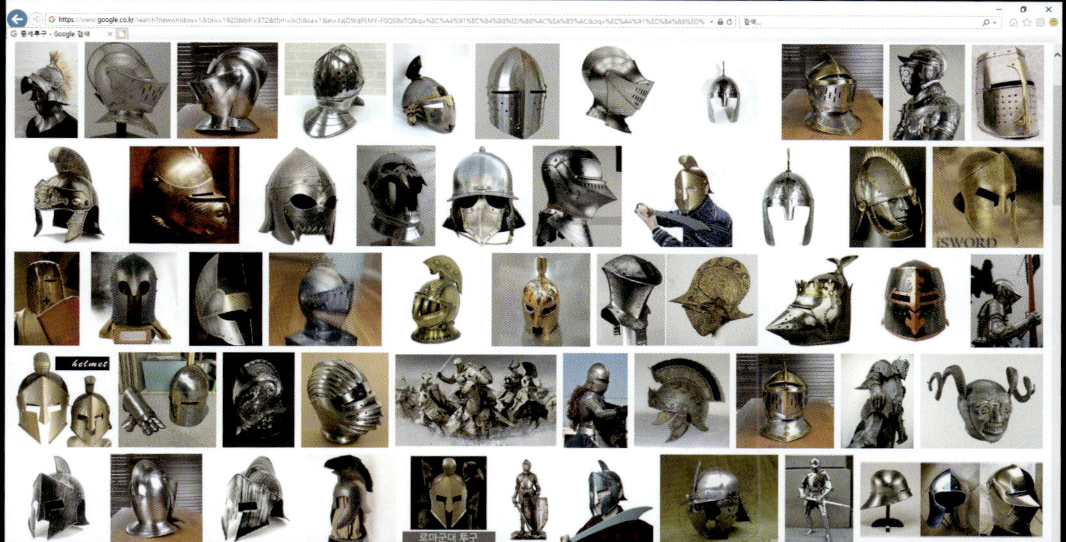

게임원화 중세 갑옷 실사 자료 이미지(goo.gl/g8J7CK)

중세기사의 투구를 인터넷으로 검색해 이미지를 수집합니다. 수집된 자료를 이용해 컨셉을 잡습니다. 필자
역시 얼굴 전체를 보호해주는 투구로 결정하고 디자인했습니다. 그리고 캐릭터의 몸을 보호해주는 복대와
무릎 보호구의 장식과 망토를 그려주어 세트 아이템이라는 느낌으로 기존 디자인의 갑옷과 통일감을 주는
'바레이션'으로 작업했습니다.

게임 유저들은 통일된 세트 아이템을 상당히 선호합니다. 여러분이 옷 코디를 할 때 신발은 고무신이고 바
지는 정장바지, 윗옷은 청자켓이면 이상하듯이 게임 캐릭터 역시 자기만의 세트화된 복식을 통일감 있게
추구해 주는 것이 좋습니다. 자 그럼 20번 펜슬 브러시를 선택해 스케치를 합니다.

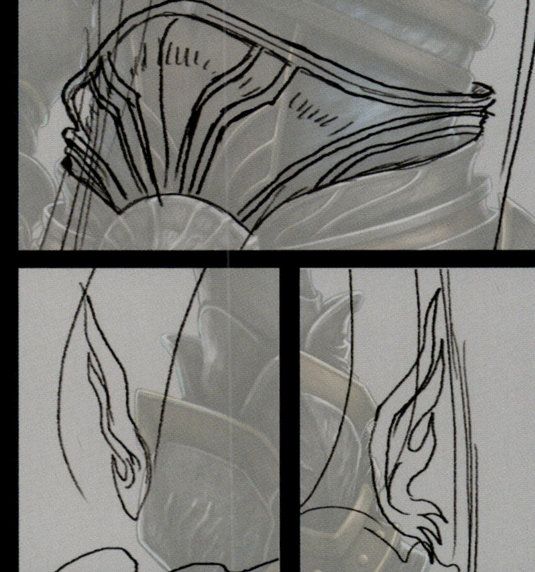

스케치가 끝났다면 옆의 브러시들을 이용해 묘사에 들어갑니다. 기본적이며 통일감 있는 색지정과 세트 아이템이라는 느낌을 강조해 발라 줍니다.

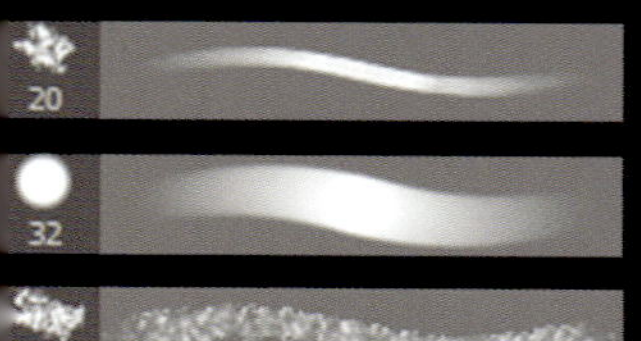

캐릭터 레이어 상단의 투구 레이어를 묘사합니다. 20번 펜슬 브러시로 거친 느낌과 15번 기본 브러시를 겹겹이 풀어가며 원형의 투구 느낌을 문질러 발라 줍니다. 상단의 깃털은 캐릭터 복식으로 설정한 푸른색 이미지에 맞게 한 세트 아이템처럼 색지정을 해주었습니다.

캐릭터의 몸을 보호해주는 복대는 기본끈의 색감과 비슷한 갈색 개열로 통일감을 주며 바릅니다. 캐릭터 레이어 하단에 새로운 레이어를 생성하고 망토를 그려줍니다. 우선은 검은색으로 느낌을 잡아준 뒤 다시 색을 푸른색으로 지정해 기존 복식과 통일감 있게 칠해 주었습니다. 무릎보호구 날개는 갑옷의 금색장식과 통일감을 주어 금색으로 색지정을 했습니다.

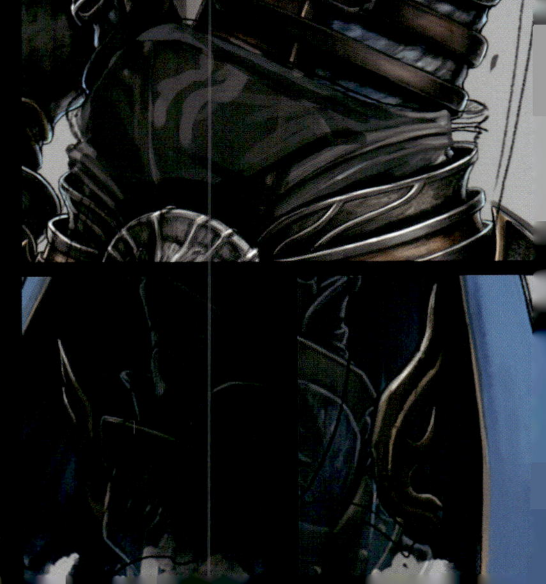

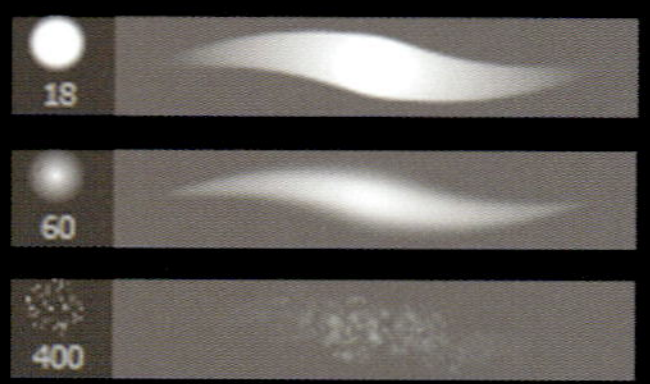

디테일 묘사에 들어갑니다. 에어 브러시와 기본 샤픈 브러시를 이용해 질감을 올리고 반짝이는 느낌은 닷지 툴을 이용해 색을 태워 빛나게 처리합니다. 닷지 툴을 너무 난발하면 그림이 타기 때문에 적절히 발라주는 걸 추천합니다.

갑옷은 빛에 민감한 철 재질이므로 빛의 흐름을 잘 파악하는 것이 핵심입니다.

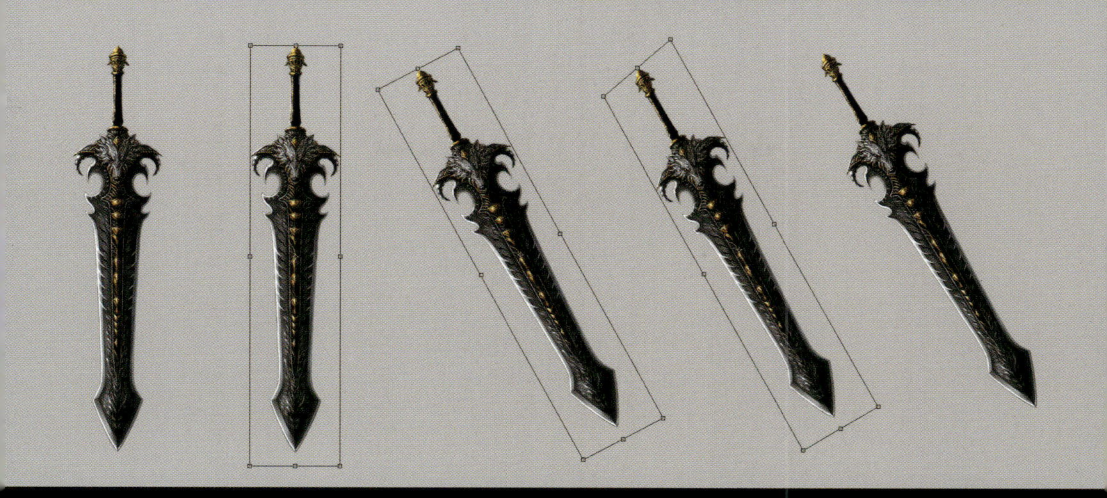

모든 묘사가 끝났다면 기존에 작업해 놓은 무기 아이템 늑대 대검을 가지고 와서 망토 뒤에 붙여줍니다. Ctrl+T를 눌러 자유 변형을 이용합니다. Ctrl 키를 눌린 상태에서 작은 삼각형을 조절해 대검을 비틀어 줍니다. 그리고 팔레트 레이어바에 가장 하단 배경 레이어 위에 위치시키고 망토 뒤에 자리를 잡아 줍니다. 마무리 디테일 묘사를 해주고 그림을 마무리합니다.

드디어 바레이션된 버서커 남 캐릭터를 완성했습니다. 이렇게 제작한 캐릭터 시트 작업 원화로 3D 모델러들은 작업을 할 수 있게 되었네요. 잘 키운 자식을 장가 보내는 느낌으로 3D 캐릭터 모델러에게 넘겨 줍니다. 캐릭터 시트 작업 원화란 하나의 설명서를 만드는 작업과 같습니다.

다들 수고 하셨습니다.

버서커 남 캐릭터 시트 작업 원화

이렇게 한 장에 모아서 3D 모델러에게 넘겨줍니다.
3D 모델러는 시트 작업 원화를 보며 모델링에 들어가게 됩니다.

자신이 완성해 놓은 기본 남 캐릭터 레이어를 팔레트 레이어바에서 불투명도와 칠을 30%로 잡고 흐르게 만든 뒤 그 위에 새 레이어와 캐릭터 레이어 아래 새 레이어를 만들고 망토를 만들어 줍니다.
20번 펜슬 브러시로 스케치합니다.

중세기사의 투구를 인터넷으로 검색해 이미지를 수집합니다. 수집된 자료를 이용해 컨셉을 잡습니다. 저 역시 얼굴 전체를 보호해주는 투구로 결정하고 디자인했습니다. 그리고 캐릭터의 몸을 보호해주는 복대와 무릎보호구의 장식 그리고 망토를 그려주어 세트 아이템이라는 느낌으로 기존 디자인의 갑옷과 통일감을 주는 바레이션으로 작업했습니다.

게임 유저들은 통일된 세트 아이템을 상당히 선호합니다. 여러분들이 옷 코디를 할 때 신발은 고무신이고 바지는 정장바지, 윗옷은 청자켓이면 이상하듯이 게임 캐릭터 역시 자기만의 세트화된 복식을 통일감 있게 추구해 주는 것이 좋습니다.

20번 펜슬 브러시로 스케치를 합니다.

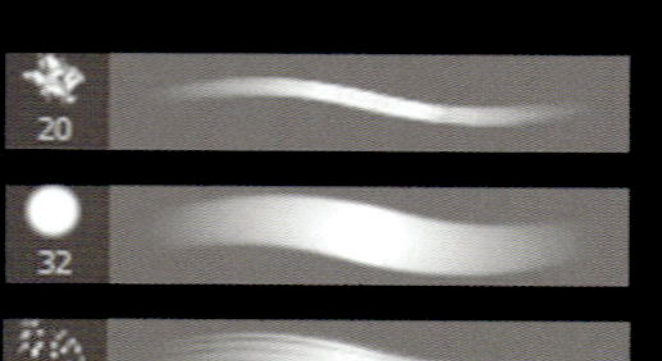

스케치가 끝났다면 옆의 브러시들을 이용해 묘사에 들어갑니다. 기본적
인 통일감 있는 색지정과 세트 아이템이라는 느낌을 강조해 발라 줍니다.

캐릭터 상단의 투구 레이어를 묘사합니다. 20번 펜슬 브러시로 거친 느낌과 15번 기본 브러시를 풀어가며
원형의 투구 느낌을 문질러 발라 줍니다. 상단의 깃털은 캐릭터 복식으로 설정한 푸른색을 이미지에 맞게
한 세트 아이템처럼 색지정을 해주었습니다.
캐릭터의 몸을 보호해주는 복대는 기본 끈의 색감과 비슷한 갈색계열로 통일감있게 바릅니다.
캐릭터 레이어 하단에 새로운 레이어를 생성하고 망토를 그려줍니다. 우선은 검은색으로 느낌을 잡아주고
색을 푸른색으로 통일감 있게 칠해 주었습니다.
무릎보호구 날개는 갑옷의 금색장식과 통일감을 주어 금색 느낌으로 색지정을 했습니다.

 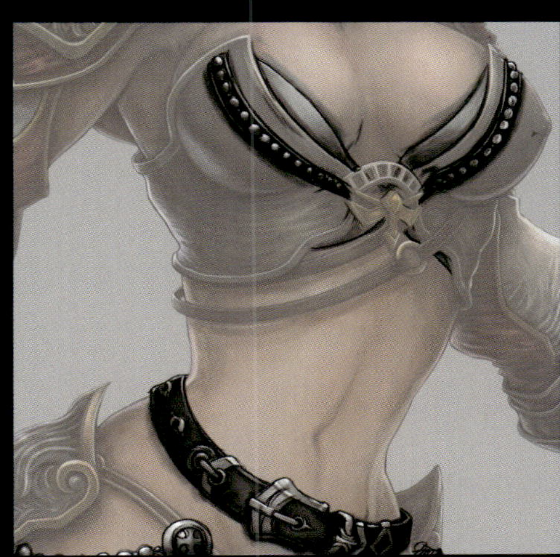

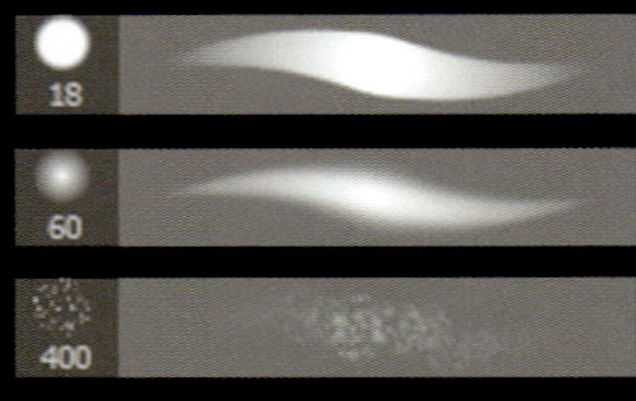

디테일 묘사에 들어갑니다.
에어 브러시와 기본 샤픈 브러시를 이용해 질감을 올리고 반짝이는 느낌
은 닷지 툴을 이용해 색을 태워 빛나게 처리합니다. 닷지 툴을 너무 난발
하면 그림이 타기 때문에 적절히 발라주는 걸 추천합니다.
갑옷은 빛에 민감한 철 재질이므로 빛의 흐름을 잘 파악하는 것이 포인
트입니다.

모든 묘사가 끝났다면 기존에 작업해 놓은 아이템 대검을 가지고 와서 망토 뒤에 붙여줍니다. Ctrl+T를 눌러 자유 변형을 이용합니다. Ctrl 키를 눌린 상태에서 작은 삼각형을 조절해 대검을 비틀어 줍니다. 그리고 팔레트 레이어바에 가장 하단 배경 레이어 위에 위치시키고 망토 뒤에 자리를 잡아 줍니다. 마무리 디테일 묘사를 해주고 그림을 마무리합니다.

드디어 바레이션된 기보 버서커 캐릭터를 완성했습니다. 이 캐릭터 시트 작업 원화로 3D 모델러들은 작업을 할 수 있게 되었네요. 잘 키운 자식을 장가 보내는 느낌으로 3D 캐릭터 모델러에게 넘겨 줍니다.

캐릭터 시트 작업 원화란 하나의 설명서를 만드는 작업과 같습니다. 다들 수고하셨습니다.

메이지 여 캐릭터 시트 작업 원화

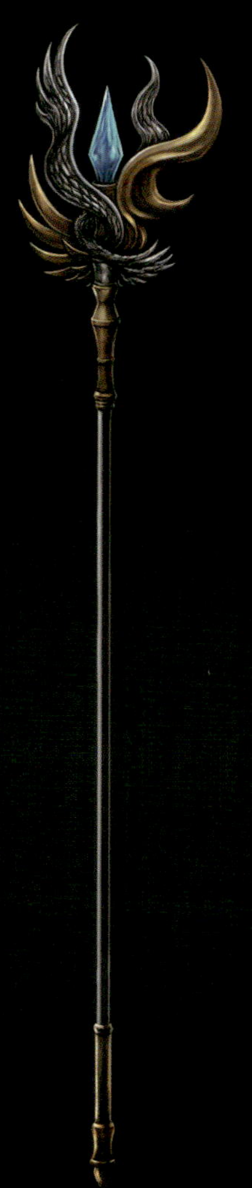

PART 6

몬스터, 크리쳐 만들기

▷ 몬스터, 크리쳐 시트 작업 원화 만들기

주 캐릭터들의 시트 작업 원화 작업이 끝났다면 이젠 몬스터, 크리쳐 작업 원화를 작업해 보도록 하겠습니다.

몬스터, 크리쳐 또한 캐릭터 시트 작업 원화와 별반 다른 건 없습니다. 하지만 조금 색다른 것은 몬스터, 크리쳐 작업은 꼼꼼한 컨셉 아트보다는 3D 모델러와 상당히 많은 대화를 주고 받으며 기본안을 중시하며 작업할 때가 많습니다.

대체적으로 모델러분들 중 유저들이 플레이하는 캐릭터들보다는 몬스터, 크리쳐를 만들 때 더 많은 재미를 느끼는 작업자들이 많습니다. 업계에서 일을 하면 알게 되겠지만 몬스터, 크리쳐 작업량이 더 많기 때문이기도 합니다. 모델러들마다 작업 원화를 요구하는 방향은 다 다릅니다. 어떤 모델러는 캐릭터 시트 작업처럼 뒷태까지 요구하는 모델러가 있는가 하면 어떤 모델러는 측면 앞태만을 요구하는 모델러 작업자들도 많습니다. 왜냐하면 몬스터 담당 3D 모델러분들은 캐릭터를 모델링할 때와 달리 자기 생각을 넣고 싶어 합니다. 원화가가 창작한 시트를 표본으로 자기 생각을 더 넣어서 3D적으로 더 좋은 결과물을 만들고 싶어 하는 것이죠.

그 이유는 여러분들도 게임을 해보아서 알겠지만 게임 화면에는 똑같은 몬스터들이 조금씩 바레이션을 쳐서 나타나게 됩니다. 예를 들어 레벨 10짜리 오크종족 몬스터, 크리쳐가 있다면 색깔과 부분 오브젝트만 조금 다른 바레이션된 오크 몬스터가 필드에 뿌려져야 합니다. 비슷하지만 조금 더 강한 그렇다고 완전히 새로운 몬스터가 아닌 바레이션된 강한 몬스터, 크리쳐를 필드에 뿌려주어야 하기 때문이죠.

그렇기에 기본이 되는 몬스터, 크리쳐 시트 원화만을 요구하고 바레이션은 3D 모델러분들의 감각으로 원화가와 대화하며 알아서 작업할 때가 많습니다.

제작 시간 절감과 바레이션으로 게임에 등장하는 몬스터, 크리쳐 수를 배로 만들수 있기 때문이죠. 그래서 필자는 측면 앞태만으로 튜토리얼을 만들어 보았습니다. 그리고 캐릭터와 몬스터, 크리쳐의 키(크기)차이

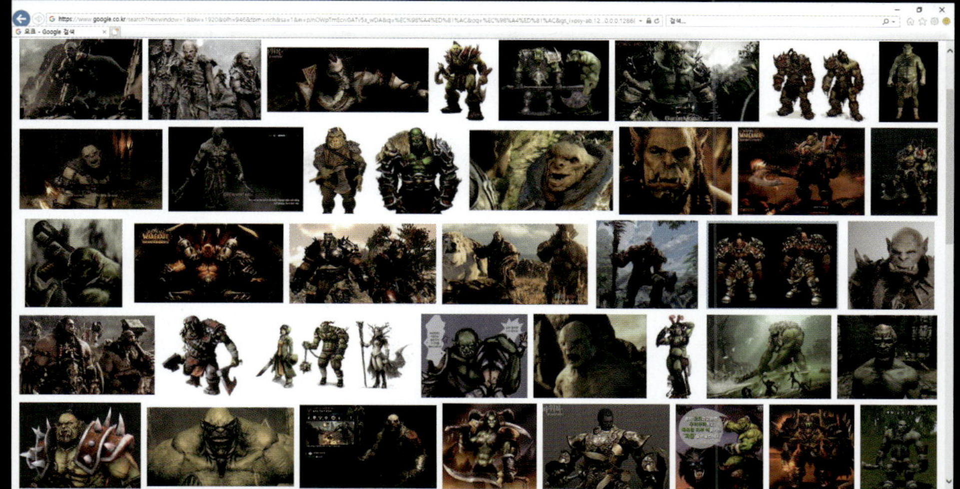

오크 이미지(goo.gl/aa9BU9)

우선 기본 몬스터는 RPG 게임에서 꼭 등장하는 오크 종족을 하나 만들고, 두 번째는 게임의 퀘스트나 한 챕터를 마무리할 때 등장하는 보스 몬스터를 디자인해 앞서 만들어 놓은 캐릭터와 키(크기) 비교 차트 시트 작업으로 마무리하는 것으로 하겠습니다. 우선 머릿속으로 구상이 끝났다면 인터넷 검색을 이용해 자료를 수집합니다. 필자는 구글링을 통해서 오크의 이미지들을 구했습니다.

오크는 어느 정도 정해진 기본 룰이 존재하기 때문에 기본을 무시해 디자인하면 오크가 아니게 됩니다. 고블린과 오크가 비슷하지만 다르듯이, 오크의 이미지는 '워해머'나 '블리자드사'의 이미지, 톨킨의 <반지의 제왕>에서 등장한 오크의 이미지를 응용해 필자의 필력으로 창작해보기로 하겠습니다. 그리고 보스몬스터는 3가지 느낌을 가지기 위해 고릴라, 물소, 인간형 괴물(브랑카) 등을 검색해 이미지를 수집했습니다. 전체 컨셉 비율을 10으로 보았을 때 고릴라 느낌을 4, 물소를 2, 인간형 괴물 느낌을 4로 잡고 컨셉의 비율 흐름을 머릿속에 구상한 느낌과 맞춰 봅니다. 그럼 오크부터 작업에 들어가 보겠습니다.

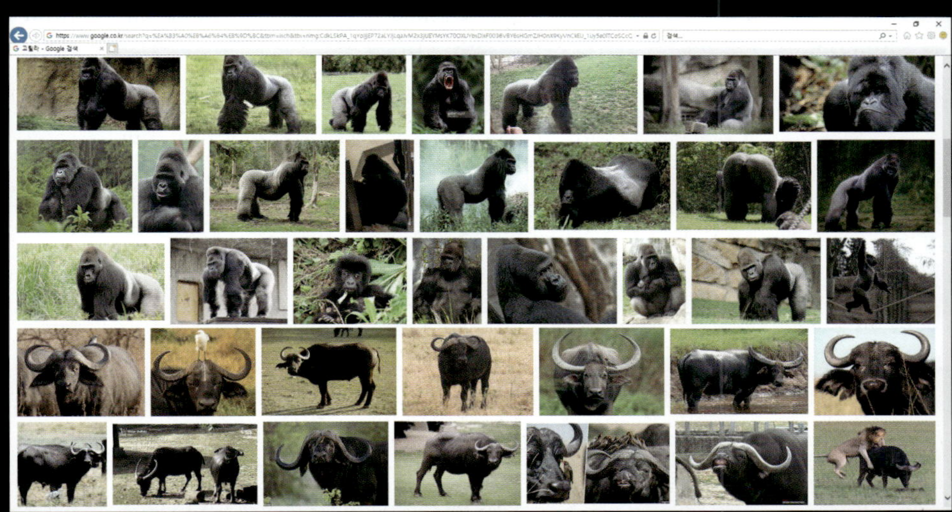

고릴라와 물소 이미지(goo.gl/9dWQmQ)

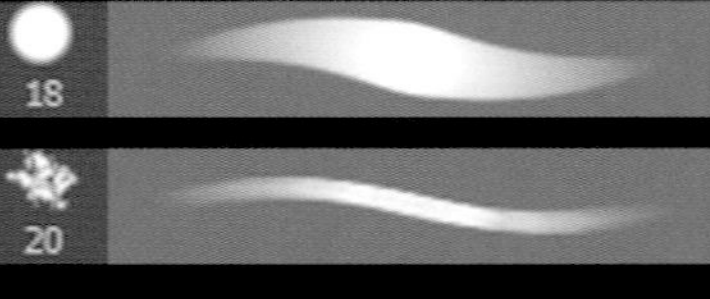

기본 19번 브러시를 이용해 자신이 구상한 컨셉을 그려 나갑니다. 오크이기 때문에 기존 유저들에게 익숙한 형태를 무시하지 않는 선에서 컨셉을 잡아 나갑니다. 이런 보편적인 형식의 답이 나와있는 몬스터, 크리쳐를 디자인할 시에는 너무 오리지날한 것을 추구하면 안됩니다. 톨킨의 환타지 세계관을 크게 벗어나면 좋은 형태를 가지지 못합니다. 이렇게 기본룰이 있는 몬스터, 크리쳐를 디자인할 때는 복식에서 자신만의 디자인을 추구해 주는 것이 좋습니다. 기본룰을 벗어나면 안 되는 그림은 그 큰 틀에서 벗어나지 않는 선에서 부분적인 컨셉을 넣는 것이 가장 좋은 답입니다.

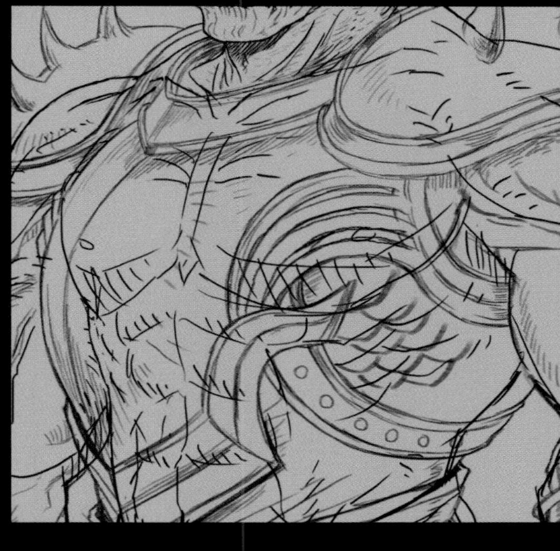

기본 형태를 잡았다면 상단에 새로운 레이어를 만들고 디테일한 스케치에 들어 갑니다. 20번 펜슬 브러시로 바꾸어 자신이 생각한 갑옷 디자인을 잡아 줍니다. 저는 몸, 어깨, 팔, 종아리 부분에만 갑옷을 넣어 주었습니다. 그냥 게임 상에서 필드에 뿌려지는 몬스터, 크리쳐로 설정을 잡았고 바레이션이 많이 가능한 대로 컨셉을 잡았기 때문에 너무 화려하고 강력한 갑옷으로는 묘사하지 않았습니다

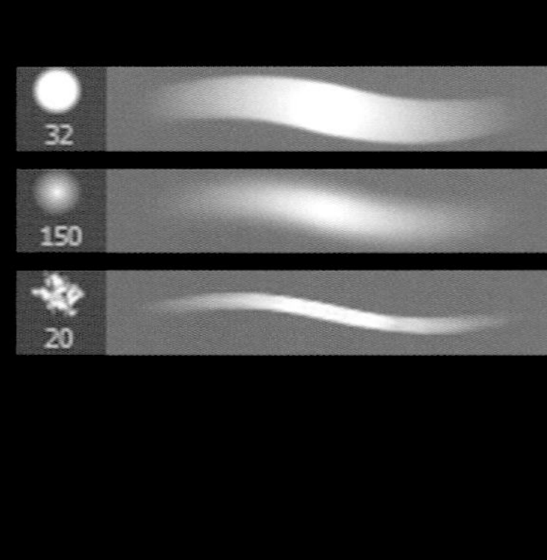

정교한 스케치가 끝났다면 전체적인 명암과 양감을 잡아줍니다. 글레이징 느낌으로 회색 계열로 필압을 이용해 빛의 방향에 맞게 명도만으로 명암을 표현합니다. 필자는 빛을 왼쪽 측면에서 온다고 설정해 명암과 양감을 잡아 주었습니다. 항상 양감을 잡아줄 때는 얼굴도 하나의 구(원형)라고 생각하고 입체적으로 발라주는 것이 핵심 포인트입니다. 명암과 양감이 탄탄하게 마무리되면 자신이 그린 스케치 선이 면으로 변하는 느낌을 받게 될 것입니다. 옆의 브러시들을 써보며 자신과 맞는 양감을 찾아가시길 바랍니다.

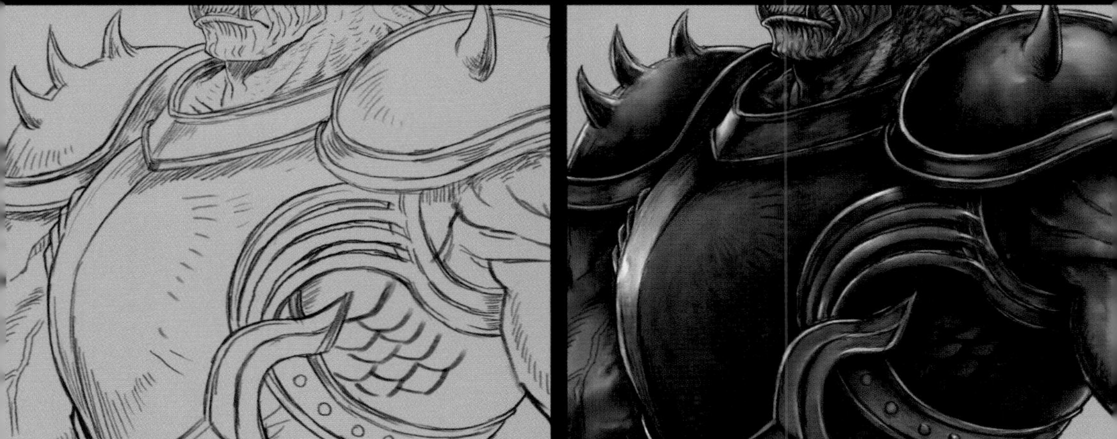

갑옷 또한 왼쪽 측면에서 빛이 오는 것이니 얼굴과 같은 쪽으로 명암을 잡아 줍니다.
명암과 양감을 잡아주는 단계에서 색지정은 어떻게 할까 같이 고민해야 합니다.

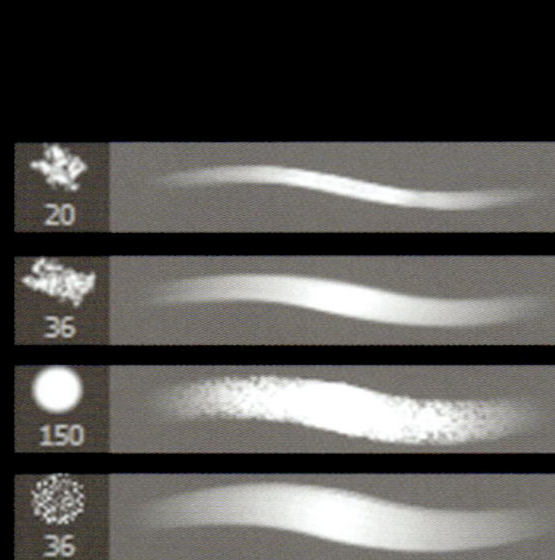

색지정을 해줍니다. 필자는 오크하면 생각나는 초록색 이미지가 싫어서 주황색 느낌으로 색지정을 해주었습니다. 그리고 눈은 푸르게 빛나는 형태가 되도록 눈동자는 처리하지 않았습니다.
오크들 중에서 단장이라는 느낌을 주고 싶어서 갑옷까지 디자인을 해 주었습니다.
색지정을 한 후 색상 균형 밸런스를 잡아 줍니다.
항상 색지정 후 포토샵의 색상균형을 이용해 자신이 선택한 색에서 좀 더 좋은 색감으로 색상균형을 맞춰가며 확인하는 것을 습관화해야 합니다.

갑옷 또한 색지정을 해준 뒤 빛을 받는 곳을 생각하며 단계적으로 빛이 넘어가게끔 양감처리에 신중하며 색을 바릅니다. 점차 바르며 양감을 살려 줍니다.

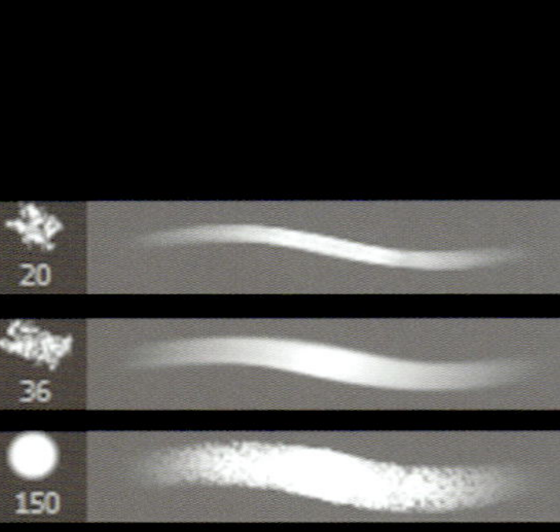

이제부터 디테일한 묘사에 들어갑니다.
오버레이나 스크린 레이어를 상단에 만들고 얼굴의 주름 때문에 생기는 밝고 어두움을 어느 정도 잡아 줍니다. 그리고 머리카락 또한 빛을 생각하며 오버레이 레이어에 색을 발라 태워주며 빛 받는 곳을 표현해 줍니다.

복대와 앞부분 천을 작업합니다. 복대에는 해골 모양의 패턴이 들어가 있으므로 빛을 받는 부분에는 느낌을 잘 살려 줍니다. 복대 밑 앞 천이 너무 심심해 천 옆 부분에 뾰족한 가시패턴을 추가시켜 주었습니다.

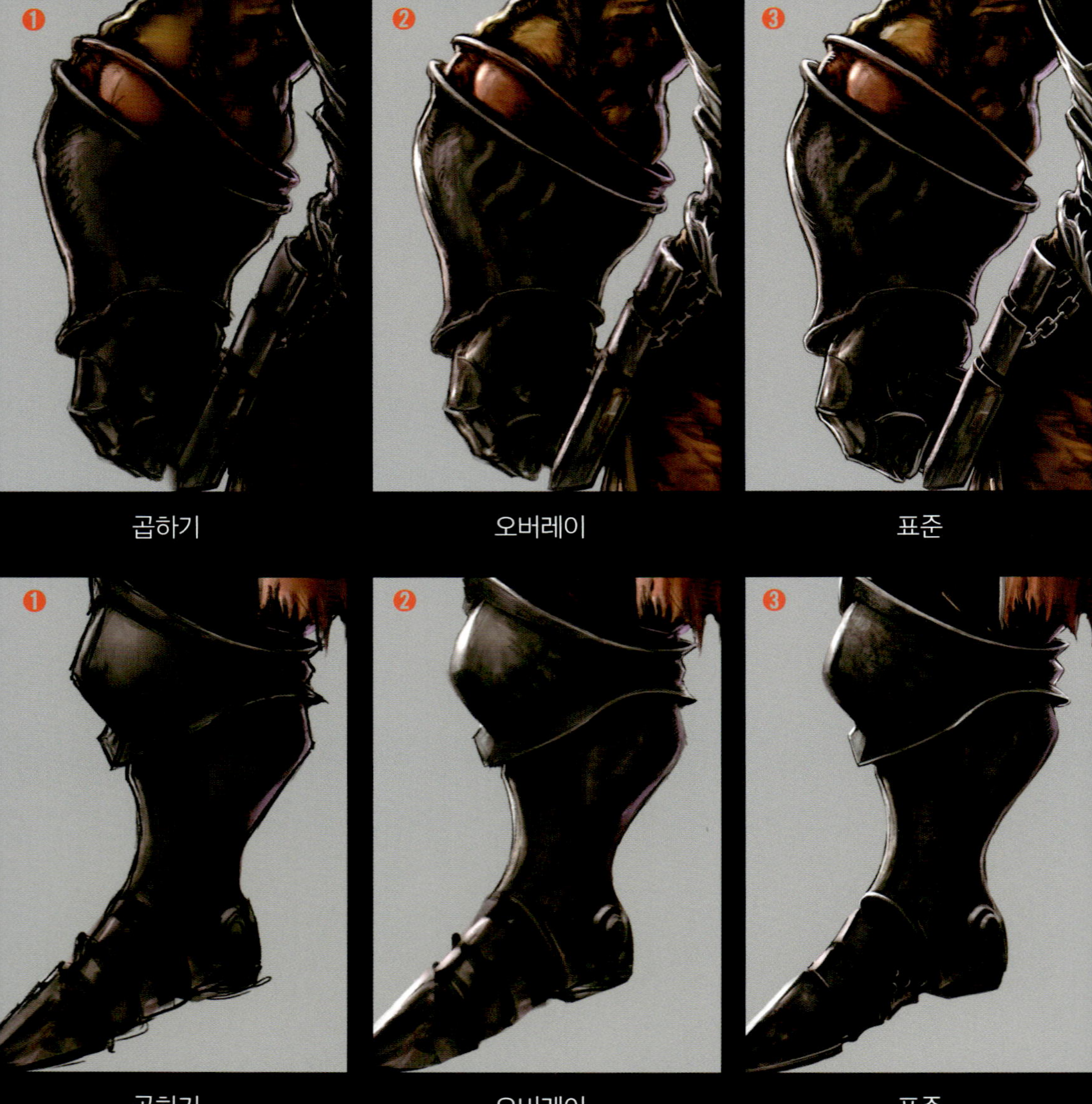

1, 2, 3번의 그림처럼 곱하기 레이어로 색지정을 한 후 그 위에 오버레이 레이어를 만들어 색을 밝게해주고 난 뒤 다시 위에 표준 레이어를 만들어 디테일을 강조합니다. 단계적으로 보면 위에 첨부한 이미지의 흐름처럼 작업을 진행했습니다.

완성된 오크 단장의 모습입니다. 게임 캐릭터 컨셉 아티스트는 게임 속에 등장하는 주캐릭터뿐만 아니라 몬스터, 크리쳐 컨셉 아트도 꼭 그릴 줄 알아야 합니다. 이런 기본 룰을 가지는 몬스터, 크리쳐(오크, 고블린, 골렘)는 필히 게임에서 많이 등장하는 만큼 많이 그려보시길 바랍니다. 그리고 자기만의 컨셉을 부분적으로 넣으시길 바랍니다. 기본 룰이 존재하는 몬스터들을 디자인할 때의 참고 사항 및 간단한 튜토리얼이었습니다. 그럼 창작보스 몬스터를 디자인해 보도록 하겠습니다.

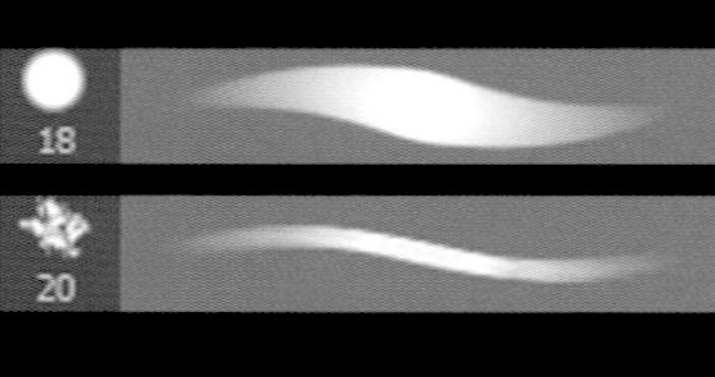

필자가 앞 페이지에 얘기했듯이 처음의 구상처럼 고릴라의 느낌으로 움직이며 물소와 괴물형 인간을 결합해 머릿속의 구상을 스케치해보았습니다. 그리고 정교하게 디테일 스케치를 다시 한 번 더 추가해 갑옷과 악세사리를 추가했습니다. 보스 몬스터는 게임 속에서 상당히 강하게 설정됩니다. 보스 몬스터를 클리어했을 때 게이머들에게 성취감과 우월감을 많이 주어야 하기 때문에 보스 몬스터는 비중 있고 이펙트 있게 디자인해야 합니다.

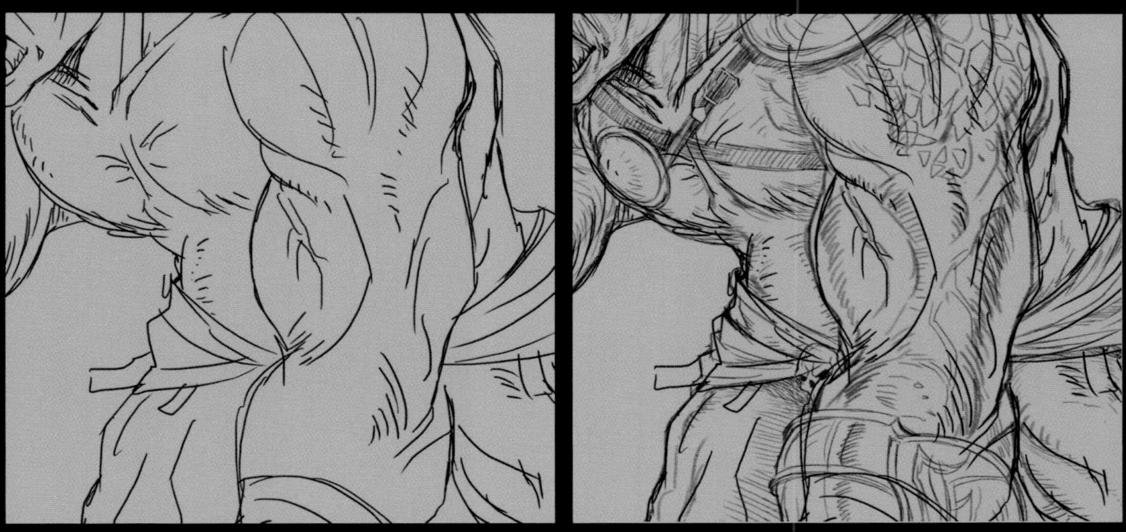

필자는 파워풀한 보스 몬스터로 정하고 움직임은 느리지만 힘은 강력한 보스 몬스터로 결정을 했습니다. 기본 형태를 고릴라 컨셉으로 두었는데 날렵하면 그것도 이상하겠죠. 고릴라의 포즈를 이용해 앞 팔을 길게 빼고 땅을 짚고 있는 모습으로 스케치를 해 나갑니다.

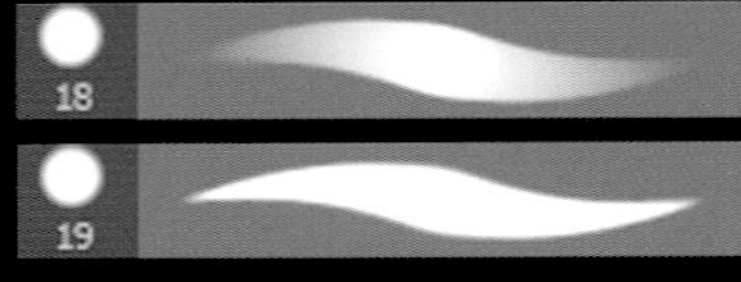

디테일한 스케치에 들어갑니다.

그런데 무언가 심심한 느낌이 들어서 화염의 느낌을 더 추가해 주자는 생각이 들었습니다. 그래서 기본 컨셉이 하나 더 늘어나게 되었습니다. 고릴라, 물소, 인간형, 그리고 화염 바로 '불'입니다. 왠지 주변에 붉은 불빛이 돌면 더 이펙트가 있을 것 같아 화염의 느낌을 뿔과 어깨에 추가해 자칫 밋밋해질 수 있는 뿔과 어깨를 더 강조하기로 결정했습니다.

이렇게 그림을 그리다 보면 더 좋은 아이디어가 필자처럼 떠오를 때가 있습니다. 그러면 과감하게 더 추가해 좀 더 좋은 디자인을 찾아갈 수 있습니다.

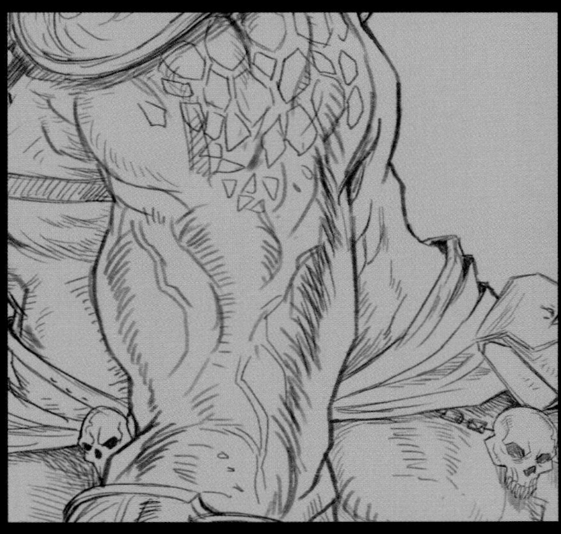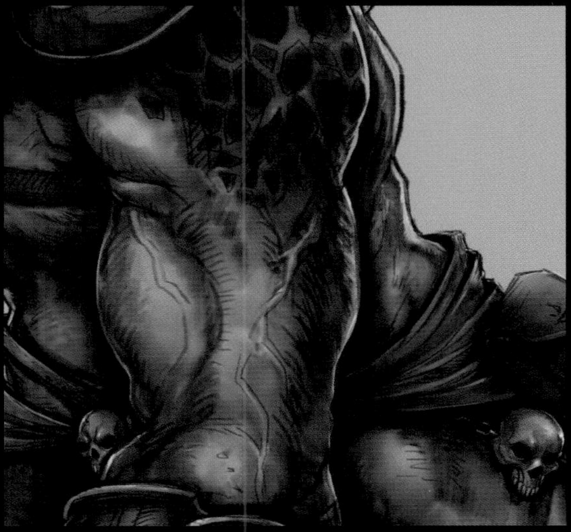

어깨 부분이 심심해 점박이를 넣었으며 그 점박이 사이로 화염이 나온다는 컨셉을 추가했습니다. 허벅지 부분에는 해골과 사슬을 추가해 스케치했습니다.

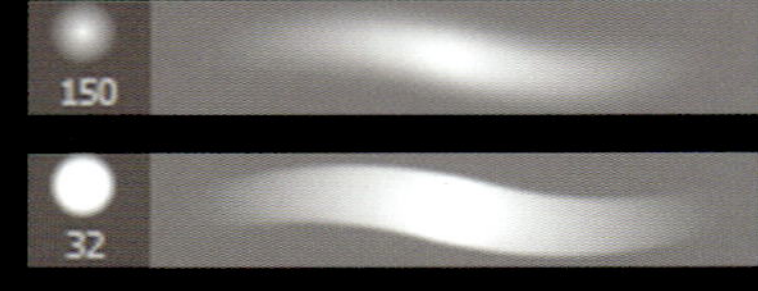

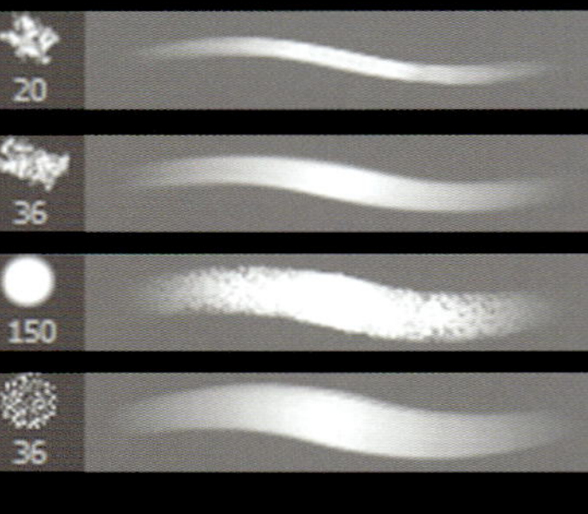

색지정에 들어갑니다. 기본 색의 느낌은 물소의 색감으로 잡아 주었지만 어깨부에서 화염이 돌기 때문에 살짝 붉은 느낌을 더 중첩시켜 색을 발라 주었습니다.
머리카락과 뿔의 외곽 형태도 붉은색을 넣어 더욱 화염 공격을 할 것 같은 보스 몬스터로 만들어 나갑니다. 어깨부와 얼굴이 가깝기 때문에 얼굴의 역광 또한 붉은색으로 외곽을 처리해 주어야 합니다. 빛을 잘 활용한 그림만이 색감이 좋다는 말을 들을 수 있기 때문입니다.

36번 브러시로 보스 몬스터의 피부를 표현해 주었습니다.
피부의 외곽에는 붉은 화염의 컨셉에 잘 녹아 있도록 붉게 처리합니다.

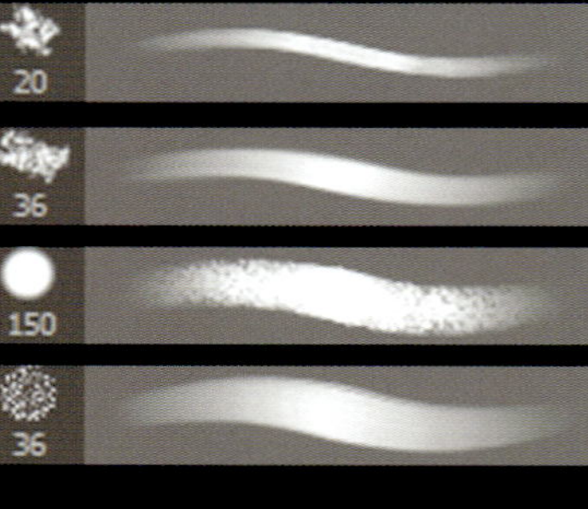

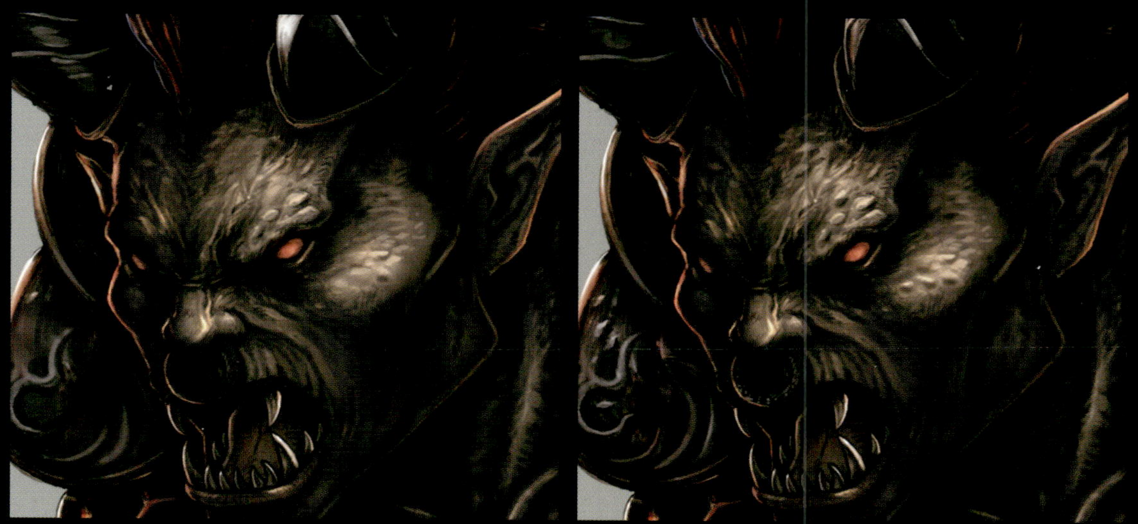

얼굴 디테일 묘사에 들어 갑니다.
피부 표면의 거친 느낌과 주름을 잡아 나갑니다. 그리고 콧구멍에는 링을 달아주어 소의 느낌을 어느 정도
잡아 주었습니다. 입 주변의 이빨과 혀 또한 붉은색의 화염의 색감을 같이 잡아 주었습니다. 32번 브러시
를 이용해 머리카락 디테일 묘사를 올려 줍니다.

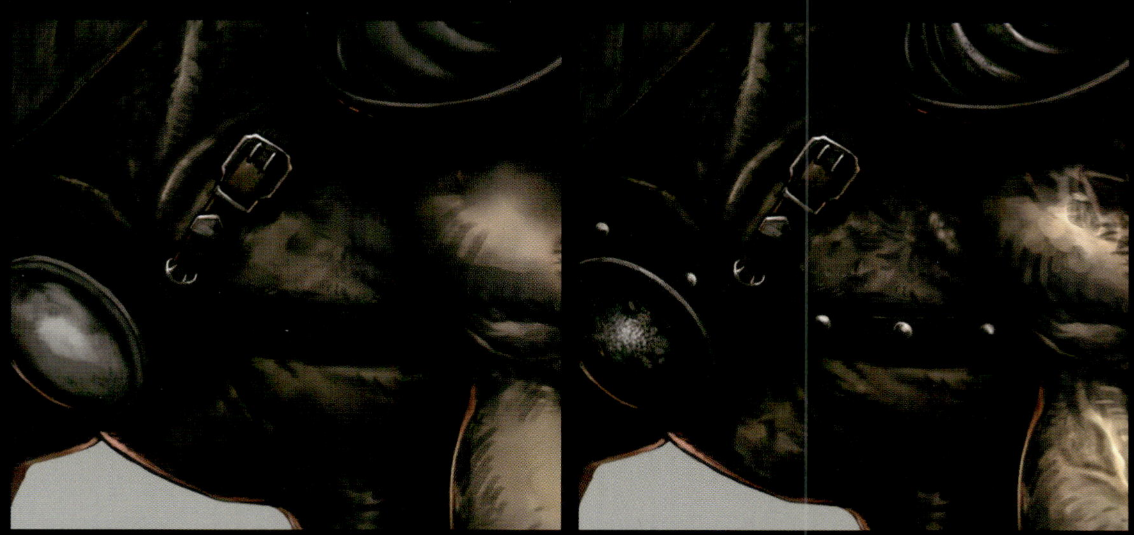

가슴 보호구도 쇠 질감의 보호구이기 때문에 주변의 붉은색을 역광 처리시켜주며 묘사했습니다. 그림은
빛을 잘 이용한 그림만이 색감이 좋다는 말을 들을 수 있습니다.

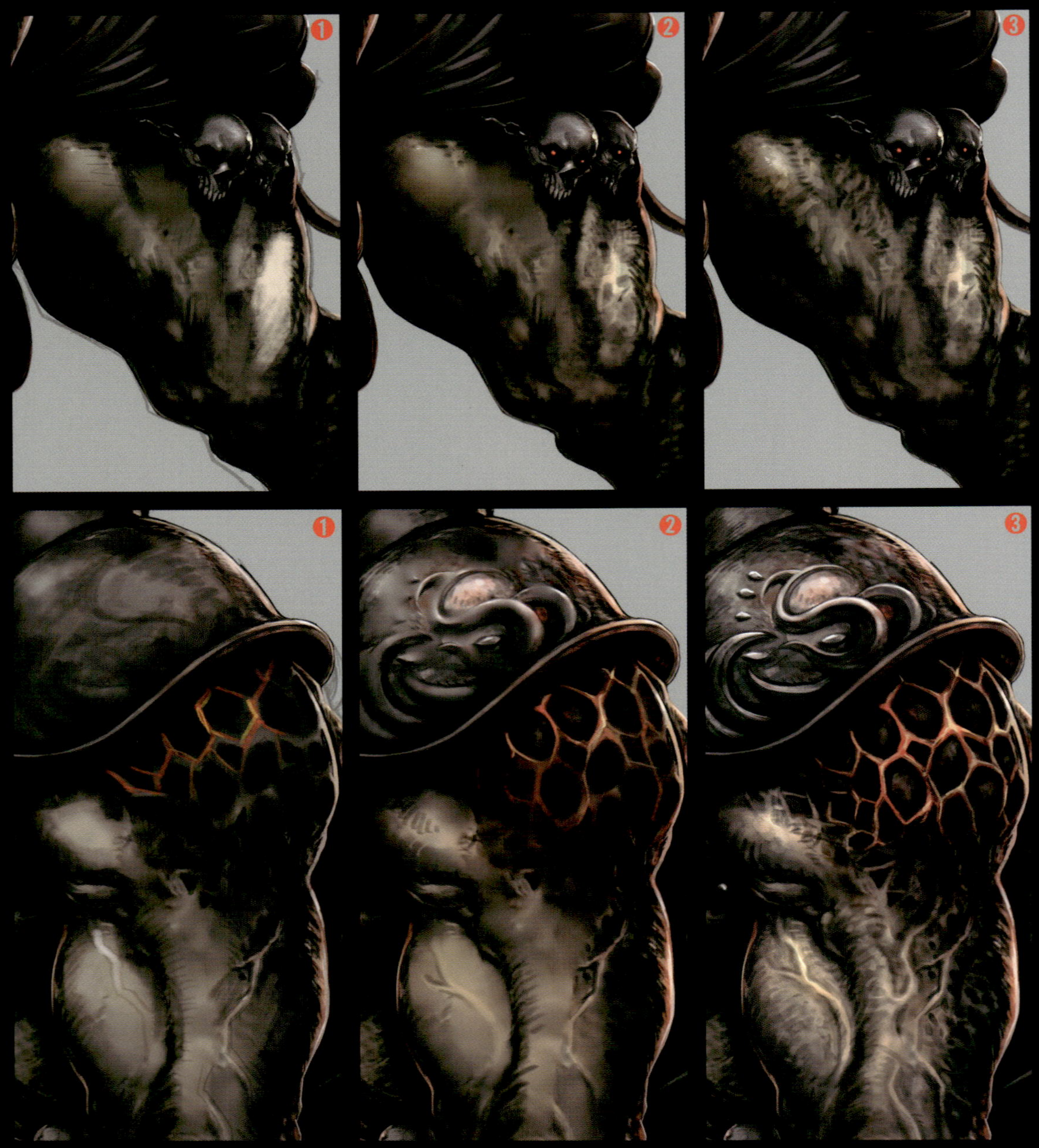

그림의 과정을 단계적으로 보면 빛을 받는 쪽을 표현할 때 우선 과감하게 터치를 먼저 넣어준 뒤 맞춰주며 색을 발라주는 것이 좋습니다. 우선은 확실하게 빛을 받는 부분을 지정해 주고 거기에 맞게 주변 색을 섞어준다는 개념으로 접근했습니다.

어깨 부분의 화염은 점박이의 틈 사이에서 번쩍인다는 설정을 주었기에 점박이 사이의 틈에 붉은색을 지정하고 바르며 밝은쪽으로 갈수록 주황색과 노란색의 느낌을 넣어 그려 줍니다.

자, 이것으로 보스 몬스터와 오크 몬스터, 크리쳐 작업을 완료했습니다.

보스 몬스터의 디테일 묘사까지 마치고 완성한 모습입니다.
3가지 이상의 동물 느낌이 한 곳에 모여 새로운 보스 몬스터를 탄생시켰습니다. 물소의 꼬리에 화염 느낌을 넣으니 꼭 사자 꼬리 같이 되었군요. 하여튼 몬스터, 크리쳐 결과물과 기존의 버서커 남 캐릭터를 나열해 다음 장에서 볼 수 있듯이 키(크기)시트 작업 원화를 쉽게 만들 수 있습니다.

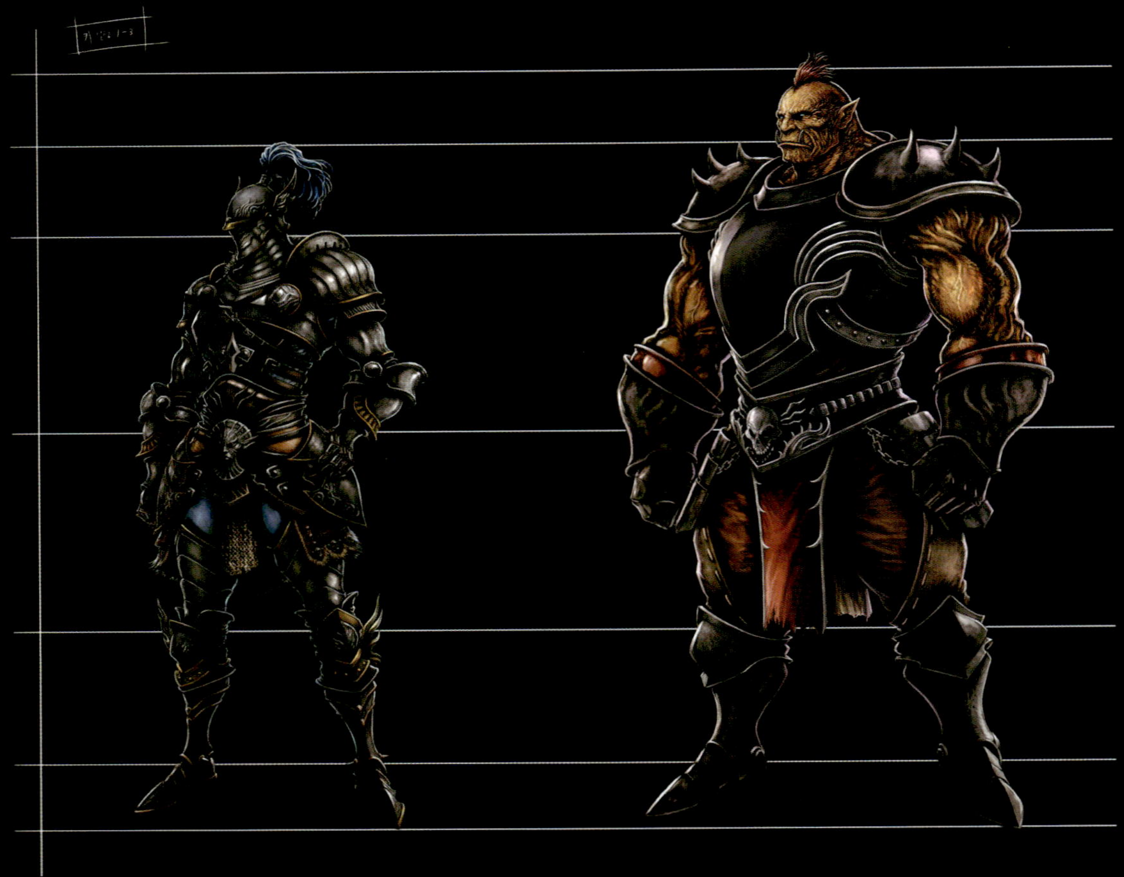

몬스터, 크리처 키(크기)시트 작업 원화

뒷배경에 선을 그어주어 캐릭터의 크기를 비교하며 알려주는 역할을 하게 합니다. 3D 모델러들은 컨셉 아티스트가 제시하는 키(크기)시트 작업 원화를 보며 캐릭터의 크기를 조절합니다.

BERSERKER Character Concept Art
ARCHIMAGE Character Concept Art
Setting Height Creature Concept Art

PART 7

실전 프로젝트
게임 컨셉 아트

▷ 창작 게임 캐릭터 프로젝트

게임들이 발전해 오면서 pc, 콘솔, 모바일 등 많은 플랫폼으로 게임들이 개발되며 여러 장르의 게임들이 출시되고 있습니다.
그 중 게임 안에서 원화를 움직이게 해 게임 화면 속에 넣는 추세로 발전해 오면서 게임 컨셉 아트의 디테일을 중시하는 경향으로 창작 캐릭터들은 발전되고 있습니다.

앞전의 모작으로 시작해 3D 모델러에게 넘겨주는 캐릭터 시트 작업 원화와 몬스터, 크리쳐 그리고 아이템 작업까지 해보았다면 이젠 자신의 생각을 담은 자신만의 게임 캐릭터 일러스트들을 만든다고 생각하며 게임 속에 등장할 자신만의 가상의 게임 세계관을 구상하고 그 게임 속에 등장할 캐릭터를 창작해 보겠습니다.

▷ 타이틀 로고 만들기

우선 필자는 앞서 설명했듯이 코맨더(지휘관, 사령관)들이 나와서 서로 지형을 차지하는 캐릭터 액션 RPG 게임으로 세계관을 구축한 후 캐릭터와 배경 컨셉을 기획했습니다.

이 책을 구입해주신 여러분들도 자신만의 캐릭터, 배경 기획을 가지고 캐릭터들을 창조해 보시길 바랍니다.

'모든 콘텐츠는 캐릭터로 시작해서 캐릭터로 끝난다.'

란 말이 있을 정도로 캐릭터는 모든 콘텐츠(영화, 만화, 드라마, 애니메이션) 등에서 없어서는 안 될 아주 중요한 위치에 있으며 모든 콘텐츠에 등장하는 캐릭터들에 매력이 느껴지지 못한다면 그 콘텐츠를 감상하는 유저들은 감정이입을 할 수 없게 됩니다. 그러므로 여러분들은 필자보다 더 멋지고 개성 있는 캐릭터들을 창작해 보시길 바랍니다.

그럼 그림을 그리기 앞서 생각하며 기획한 캐릭터 액션 RPG게임의 타이틀을 만들어 보겠습니다. 필자는 '코맨더 오브 스워드'로 타이틀 제목을 정했습니다.

그럼 타이틀 로고부터 만들고 창작 캐릭터들을 만들어 보도록 하겠습니다.

여러분들도 자신만의 게임타이틀을 꼭 만들어 보세요.

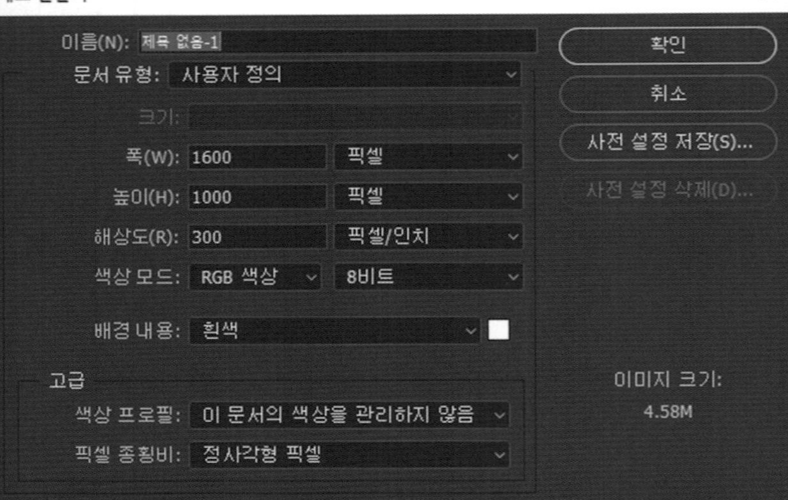

파일 새로 만들기를 클릭해 위와 같이 캔버스를 만듭니다. 해상도는 항상 300입니다. 출력할 일들이 생길 수가 있으니 항상 해상도는 300으로 설정하시길 바랍니다. 폭과 높이만 입력하고 해상도는 그냥 포토샵 기본셋팅인 72로 하시는 분들이 많은데 항상 해상도는 300을 습관화하십시요.

배경 내용은 흰색보다는 앞서 설명했듯이 약간 밝은 회색으로 맞춰주세요. 여러분들의 눈은 소중하니까요. 캔버스의 사이즈 결정을 했다면 확인 버튼을 눌러 캔버스를 생성합니다. 언제나 그렇듯 기본 배경 레이어 위에 새 레이어를 만들어 배경 레이어가 아닌 새 레이어, 그러니까 투명한 레이어에서만 작업을 시작합니다.

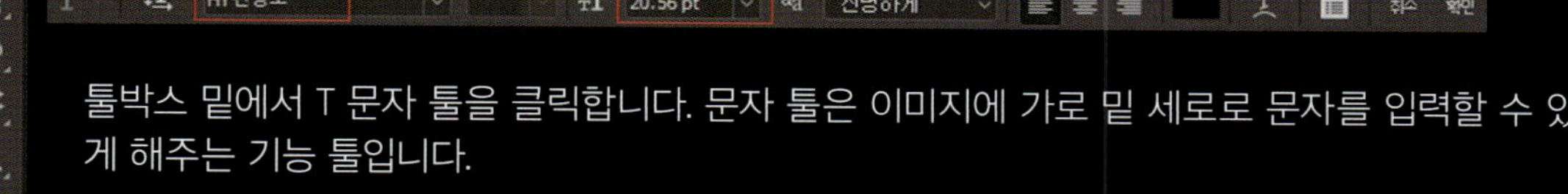

툴박스 밑에서 T 문자 툴을 클릭합니다. 문자 툴은 이미지에 가로 밑 세로로 문자를 입력할 수 있게 해주는 기능 툴입니다.

문자 툴을 선택하면 상단의 포토샵 메뉴바가 바뀌게 됩니다.
자신이 어떤 폰트로 글을 쓸지 폰트 사이즈는 어떻게 정할 것인지 폰트의 색깔은 어떻게 할 것인지를 조정할 수 있습니다. 필자는 각 단어의 앞 알파벳만을 이용해 '코스(COS)'라는 게임 제목을 탄생 시켰습니다.

'코맨더 오브 스워드(COMMANDER OF SWORDS)'의 본 제목 또한 밑에 써 주었습니다.

'HY 견명조' 폰트로 COS는 105.75pt 사이즈로 써주었고 본제목 또한 'HY 견명조' 폰트로 20.56pt 선명하게 효과를 이용해 써 주었습니다.

팔레트 레이어를 보면 각각 문자 툴을 이용한 T 레이어가 2개 생성된 것을 확인할 수 있을 것입니다.

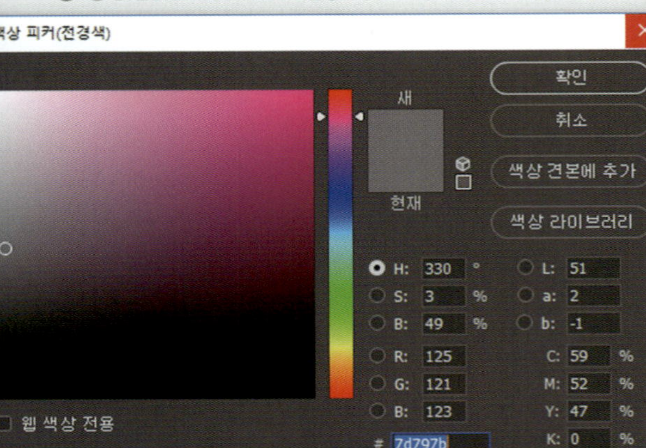

옆 이미지와 같이 마우스로 긁어서 전체 폰트를 지정한 후 색을 변경해 주었습니다. 회색 계통으로 변경해 fx 효과(레이어 스타일)를 주어 보겠습니다.

검은 폰트를 밑에 이미지와 같이 색을 변경한 후 변경한 T 레이어를 타블렛 펜으로 빠르게 두 번 클릭해 fx 창을 띄웁니다. fx 창은 레이어 스타일 창입니다. 하지만 필자는 fx 창으로 칭하겠습니다. 폰트의 경사나 윤곽선 내부 그림자나 색상 오버레이 및 외부 광선, 드롭 섀도를 할 수 있게 해 줍니다.

자신이 그린 그림 레이어에 스타일을 줄 수도 있는 fx 효과는 포토샵의 강력한 기능 중 하나입니다.

내부나 외부 그림자 갑옷을 그릴 때 효과나 배경 오브젝트의 거친 면에 효과를 줄때 많이 쓰는 기능입니다. fx 창을 자신의 것으로 만들어 보세요. 이리저리 만져보면 좋은 효과를 힘들지 않게 구할 수 있습니다.

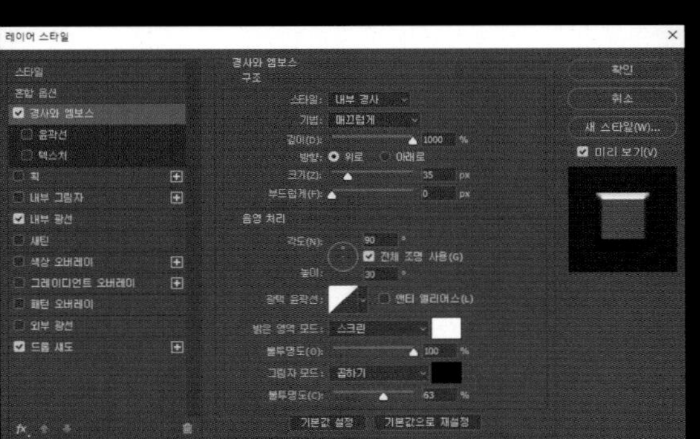

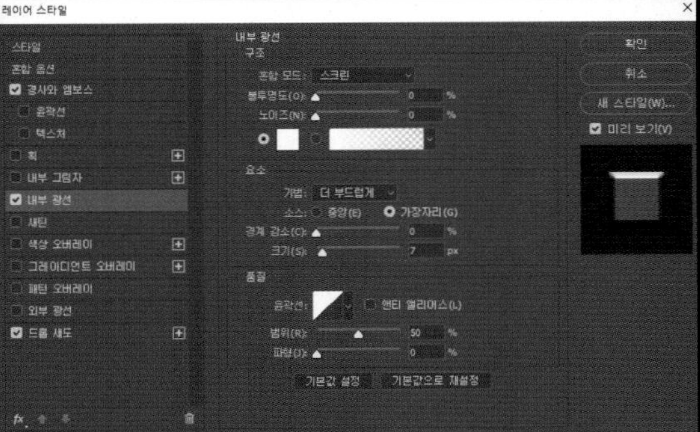

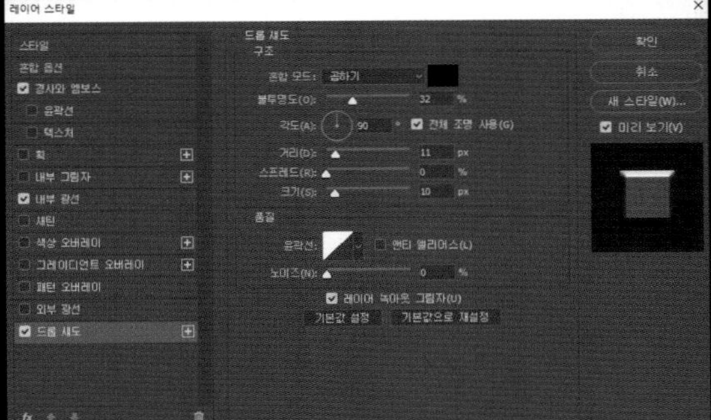

필자는 옆 이미지와 같이 fx 효과를 주었습니다. 경사와 엠보스, 내부 광선, 드롭 섀도를 옆 이미지의 수치처럼 만져 주었습니다.
여러분들도 이리저리 만져보며 최상의 fx 효과를 느껴보시길 바랍니다.

효과를 결정하고 확인을 눌러서 팔레트 레이어를 확인하면 T 레이어 옆에 fx라고 찍히게 되며 자신이 적용한 fx 효과가 표시됩니다. 눈 모양을 끄면 사라지고 눈 모양을 켜면 다시 나타나는 형식으로 처리됩니다. 일단 여기까지 하셨다면 타이틀 만들기의 반은 완성한 것입니다.

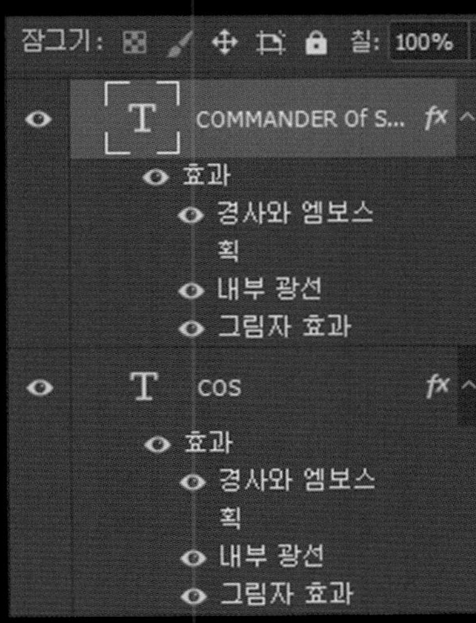

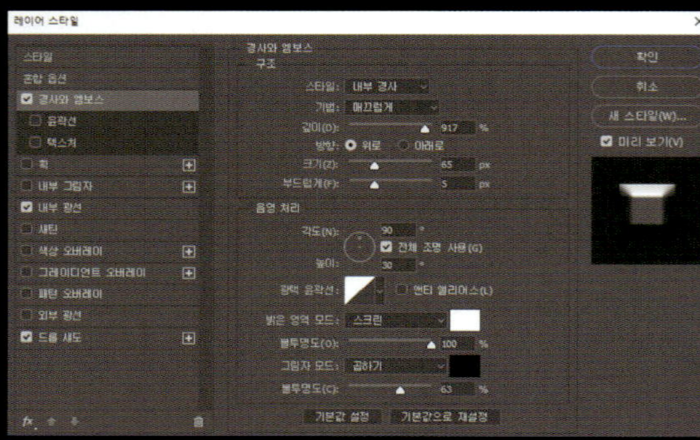

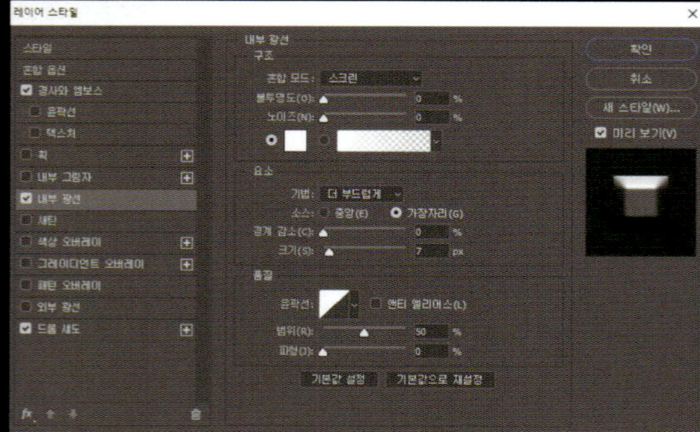

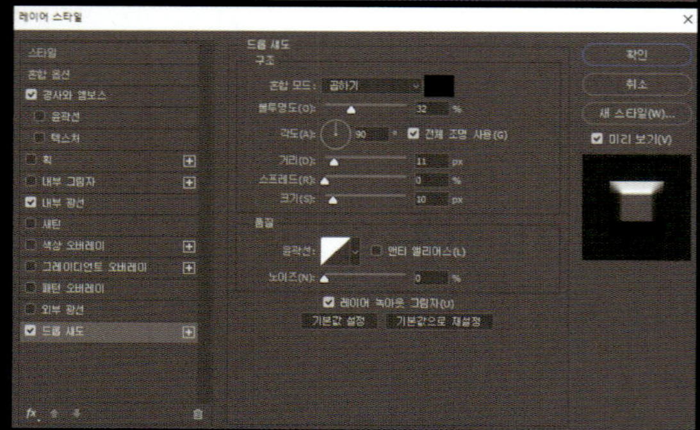

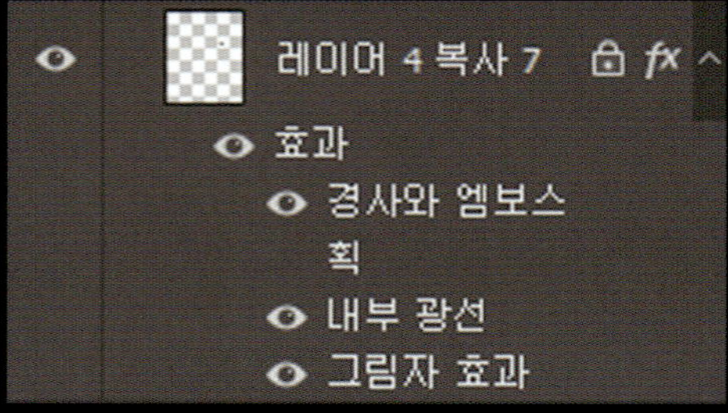

캐릭터 시트작업 원화 아이템 작업을 할 때처럼 쉐입만으로 면치기 기법을 이용해 칼의 절반만을 그려 줍니다. 그리고 레이어를 복사한 후 이미지 반전 기능을 이용해 두 이미지 레이어를 Ctrl 키를 누른 상태로 타블렛 펜이나 마우스로 지정한 후 Ctrl+E 명령을 이용해 하나로 합쳐 하나의 레이어로 만들어 줍니다.

하나의 레이어가 되면 팔레트 레이어에서 하나로 합쳐진 레이어를 타블렛 펜으로 빠르게 두 번 클릭합니다. 그러면 fx 효과를 넣을 수 있는 창이 나타납니다. 이리저리 만져보며 더 좋은 효과를 찾아가 봅니다.

필자는 옆 이미지처럼 체크했습니다.
경사와 엠보스, 내부 광선, 드롭 섀도를 만져 주었습니다. 정확한 수치는 옆 이미지와 같습니다.

COS
COMMANDER Of SWORDS

COS 레이어를 가장 상단에 놓고 COMMANDER OF SWORDS 레이어를 밑에 두고 난 뒤 칼 레이어를 배경 위 하단에 놓습니다. COS 폰트 레이어를 일반 레이어로 변경한 후 위 이미지에 보이는 쪽에 지우개 툴을 이용해 깔끔하게 칼날이 들어갈 부분을 지워 주었습니다. 그리고 아래 이미지처럼 레이어를 정리합니다. 마지막으로 레이어 하나를 추가해 브러시 설정을 닷지로 한 후 Shift 키를 누른 상태에서 한두 번 그어 주어 가운데 부분을 태워 줍니다. 와우! 완성입니다. 필자가 기획한 액션 RPG 코스(COS) 게임 타이틀이 만들어졌습니다. 그럼 바로 코맨더 캐릭터들을 만들어 보도록 하겠습니다.

> ## ▷ COS 프로젝트
> ## 게임 캐릭터
> ## 일러스트 만들기

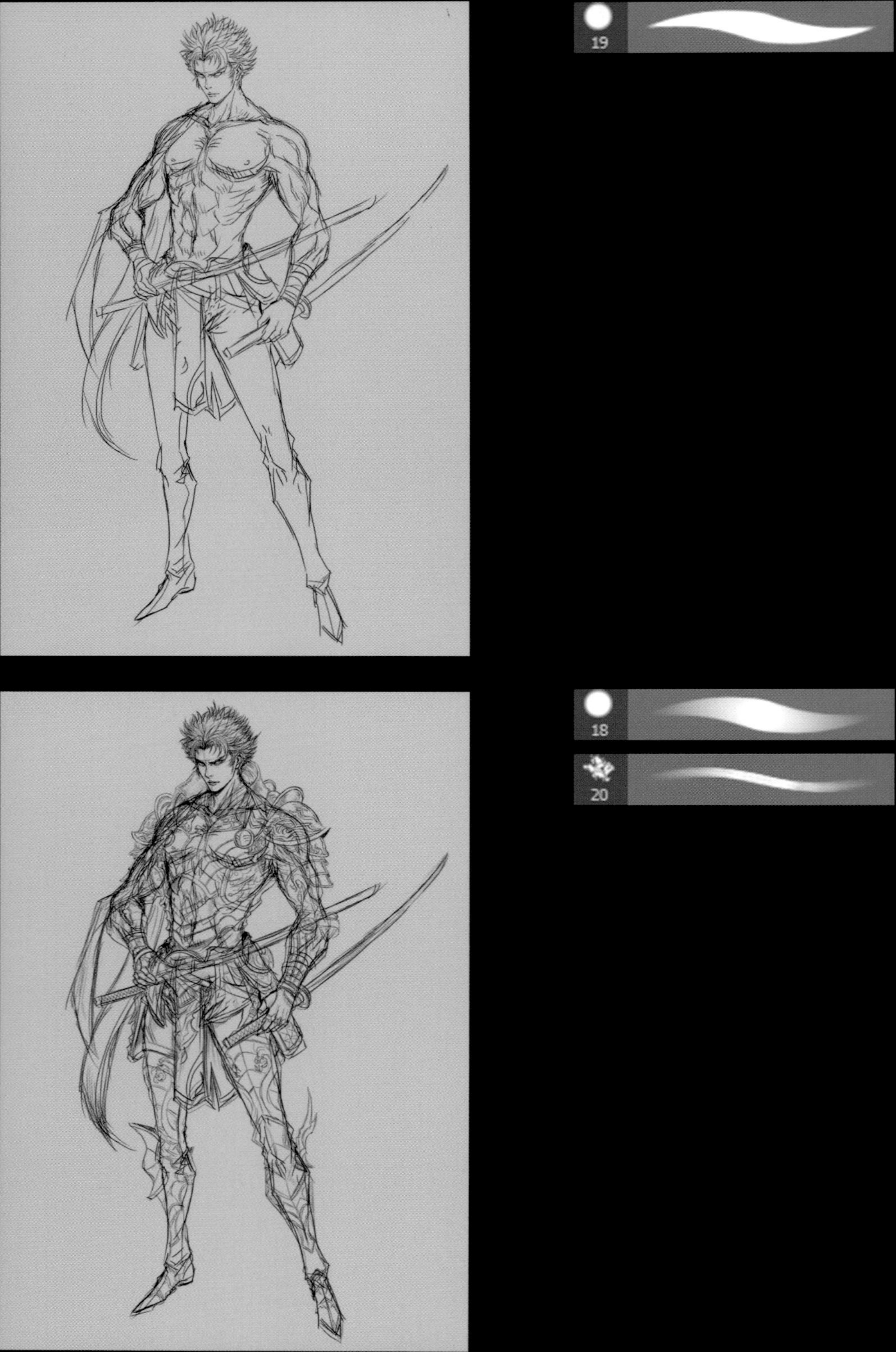

세계관을 만들어 작업하는 것은 일종의 자기만의 프로젝트입니다. 자신이 만든 세계관을 그림으로 실현시키는 프로젝트인 것이죠. 자신이 '아트 디렉터'가 되어 게임 캐릭터들을 만들고 게임 프로젝트를 이끌어 간다고 생각해 보십시오. 무언가를 이끌어 간다. 필자는 생각만 해도 가슴 벅차 오릅니다. 그럼 프로젝트 캐릭터들을 창작해 보겠습니다. 우선 머릿속의 생각을 정리하며 스케치를 합니다. 캐릭터의 직업은 '어태커'이며 날렵한 일본도를 두 자루 가지고 다니며 이도류 발도제 기술을 사용하는 기사로 설정했습니다.

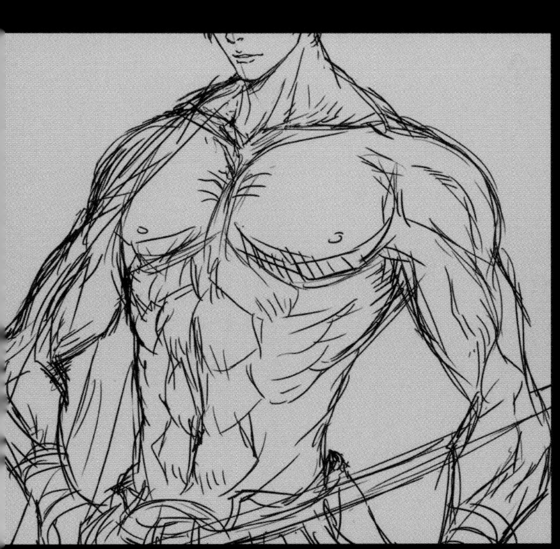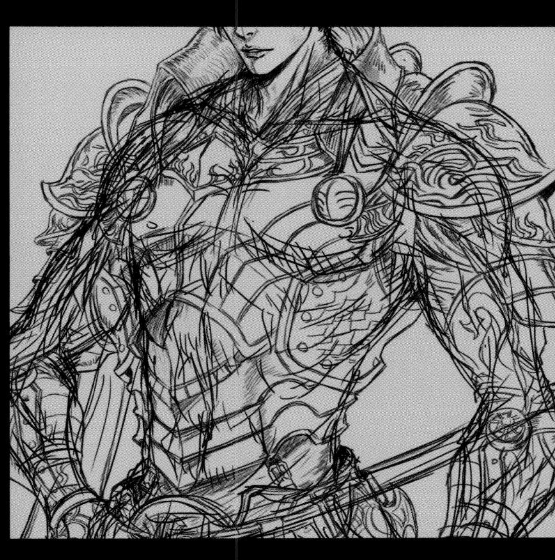

갑옷은 중세 갑옷이 기본 베이스이지만 일본 무사풍의 갑옷 느낌을 조금 넣고 싶었습니다. 복식의 느낌 100%를 기준으로 두었을 때 중세 갑옷 느낌을 80%, 무사 갑옷 느낌을 20%로 잡고 기사의 기본을 잃지 않으면서 무사 갑옷의 특징을 부분적으로 넣어주는 것을 가장 큰 포인트로 잡았습니다.

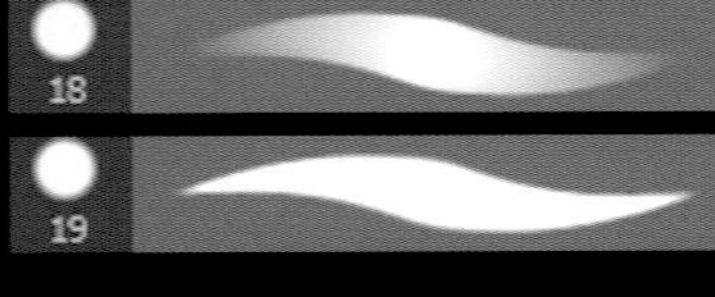

스케치가 어느 정도 깔끔하게 마무리되었다면 언제나 그렇듯 그림의 절반은 완성한 것입니다.
이젠 명암을 담아줍니다. 빛은 오른쪽 측면 위쪽에서 받는다고 생각하고 큰 빛에 대한 그림자 명암과 덩어리 양감을 잡아 나갑니다. 명암과 양감이 잘 잡히게 되면 색지정 시 편하게 색을 지정해 줄 수 있는 장점이 있습니다. 옆에 첨부한 브러시들을 사용하며 명암을 잡아 나갑니다.

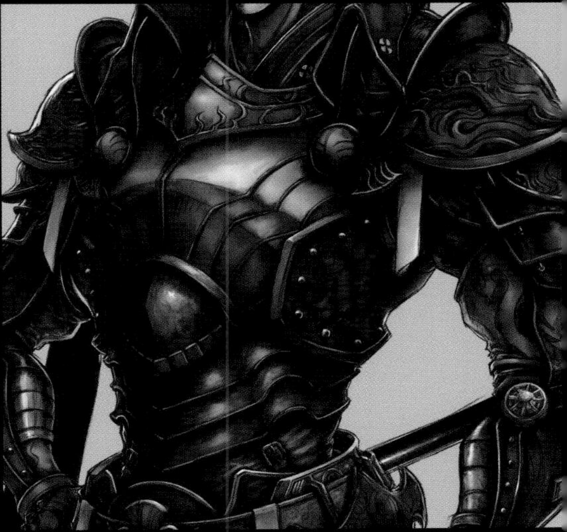

얼굴이 끝났다면 갑옷도 명암 처리를 해줍니다. 처음의 스케치 느낌을 잃지 않게끔 자신의 초반 컨셉 생각과 덩어리 양감을 같이 생각하며 표현해 줍니다.
32번 브러시로 터치한 후 150번 에어 브러시로 빛을 퍼트려 터치해 줍니다.
20번 페슬 브러시로 갑옷의 재질감을 넣어 줍니다.

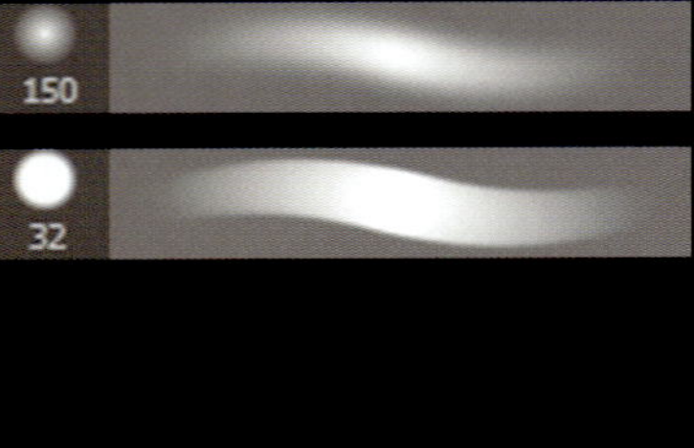

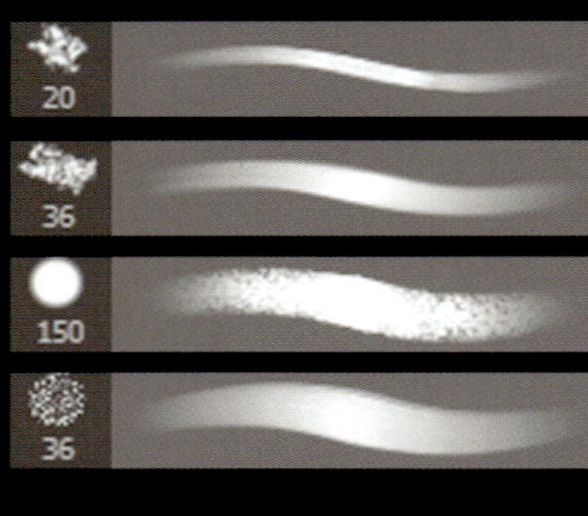

색지정을 해줍니다. 노란 계열로 머리 색감을 잡아 주었습니다. 복식 또한 너무 회색 느낌이 나지 않는 갑옷 색으로 푸른색과 연두색의 조합으로 연하게 깔아주며 발라 주었습니다. 갑옷을 채색할 때 필자는 150번 브러시와 36번 브러시로 작업을 많이 하는 편입니다. 갑옷의 텍스처 느낌을 어느 정도 브러시의 재질 느낌으로 작업이 가능하기 때문입니다. 그리고 거친 부분의 브러시 느낌은 젤 아래의 36번 브러시로 찍어주며 칠합니다. 타블렛 펜은 그어서 바르는 느낌으로 터치하는 것도 중요하지만 터치하며 치듯이 찍어주며 칠하는 것도 디지털 채색의 한 방법입니다. 디테일을 올렸다면 앞서 만들어 두었던 코스(COS) 타이틀을 아래에 위치시켜 넣어주고 완성 시킵니다.

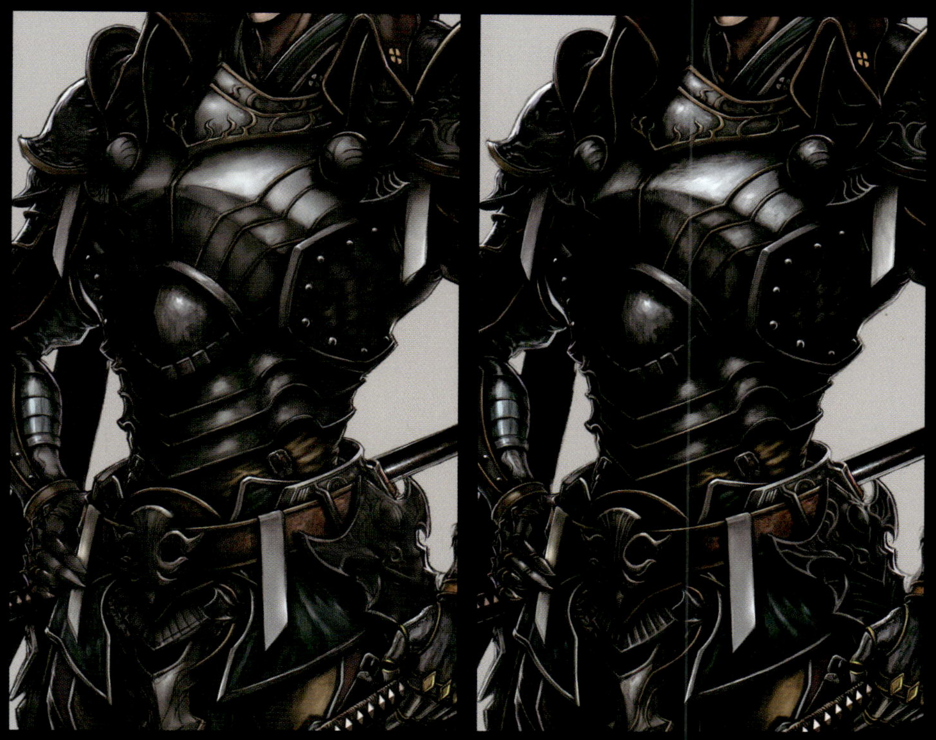

어태커 Attacker

COS
COMMANDER OF SWORDS

두 번째 프로젝트 캐릭터 직업으로 랜서를 만들어 보겠습니다.
긴 창을 다루며 키가 큰 여성으로, 뿔이 상징인 여전사 캐릭터로 정했습니다.

기본 19번 브러시로 형태를 잡아준 뒤 20번 펜슬 브러시로 정교한 스케치에 들어 갑니다. 기본 스케치에서
디테일 스케치로 표현하며 자신이 구상한 프로젝트 캐릭터를 구체화시켜 나갑니다.

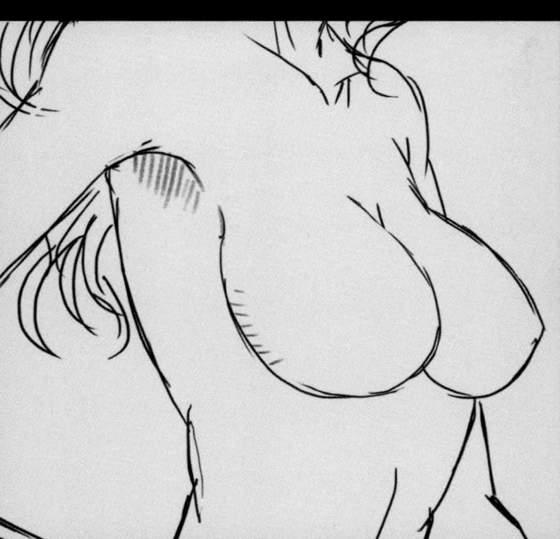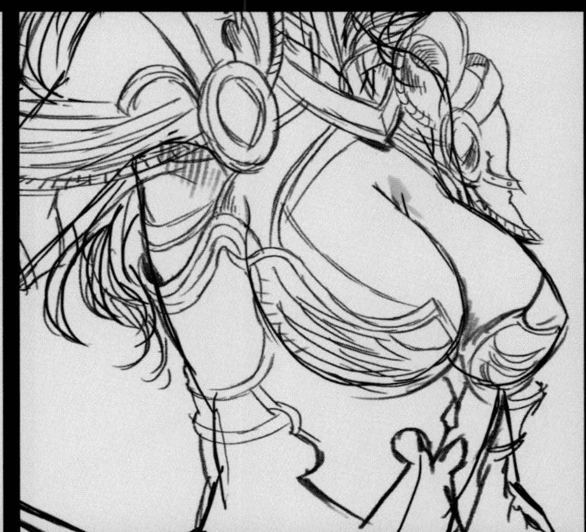

어떻게 보면 초반 형태 잡는 작업이 그림 그리는 사람으로서 가장 재미있는 시간이 아닐까 생각해 봅니다.
자신의 생각이 무에서 유로 실현되는 시작점이니까요.

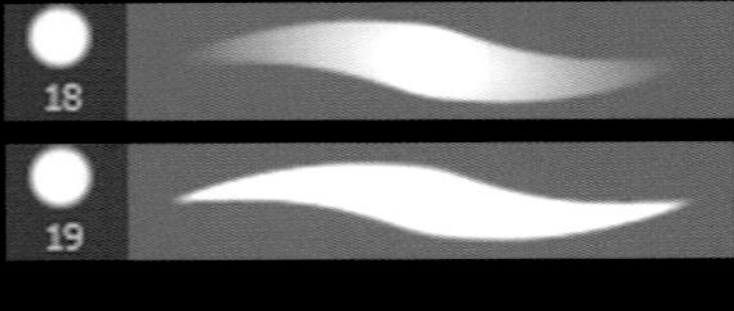

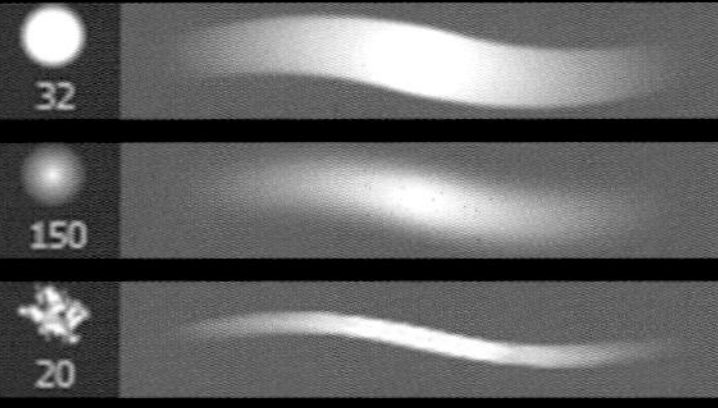

정교한 디테일 스케치까지 끝났다면 명암과 양감을 지정할 차례입니다.
옆의 브러시들을 이용해 명암과 양감을 지정합니다. 이 단계를 할 때 항상 가장 중요한 것은 빛을 어디서 받고 빛은 몇 개로 둘 것이며 역광은 어떤 물체 때문에 색을 변하게 할 것인가를 생각하는 것입니다. 광학을 공부한다 생각하시고 명암과 양감을 잡아 나가시길 바랍니다.

필자는 왼쪽 측면에서 주 광원이 들어온다는 것으로 빛을 잡았습니다. 오른쪽으로 갈수록 어두워지는 명암을 선택했습니다. 위 이미지의 어깨 갑옷 스케치를 보면 알겠지만 스케치에서 정교하게 자신의 생각을 결정 짓지 않아 스케치가 엉망이군요. 이렇게 스케치 단계에서 결정을 하지 않으면 채색을 하며 다시 고민을 해야 합니다. 항상 스케치는 완벽하게 하는 것이 자신의 그림을 더욱 탄탄하게 끌고 갈 수 있는 길입니다.

색지정을 합니다. 노란색을 기본 색감 베이스로 잡았으며 머릿결은 보라색으로 잡아 주었습니다. 그리고
창을 다루는 캐릭터로 구상했기에 여장수의 느낌을 살짝 넣고 싶어 짙은 초록의 느낌으로 포인트 색감을
정했습니다. 정공식 방식으로 다시 디테일하게 색감을 올려 줍니다.
장신구는 되도록 크게 포인트를 주지 않았습니다. 가슴 쪽으로 시선이 몰리게끔 가슴 쪽에 양감 처리를 신
경 써 주었습니다. 전체적으로 디테일을 올려주며 그림을 마무리합니다.

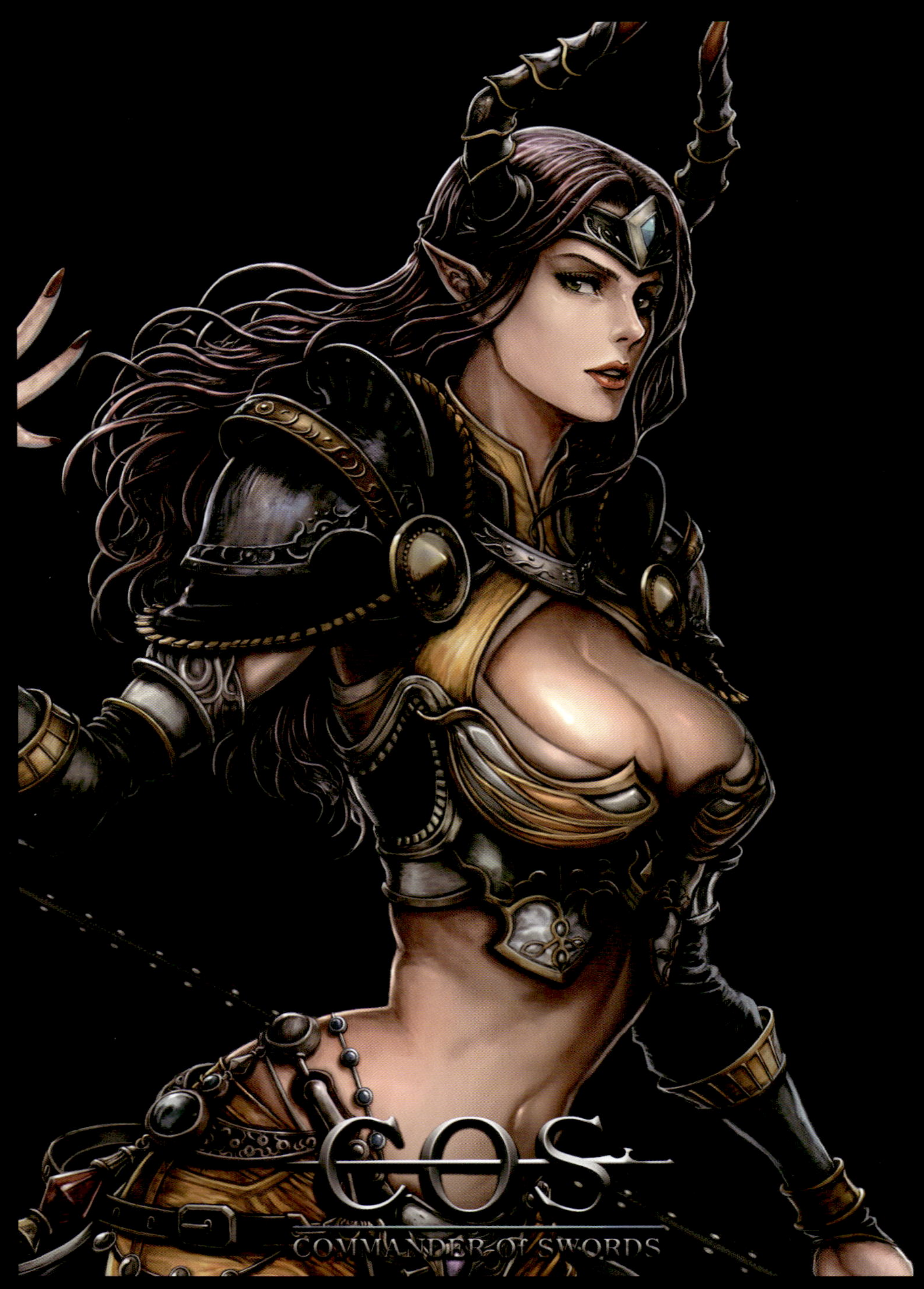

랜서 Lancer

COS
COMMANDER OF SWORDS

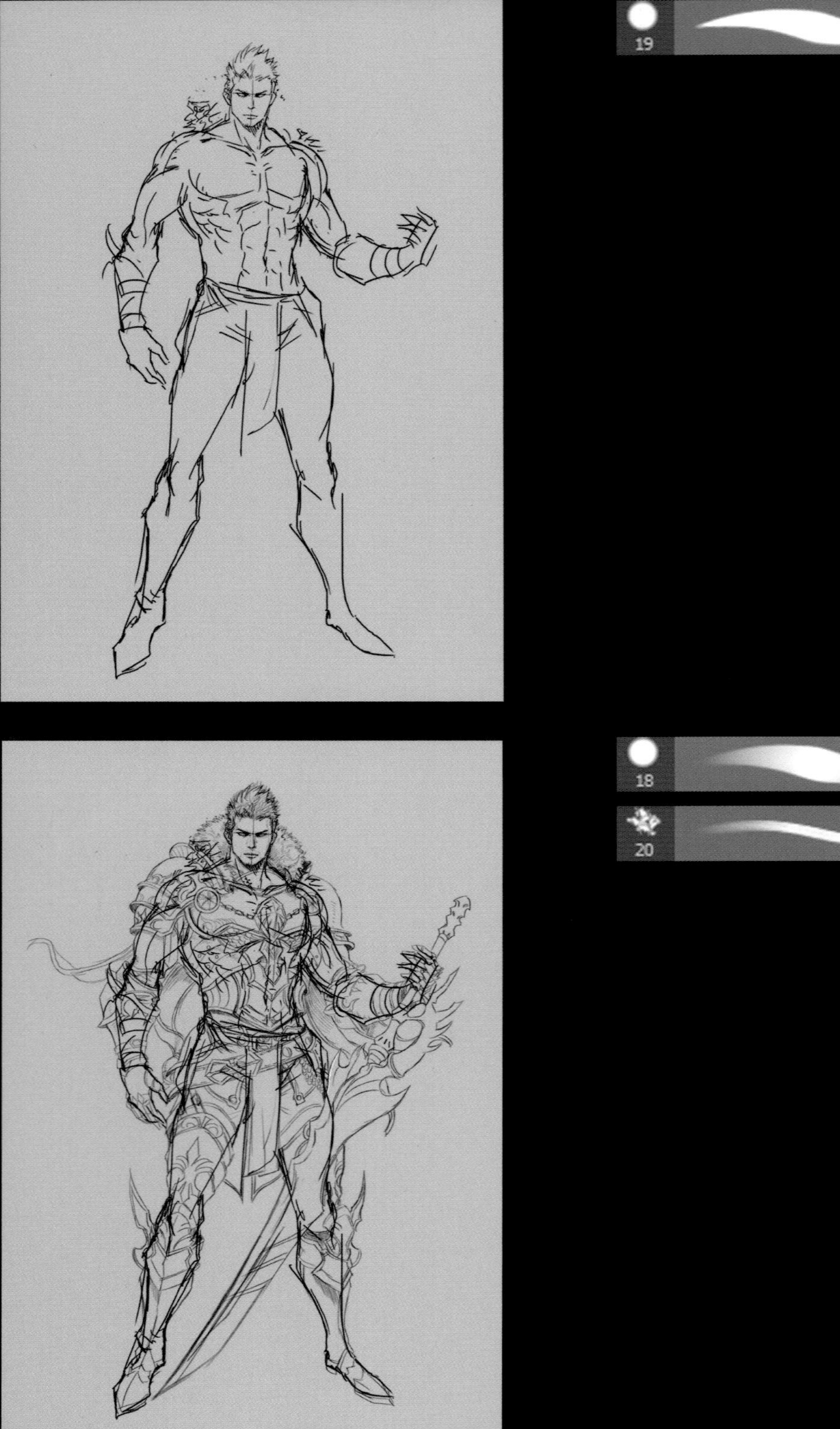

19
18
20

필자가 생각한 프로젝트의 주인공급 캐릭터 워리어를 작업해 보도록 하겠습니다. 전형적인 주인공 스타일로 작업했습니다. 강인한 전사의 느낌을 주었고 대검을 사용하는 누가 봐도 주인공이다, 싶은 캐릭터로 구상했습니다. 필자의 머릿속에 확실하게 자리잡고 있는 컨셉의 캐릭터라 기본 형태를 상당히 빨리 잡았던 기억이 나는군요. 그만큼 많은 생각을 한 캐릭터일수록 형태와 스케치 단계는 빠르게 결과물을 그려낼 수 있습니다. 여러분들도 자신만의 캐릭터 주인공은 한두 명쯤 항상 생각해 두시길 바랍니다.

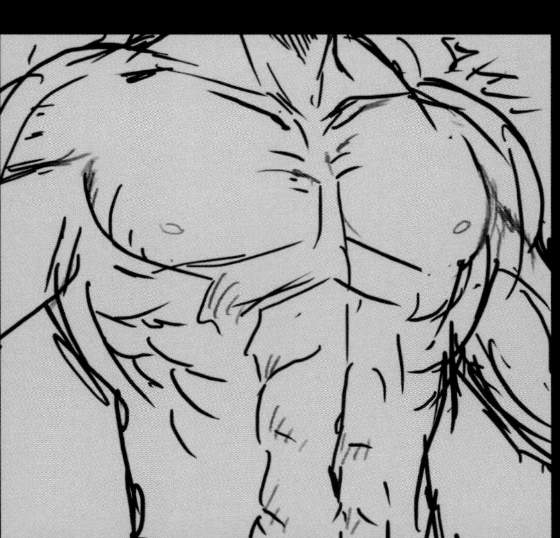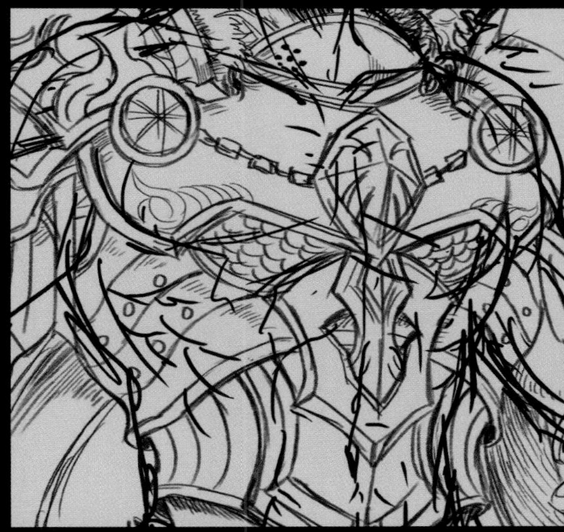

기본 브러시로 거침없이 형태를 잡은 뒤 20번 펜슬 브러시로 디테일 스케치에 들어갑니다. 전형적인 중세 갑옷 느낌으로 전투 경험이 많은 전사의 느낌을 잃지 않게끔 신경쓰며 복식 디자인을 해 줍니다.

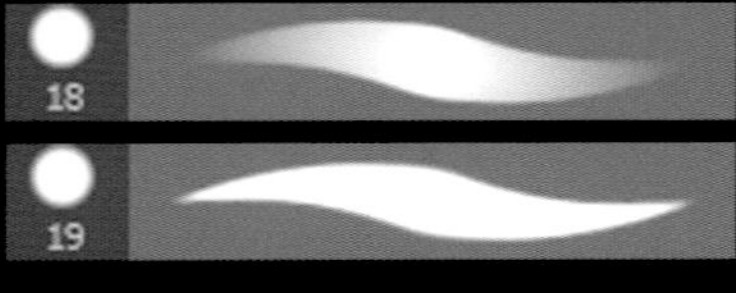

얼굴 뒤에는 털을 넣어주어 추운 지역을 지키는 느낌으로 복식을 디자인했습니다. 디테일 스케치가 끝나면 언제나 그렇듯 명암과 양감을 빛 설정에 맞게 잡아 줍니다. 왼쪽 측면에서 주 광원이 들어 온다는 느낌으로 설정을 해 주었습니다. 머리 스타일과 수염에 신경을 쓰며 디테일 스케치에 명암을 넣어 줍니다. 수염은 자칫 잘못 그리면 상당히 어색해 질 수 있습니다. 입과 턱의 비율을 생각하며 터치해 줍니다.

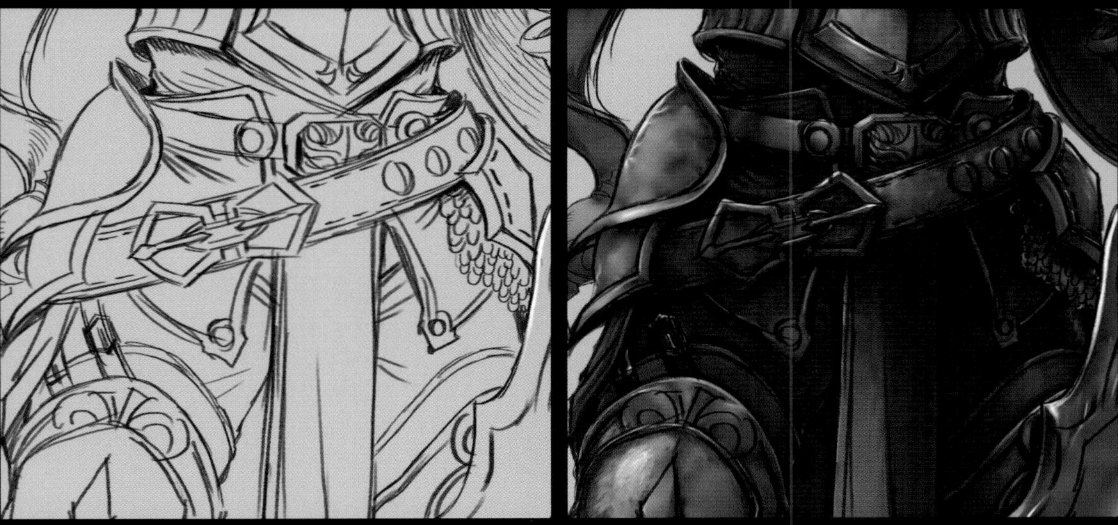

허리부에는 큰 벨트를 착용하고 있는 컨셉으로 벨트에는 훈장 배지가 붙어 있다는 설정을 넣어 주었습니다. 그리고 오른쪽 골반 쪽에 사슬 갑옷을 넣어주어 중세의 사슬 갑옷 느낌을 어느 정도 표현해 주었습니다.

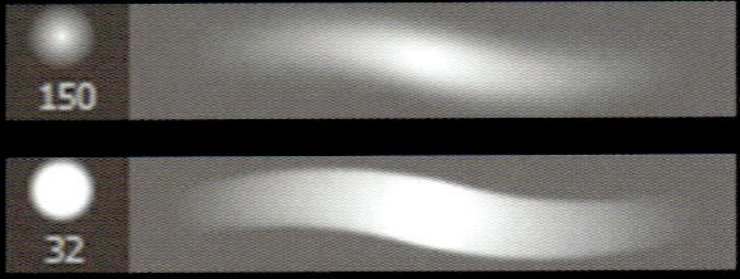

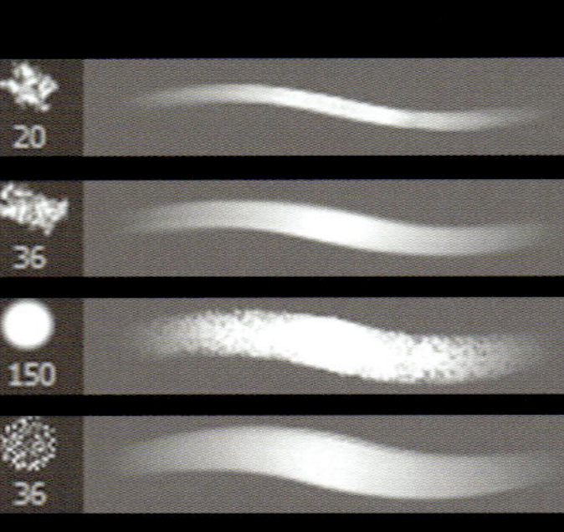

디테일 스케치가 끝났다면 이제 색지정을 합니다. 그리고 다시 전공식 채색 방식으로 터치하며 색감을 올려 줍니다. 미처 묘사하지 못했던 눈 코 입을 다시 그려주며 디테일을 올립니다.

워리어의 경우 상체 몸통 갑옷을 가장 큰 포인트로 지정해 주었기 때문에 상체에 시선이 가도록 포인트를 몸통 갑옷으로 설정해 디테일을 올려가며 그림을 마무리합니다.

워리어 Warrior

COS
COMMANDER OF SWORDS

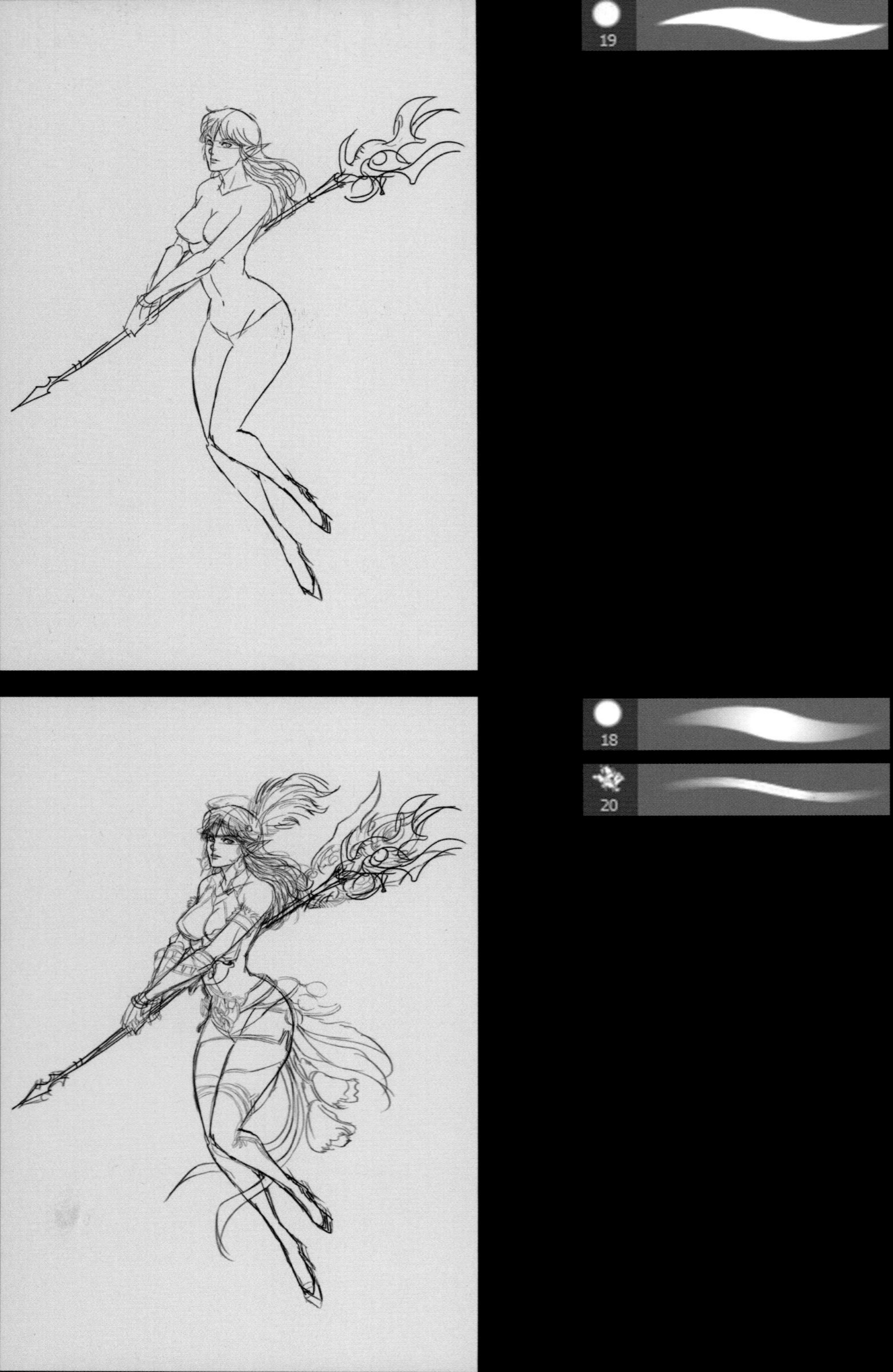

19
18
20

위치 여 캐릭터를 그려보도록 하겠습니다.
마법과 근접공격이 가능한 위치란 직업을 가진 여 캐릭터 컨셉으로 커다란 마법지팡이를 주무기로 설정했습니다.

 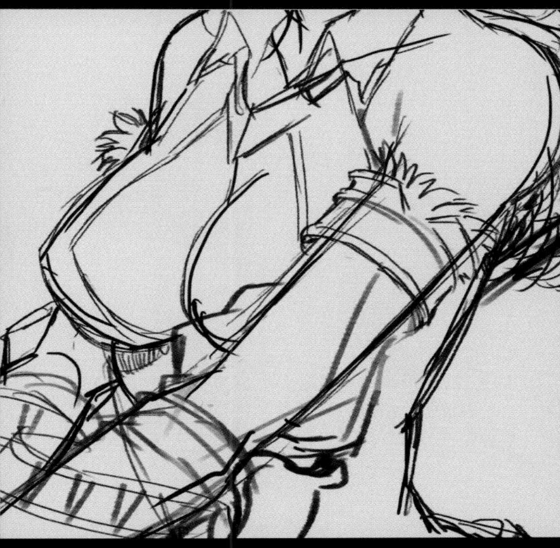

팔을 모아 지팡이를 들고 점프를 하고 있는 동작으로 자세를 잡고 복식을 그려 주었습니다.
팔 부분에는 큰 장신구를 달아주어 심심한 팔의 느낌을 조금 복잡하게 디자인했습니다.

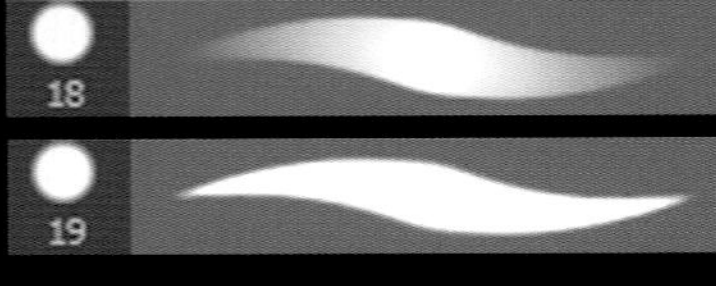

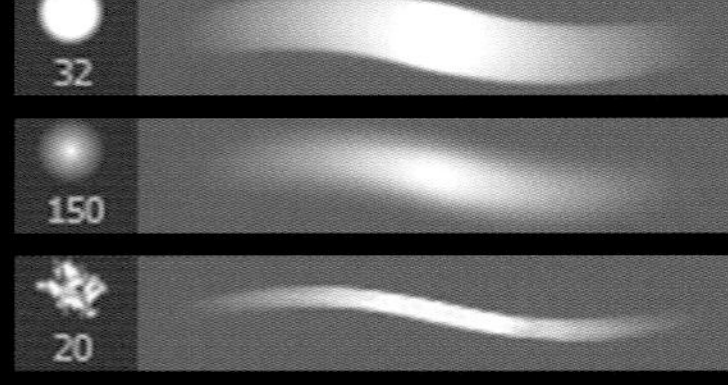

디테일 스케치를 해 줍니다. 큰 술이 달린 해군모자 같은 빵모자, 베레모를 쓰고 있는 군악대 리더 느낌을
주 포인트로 잡고 디자인을 했습니다.
종족은 뾰족한 귀를 가지고 있는 엘프족으로 정했고 큰 귀걸이를 하고 있는 컨셉으로 얼굴 쪽에 포인트는
귀로 잡아 주었습니다.

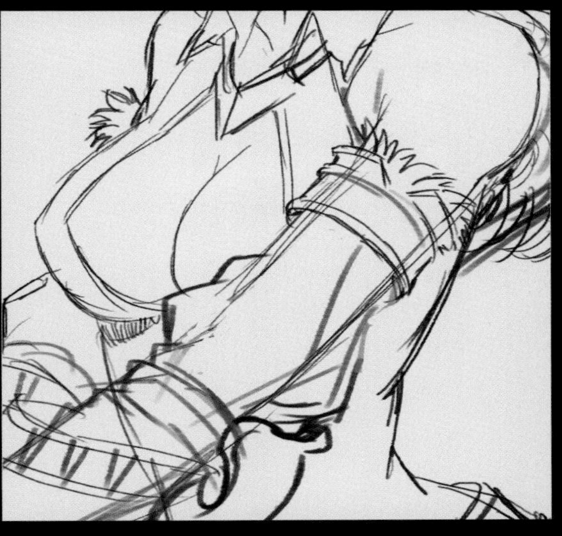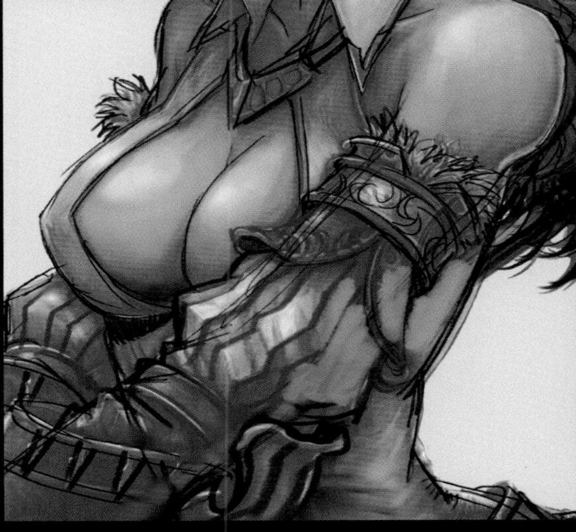

복식은 갑옷 느낌이 아닌 천으로 된 옷으로만 표현했습니다.
그리고 장신구를 어깨부 아래에 그려줌으로서 게임 캐릭터 같은 복식을 맞춰 나갑니다.

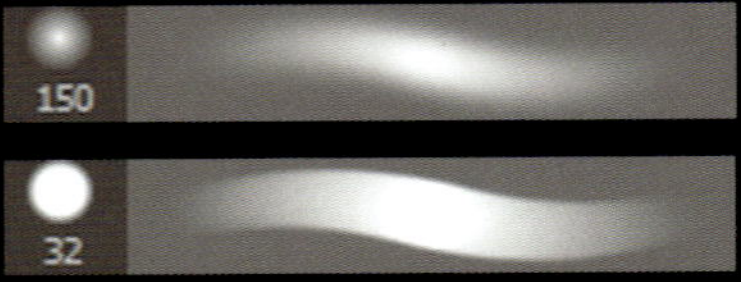

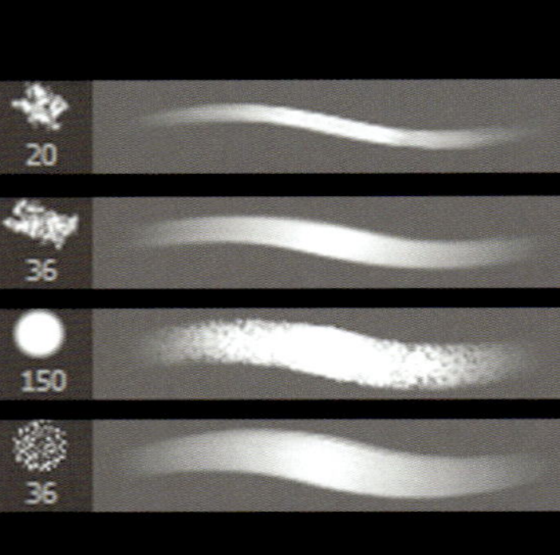

색지정을 합니다. 모자 쪽에 큰 깃털 술이 캐릭터의 가장 큰 포인트이기에 3가지 색상으로 지정을 해 주었습니다.

미니스커트에 주름과 마법 물약을 하체부의 포인트로 잡았습니다. 딱 보면 마법을 사용하는 여 캐릭터란 느낌을 표현하고 싶었습니다. 물론 큰 마법지팡이가 가장 큰 무기 포인트이겠지만 캐릭터가 가지고 있는 장신구나 의상에서도 마법사의 느낌을 주도록 오브제를 잘 결합시켜야 합니다. 벨트부는 곡선의 패턴을 넣고 앞 포인트는 골드 황금빛 느낌으로 표현했습니다. 디테일을 올려가며 그림을 마무리해 줍니다.

위치 Witch

COS
COMMANDER Of SWORDS

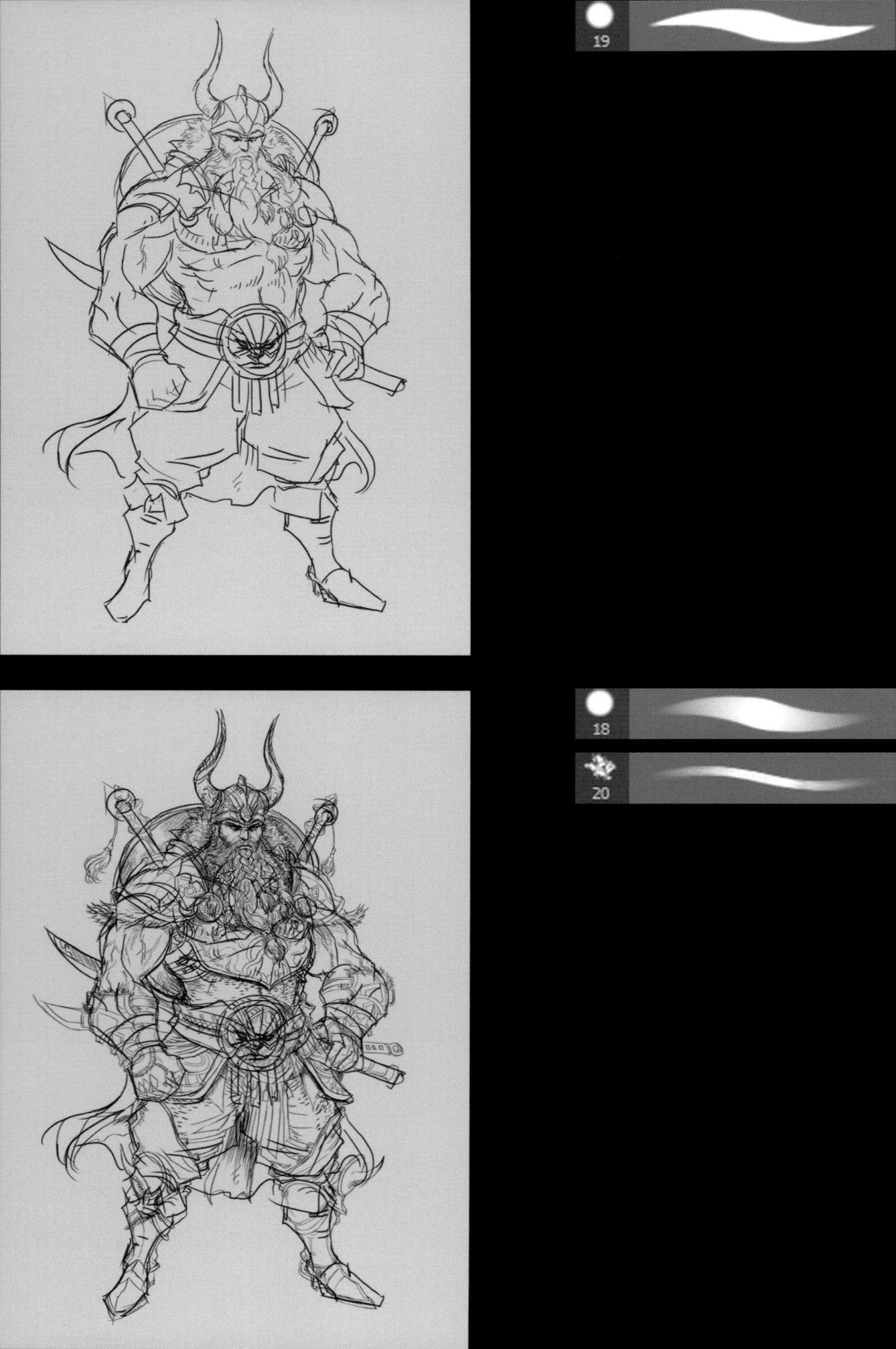
19
18
20

게임을 하면 꼭 등장하는 방어형(몸빵) 캐릭터 탱커를 디자인해 보도록 하겠습니다. 둥글고 큰 방패를 등에 가지고 다니며 무기들도 다양하게 들고 있는 컨셉으로 마치 강인한 바이킹 전사를 연상시키도록 구상했습니다.
투구에 있는 뿔과 덥수룩한 수염을 얼굴의 주 포인트로 설정했습니다. 강인한 드워프 종족의 느낌도 주기 위해 수염도 머릿결 같이 풍성하게 잡아 주었습니다.

체형은 너무 난쟁이스럽게는 컨셉을 잡지 않았습니다.
탄탄한 체격을 가지고 있는 중년으로 컨셉을 잡고 무협 장수의 느낌과 북유럽 바이킹의 느낌을 서로 결합해 컨셉을 도출하는 데 신경을 많이 쓴 탱커 캐릭터입니다.

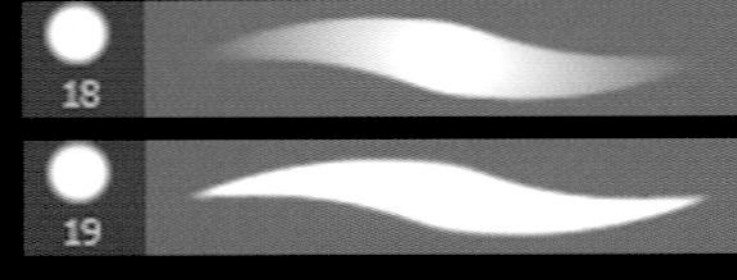

디테일하게 스케치를 하며 자신의 생각을 정리합니다. 무협 쪽 느낌을 어느 정도로 할 것인지 바이킹 쪽 느낌을 어느 정도로 잡아 줄 것인지 고민하며 디자인했습니다.

캐릭터의 전체 비중 100%를 기준으로 두었을 때 무협 장수의 느낌을 60%, 바이킹 종족 느낌을 40%로 결정하고 장수의 느낌에 더 비중을 두는 것으로 결정했습니다.

그래서 동양 쪽 장신구 느낌이 나도록 복대에 장수의 얼굴 모양 보호구를 만들어 주었습니다.
명암과 양감작업을 하며 글레이징 기법으로 밀도를 더 끌어 올려 줍니다.

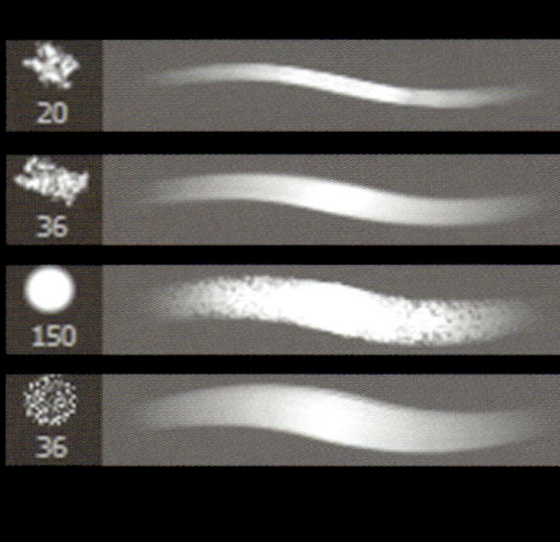

색지정은 푸른색과 갈색, 회색을 큰 흐름의 색감으로 지정해 주었습니다. 그리고 큰 알통을 가진 팔과 힘줄에 신경을 써가며 탱커 캐릭터의 기본 느낌을 잃지 않고 무협 장수와 바이킹 전사의 중간 지점에 신경을 많이 씁니다.
가슴 부위에는 동양식 용 장식 패턴을 넣어 주었습니다. 인터넷 검색을 통해 이미지를 구한 뒤 이미지에 포토샵의 자유변형(Ctrl+T)을 이용해 비틀어서 오버레이 레이어로 변경한 후 다시 브러시로 터치해 자연스럽게 만들어 주었습니다.

아래의 이미지처럼 디테일을 점차 올려 완성시켜 나갑니다.

탱커 Tanker

COS
COMMANDER OF SWORDS

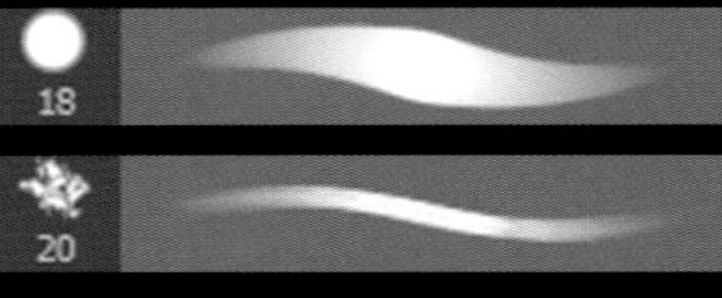

자 드디어 마지막 캐릭터 레인저를 작업해 보겠습니다. 움직임이 날렵한 캐릭터이며 작은 단검을 사용한다는 컨셉으로 구상했습니다. 귀여운 외모와 섹시미를 같이 표현하고 싶었으며 말괄량이 공주의 느낌으로 캐릭터 성격을 결정해 잡아 주었습니다.
얼굴 쪽의 포인트로는 머리띠 가운데에 날까로운 장신구와 깃털이 달린 형태로 앞서 그렸던 위치 캐릭터오 깃털 술 장식에 약간의 통일감을 주었습니다. 목 부분에는 크리스탈 장신구를 추가해 심심함을 커버했습니다.

가슴 가운데에는 ㅅ 얼굴의 장신구를 그려 주었습니다 무언가 상징적인 의미를 부여하고 싶었습니다

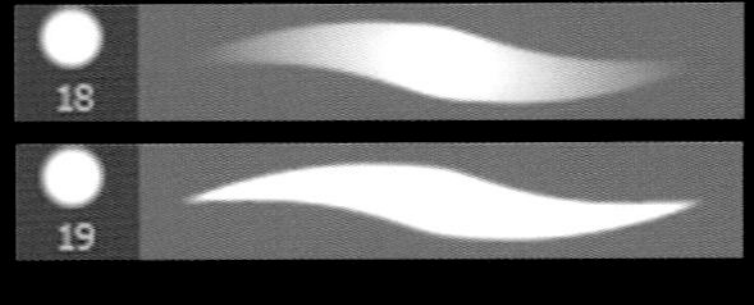

생각이 정리되었다면 디테일 스케치에 들어 갑니다. 머리띠의 술 깃털과 엉덩이 쪽의 깃털이 포인트이지만 다른 캐릭터들보다는 조금 밋밋한 느낌이어서 캐릭터의 포즈로 시선처리를 대체하는 방식으로 공중에 떠 있다는 느낌으로 작업을 했습니다. 스케치가 끝나고 명암과 양감을 잡아 줍니다.

허리부를 신경써서 작업을 합니다. 골반에 손을 걸치고 있으며 가슴을 내밀고 있는 포즈이므로 측면에서 보는 S자 느낌을 잘 표현해 주는 것이 레인저 캐릭터의 핵심 포즈입니다.

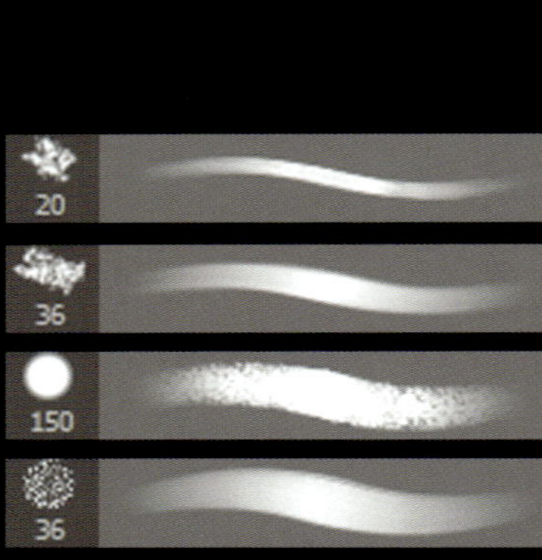

색지정을 합니다. 주 색은 파란색이며 핑크빛 보라색과 흰색을 보색으로 설정해 진행했습니다.

배 부분의 벨트와 소 얼굴 모양의 장신구에서 연결되어 벨트까지 내려오는 패턴을 통일감 있게 꼬아서 연결해 주었습니다. 위의 이미지처럼 전공식 기법으로 디테일을 올려서 마무리합니다.
드디어 마지막 캐릭터까지 6명의 프로젝트 창작 캐릭터 컨셉 일러스트 아트를 탄생시켜 보았습니다.
여러분들도 필자처럼 자신만의 세계관을 가지고 있는 게임 캐릭터들을 꼭 만드시길 바랍니다.

레인저 Ranger

COS
COMMANDER Of SWORDS

실전 프로젝트 게임 컨셉 아트 부분에서는 캐릭터 시트 작업 원화의 작업 과정처럼
차례대로 자세히 다루지는 않았습니다.

그 이유는 시트 작업 원화의 작업 과정에서 많이 설명한 이유도 있지만
캐릭터를 창작할 때 게임 세계관 컨셉을 도출하는 과정을 더 중시했기 때문입니다.

필자가 프로젝트 창작 캐릭터 일러스트들을 어떻게 도출해내고 어떤 생각으로
디자인했는지를 더욱 여러분들께 설명하고 싶었습니다.

책의 왼편에는 필자가 사용한 브러시와 전체샷을 첨부했으니
그것만 보아도 어떤 과정이었는지 알 수 있으리라 생각합니다.

정리하자면 실전 프로젝트 게임 컨셉 아트 튜토리얼에서는 캐릭터의 기본 성격과
컨셉을 어떻게 도출하고 자신이 구상한 게임 '세계관' 컨셉을 어떻게 끌고 가야 하는지
자신만의 캐릭터를 어떻게 구상해야 하지는에 대한 것이 가장 큰 주제 였습니다.

여러분들도 자신만이 생각한 멋진 창작 캐릭터 일러스트들을 만들어 보세요!

언제나 모든 콘텐츠는 캐릭터로 시작해 캐릭터로 끝이 납니다.

영화, 만화, 애니메이션, 드라마, 다큐 심지어 동물들이 나오는 콘텐츠까지 캐릭터가 없는
콘텐츠는 아무런 매력이 없습니다.

그만큼 캐릭터는 모든 콘텐츠에서 가장 중요한 요소인 것입니다.

여러분들은 필자가 그린 6명의 창작 (코맨더) 캐릭터들 보다 더 멋진 캐릭터들을 창작해
보시길 바랍니다.

그럼 이렇게 만든 COS 코맨더 캐릭터들이 등장할 배경 컨셉 아트 작업을 해 보도록 하겠습니다!

혹시나 코스의 여섯 캐릭터 컨셉 아트들로 3D 모델링을 하시고 싶으시다거나
필자의 캐릭터들이 들어간 게임을 만들고 싶으신 개발자분들이나
업계 개발팀이 있다면 마음껏 사용하셔도 됩니다.
(업계 개발팀은 상업적인 용도로 사용할 시에는 필자에게 알려주어야겠지요.)

PART 8
배경 컨셉 아트와 비쥬얼 컨셉 아트 만들기

▷ 배경 컨셉 아트 만들기

필자는 평상시에 글레이징 기법으로 명도와 빛의 양감만을 가지고 작은 섬네일 형식의 면치기 방식 배경 작업을 그때 그때 창작한 캐릭터들이 뛰어 놀 게임들의 배경을 상상하며 전체적인 아트를 작은 프레임에 많이 그려 한 장으로 모아놓고 있습니다.

실질적으로 일이 들어왔을 때 갑자기 생각하는 것보다 평상시에 그려놓았던 이미지를 꺼내어

'아, 이 느낌으로 가면 좋겠구나'

라고 생각을 하고 대충 그려져 있는 섬네일을 확대해 업계에서 요구하는 컨셉을 다시 검토한 후 맞춰 놓기 식으로 작업할 때도 있습니다.

오로지 시간 단축을 위한 것보다는 게임의 전체 아트를 책임지는 배경 컨셉 아트는 어느 정도 기본 구도와 룰이 정해져 있기 때문입니다.

전체 배경 컨셉 아트는 크게 3단계로 구성되어집니다.
우선 가장 가까운 '근경' 핵심적인 컨셉 포인트가 있는 '중경' 그리고 중경을 받쳐주는 '원경'으로 배경아트 는 3단계의 느낌을 가지고 있어야 합니다.

필자는 배경 컨셉 아트를 제작할 시 컨셉에 맞는 이미지를 수집하고 그림작업에 들어갑니다.
그리고 배경 썸네일 작업은 4:3비율로는 작업하지 않는 것이 좋으며 절대적으로 16:9에서 21:9 비율로 작 업을 해야 합니다.

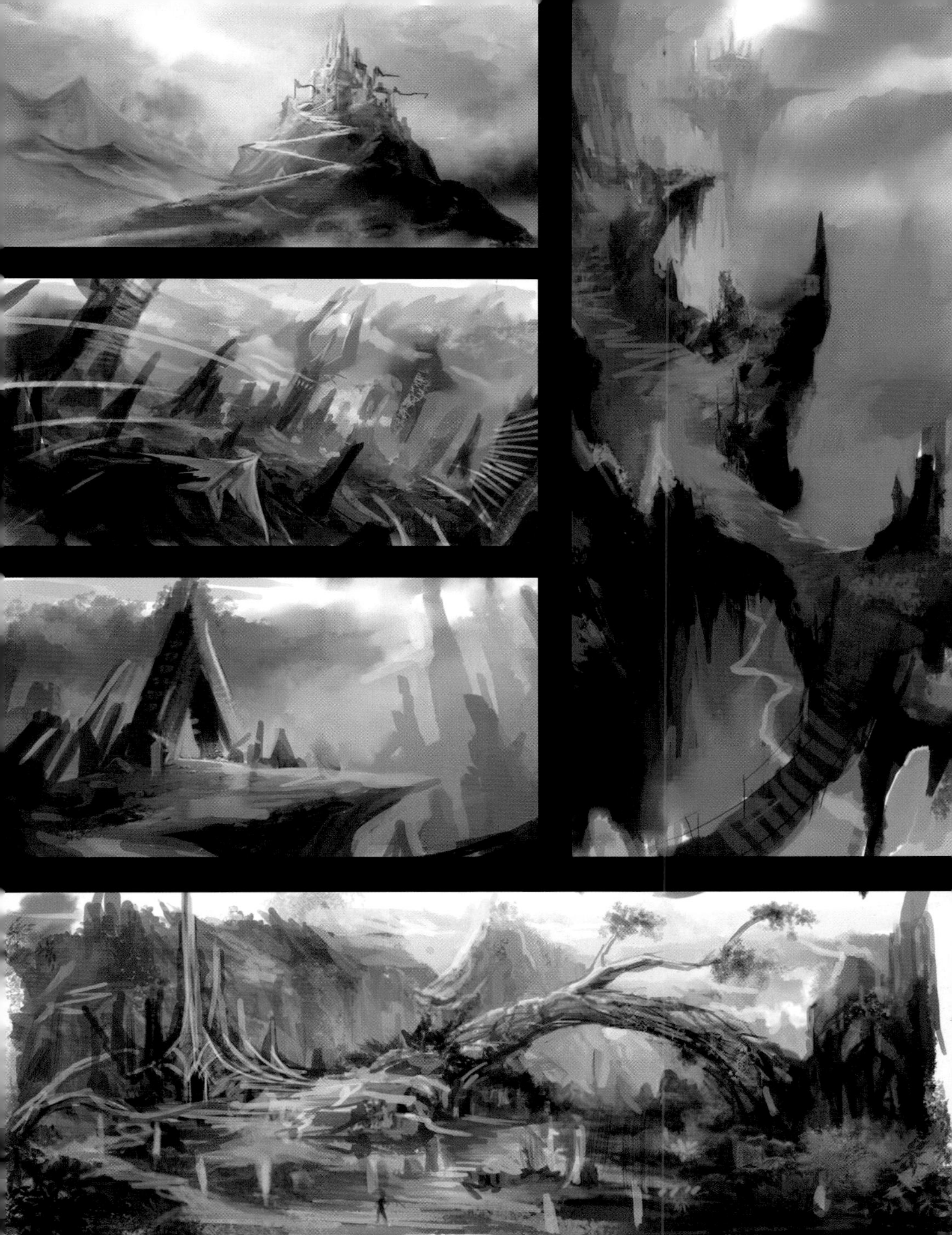

필자는 먼저 앞에 만들어 놓은 COS의 리더 코맨더(지휘관, 사령관) 캐릭터들이 뛰어 놀 필드를 머릿속으로 구상합니다.

게임의 시작 지점은 어떤 지역으로 할까?
초원? 아니면 불타는 성전, 오크 주둔지, 페허? 등을 생각 구상합니다.

RPG게임 특성상 모든 정보들이 있고 많은 유저들이 모여있는 곳을 시작 지점으로 구상했고 큰 성이나 궁전을 주 포인트로 두는 것으로 결정했습니다.

큰 궁전이 있는 지역을 코스(COS) 캐릭터들이 먼 곳에서 지켜 본다는 느낌으로

'저곳에 가면 어떤 일들이 펼쳐질까?'

유저들에게 궁금증을 주는 컨셉으로 결정했습니다.

마침 필자가 면치기 방식으로 생각이 머릿속에서 사라지기 전에 그려놓았던 배경 섬네일 중 지금 구상과 비슷한 섬네일을 그려 놓았네요.
이렇게 예전 섬네일 작업과 지금 자신이 구상한 생각이 만나서 더 좋은 작품을 만들 수 있는 기본 뼈대가 되는 것이겠죠.

여러분들도 꼭 배경 섬네일 작업을 생활화해 두시길 바랍니다.

필자의 배경 섬네일 중 한컷

다시 본론으로 돌아가 필자는 위의 섬네일 느낌으로 그림을 끌고가기로 결정하고 인터넷으로 자료를 수집합니다. 궁전이나 성, 산맥, 구름, 언덕 등을 검색해 자료를 먼저 수집해 자신이 어떻게 그림을 끌고갈 것인지 어느 곳에 포인트를 줄 건지 타이틀 제목은 어디에 위치시킬지 게임 속에 자신의 배경 컨셉 아트가 들어간다면 어떤 지점에서 나오는 배경 컨셉 아트인지 타이틀 인트로 화면에서 쓸 수 있는지, 로딩 화면으로 쓸 것인지 등등을 생각하며 머릿속을 정리합니다.

정리가 끝났다면 '원경 - 중경 - 근경' 순으로 작업을 시작합니다.
그림을 보는 사람을 기준으로 가장 가까이에 있는 장면이 '근경'입니다.
근경(近景)과 원경(遠景) 사이의 중간 정도의 거리에서 보는 장면이 '중경'입니다. 중경에는 중요한 포인트들이나 그 그림의 핵심 주제가 들어갑니다.
'원경'은 흐릿해질 수밖에 없는 가장 멀리 보이는 장면입니다.

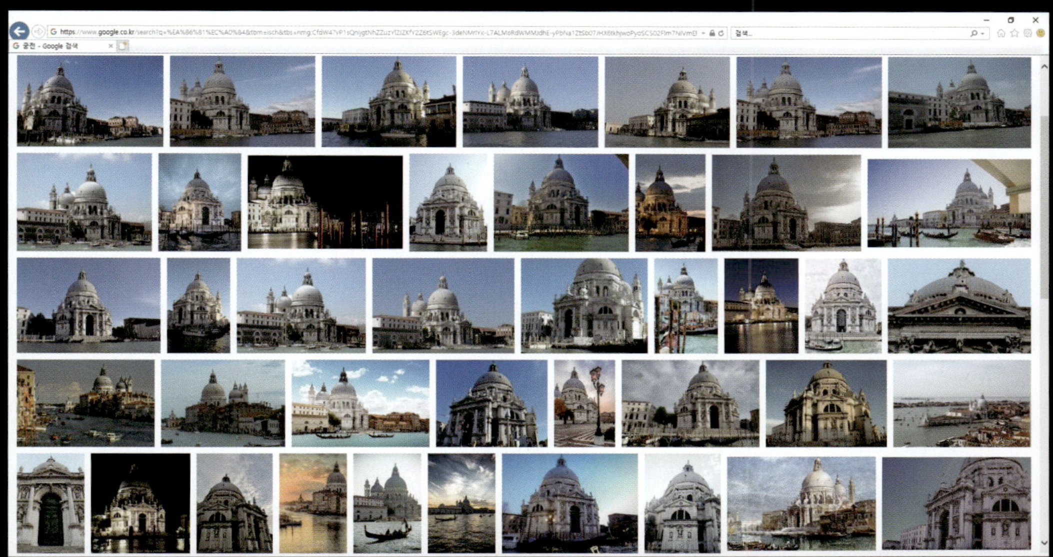

궁전 이미지(goo.gl/uhmbsr)

배경 컨셉 아트 튜토리얼을 시작하도록 하겠습니다. 우선 '원경'부터 들어가 보도록 하겠습니다. 팔레트 러
이어의 배경 레이어에 바로 작업합니다.

가장 멀리 있는 하늘을 그려 보도록 하죠. 우선 브러시를 49번 브러시로 선택하고 크게 발라 줍니다. 하늘
을 그릴 때 상당히 느낌이 좋은 브러시입니다. 과감하게 브러시를 확대(단축키]) 축소(단축키 [ )해가며 칸
버스에 파란 하늘을 만들어 줍니다.

배경 레이어 위에 새 레이어를 만들고 구름을 묘사해 줍니다.
구름은 250번 브러시를 이용해 작업합니다. 49번 브러시보다 더 정교한 구름 느낌을 가지는 스모그 브러시의 일종으로 좀 더 중첩 효과가 좋은 브러시입니다.

검색을 통해 수집한 구름 자료사진들을 참고하며 비슷하게 그리도록 노력해 봅니다. 브러시가 특성상 몇 번 그으면 바로 구름의 느낌을 얻을 수 있을 것입니다.
뭉게구름의 기본틀을 만들어 나갑니다.

공기의 흐름을 생각하며 구름 묘사에 들어 갑니다. 마치 수작업 유화 그림을 그린다고 생각하며 캔버스에 물감을 붓으로 찍어가며 그림을 발라 준다라는 개념으로 작업을 합니다.

어느 정도 구름 디테일을 완성했다면 구름 레이어 위에 다시 새 레이어를 만들고 산맥을 만들어 줍니다. 원경의 멀리 보이는 경치와 산들을 상상하며 산맥의 큰 흐름을 잡아 줍니다. 그리고 아래에는 강물이 흐르는 들판을 잡아 주었습니다.

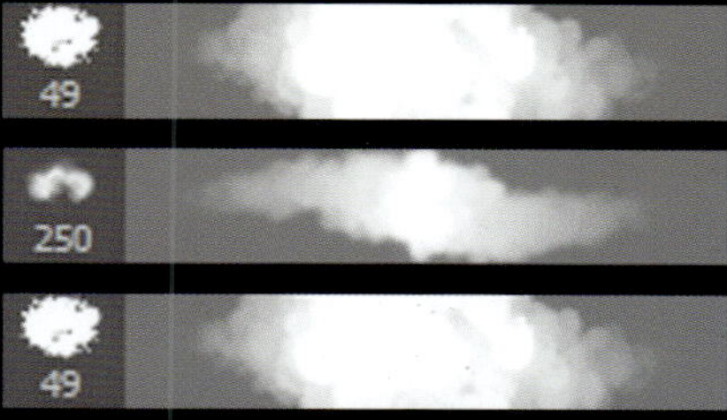

구름 묘사의 색감은 흰색, 밝은 회색, 푸른 하늘색, 파란색 등을 조화롭게 중첩해 하나의 큰 형태를 잡아 준다는 개념으로 터치해 색을 바릅니다. 만일 이걸 동그란 브러시로 캐릭터 그리듯 하나하나 그어서 그리 면 안 되겠죠. 필자가 제공하는 커스텀 브러시들를 이용해 쉽고 재미있게 만들 수 있습니다.

산맥은 128번 브러시로 큰 흐름을 잡은 뒤 36번 브러시로 산맥의 흐름을 수집한 자료사진을 보며 모작 한다는 개념으로 채색하는 것이 중요합니다. 그리고 산 밑으로 보이는 나무들은 필자가 제공하는 커스텀 1300번 브러시를 이용해 크게 좌에서 우로 브러시 사이즈를 조절해 그려주면 아래의 그림처럼 나무들이 자연스럽게 나타나게 됩니다.

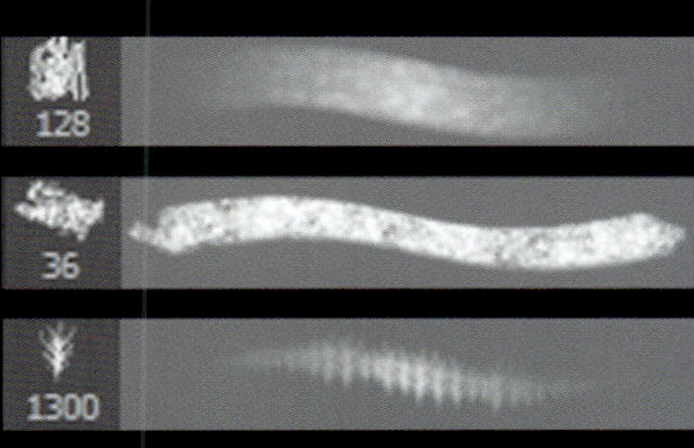

흐르는 강물 묘사를 한 후 들판 묘사-도 어느 정도 단계를 넣어 줍니다. 370번 브러시를 이용해 빛에 따라 밝고 어두운 부분을 3단계 정도로 나누어 줍니다. 그 뒤 250번 브러시로 가장 근경에 가까운 풀들을 그려 줍니다. 필자는 산맥 아래의 나무 느낌을 포기하고 강 반대쪽에도 물이 흐르는 것을 조절할 수 있는 댐을 만들기로 결정해 물줄기를 두 쪽으로 나누어 주었습니다. 이제 새로운 레이어를 하나 더 만들고 이 그림의 핵심 포인트인 궁전을 중경의 위치에 덩어리 형식으로 위치를 잡아주며 그려 줍니다.

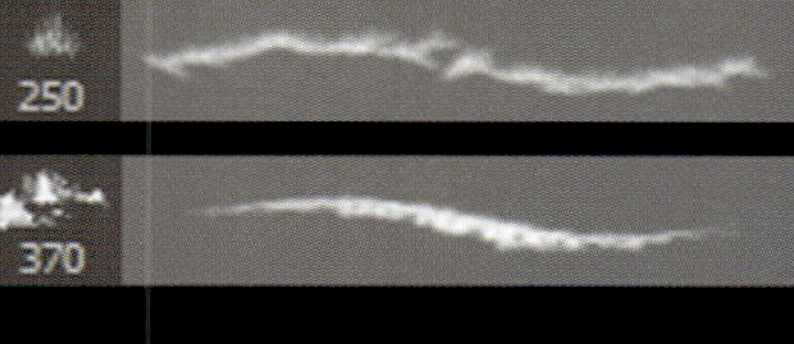

중경의 위치에 건물을 그릴 때는 처음에 덩어리를 그려넣을 때가 가장 중요한 단계입니다. 디테일이 중요한 게 아니고 구도와 라이팅과 분위기가 가장 중요한 것이지요. 궁전의 위치에 따른 구도를 생각하며 그려나갑니다. 중앙에서 왼쪽으로 치우치게 해 화면 왼쪽 가운데에 궁전을 위치시켜 그림을 보았을 때 왼쪽으로 시점이 가게끔 위치 선정을 했습니다.

구도와 위치에 따라 그림의 분위기는 완전히 달라집니다. 그러니 위치를 정할 때 그 그림을 바라보는 사람들의 시선 처리도 생각해야 합니다. 궁전의 묘사는 필자가 선택해 놓은 브러시로 그려 나갑니다. 주로 36번 두 개의 브러시로 작업을 하시면 됩니다. 그 뒤 405번 브러시로 궁전 건물 사이로 나오는 풀들을 찍어서 처리해 주었습니다. 궁전 안에도 나무들이 심어져 있을 것이니까요.

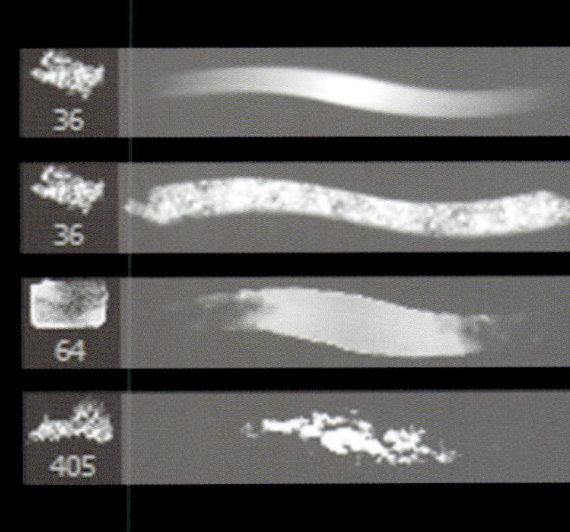

이젠 가장 시간이 많이 필요한 중경의 포인트 궁전과 바닥, 들판, 그리고 흐르는 강물 디테일에 신경을 써야 합니다. 계속 수집한 자료를 보며 디테일하게 그림 퀄리티를 올려가며 그려 나갑니다. 이때부터는 시간과의 싸움입니다. 컨셉 아티스트들이 가장 시간을 많이 투자하고 날카롭게 신경 쓰며 그려야 할 단계인 것이지요. 디테일을 계속 추가시켜 그려 줍니다.

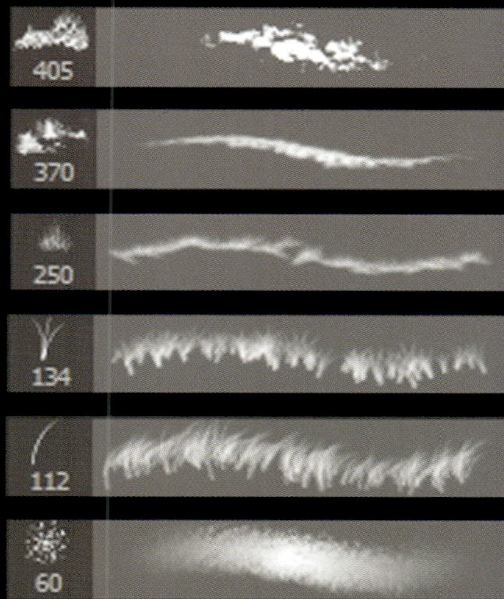

들판에 풀들은 필자의 브러시들을 잘 파악해 중첩해서 바릅니다. 바르면서 최상의 값을 찾아 갑니다. 6가지 브러시들을 모두 사용해 자신만의 들판을 만들어 보도록 합니다.

궁전의 외벽을 사각형 36번 브러시로 그리기 곤란한 상황이 어느 정도 묘사를 하다 보면 나타나게 됩니다. 이럴 때는 43번 계란형 브러시를 이용해 동그란 곡선이 필요한 부분의 터치를 보충해 줍니다. 계속 사진을 보며 자신이 구상한 궁전의 디테일을 올려 줍니다.
그리고 자신만의 생각을 넣어 주며 완성시켜 나갑니다.

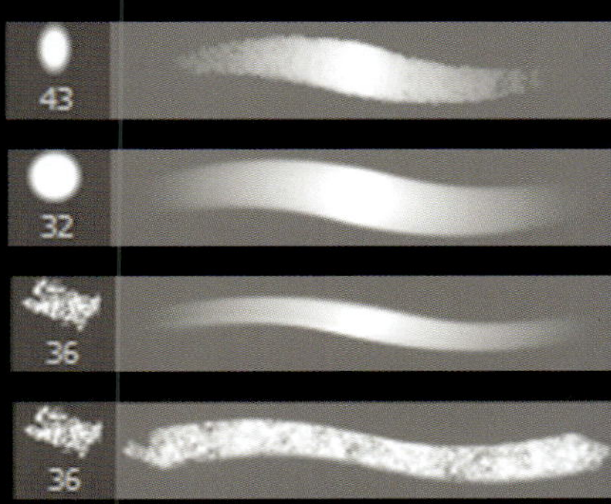

중경의 디테일한 궁전 묘사와 건물, 들판, 강물의 디테일 묘사를 어느 정도 올렸다면 이제 가장 가까운 근경의 이미지를 만들어 보겠습니다. 필자는 3명의 코맨더 캐릭터가 절벽 위에서 궁전을 바라보고 있는 컨셉으로 작업하기로 결심했습니다. 팔레트 레이어에 새 레이어를 만들고 근경의 절벽 위치를 잡아 줍니다. 19번 브러시로 절벽 위에 서있는 3명의 캐릭터들을 검은색으로 지정해 쉐입을 잡아 그려 주었습니다.

쉐입을 잡았다면 팔레트 레이어의 가장 상단에 위치한 근경 레이어를 선택하고 잠그기 버튼을 클릭해 자신이 지정해 놓은 쉐입 바깥쪽에 터치가 되지 않도록 설정하고 필자가 밑에 첨부한 브러시들을 이용해 대충의 캐릭터 복장 느낌을 잡아 그려 줍니다.

레이러 잠그기를 사용하면 잠긴 레이어 옆에는 자물쇠 모양이 표시되며 그림이 있는 영역 밖에는 색이 더 이상 칠해지지 않는 장점이 있습니다. 이 기능을 잘 이용하면 지우개 툴 사용 빈도를 줄일 수 있습니다. 절벽 언덕과 3명의 캐릭터들을 묘사해 나갑니다.

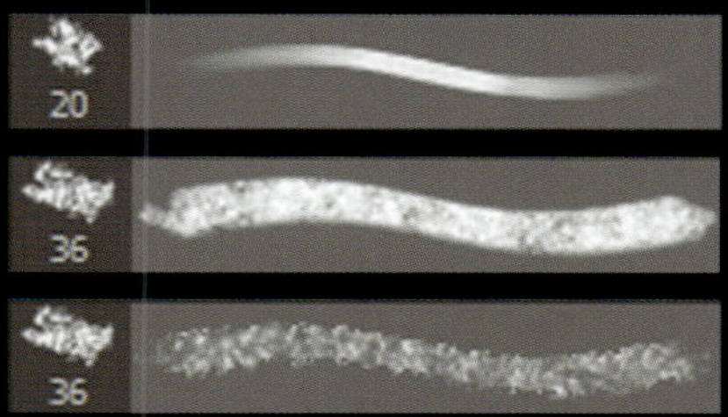

근경의 캐릭터들 묘사와 절벽 언덕의 묘사가 끝났다면 드디어 완성입니다. 코스(COS) 타이틀을 그림 중앙 하단에 삽입하고 마무리합니다. 이렇게 완성한 배경 컨셉 아트를 게임 로그인 화면이나 게임 로딩화면에 삽입해 게임 유저들이 로딩 때문에 어쩔 수 없이 기다리는 시간에 등장시켜 게임의 배경설명과 함께 잠깐의 기다림과 지루함을 잡아 줄 수 있습니다.

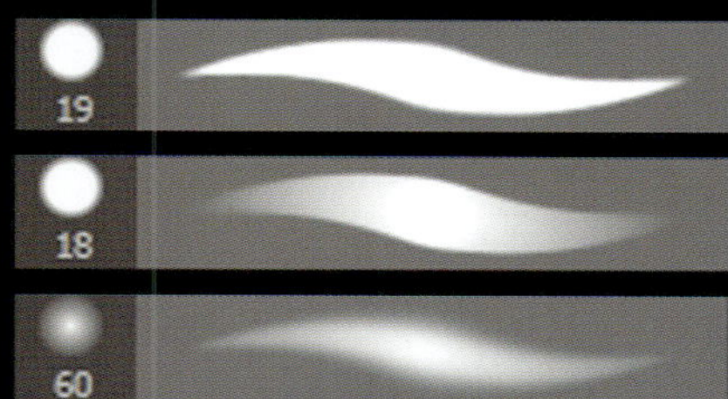

위 19번, 18번, 60번 브러시로 마무리에 들어 갑니다. 공기의 흐름을 생각하며 풀어줄 때는 풀어주고 묘사해줄 때는 더욱 묘사해 줍니다. 필자의 팔레트 레이어를 보니 이런 형태로 되어 있군요.

항상 배경 컨셉 아트는 근경, 중경, 원경의 3단계 흐름이 중요하며 단계적으로 전체 배경이 느껴져야 합니다. 여기까지 실전 프로젝트 컨셉 아트 튜토리얼이었습니다. 이렇게 만든 결과물은 실 게임 속에서는 어떻게 쓰이는지 다음 장에 이때까지 그린 결과물로 설명해 보도록 하겠습니다.

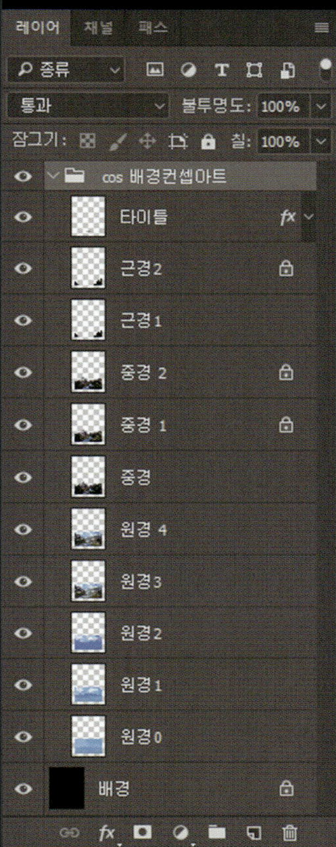

모든 프로젝트 결과물로 홍보용 일러스트와 실 게임속 이벤트가 일어났을 때 대화 화면으로 캐릭터 컨셉 아트를 등장시킬 수 있습니다. 그리고 배경 컨셉 아트는 로딩 화면이나 타이틀 로그인 화면에 적용할 수 있습니다. 실전 프로젝트 게임 컨셉 아트 튜토리얼로 여러분들도 자신만의 게임 속 캐릭터와 배경 컨셉 아트를 꼭 만들어 보시길 바랍니다.

모든 상처는 교훈이야
그리고 모든 교훈은 나를 발전 시키지

자신의 인생을 뛰어 넘어서 이곳에 왔다.

당신은 실패하지 않았어
다시 도전하는 건가

게임 로딩 화면에 적용한 배경 컨셉 아트

게임 시작 타이틀 화면에 적용한 배경 컨셉 아트

일러스트의 사전적 의미는 '어떤 의미나 내용을 시각적으로 전달하기 위해 사용하는 삽화, 도안 따위를 통틀어 이르는 말'로 시각적인 요소 뿐만 아니라 효과적으로 의미 및 내용을 전달하는 데 목적이 있습니다.

비쥬얼 일러스트는 게임의 정확한 정보 전달보다는 컨셉 아티스트의 아이덴티티 혹은 게임의 브랜드 이미지를 강조하기 위해 사용되는 일러스트입니다.

그럼 무언가 궁금증을 유발시키며 비쥬얼적으로 유저들에게 인상을 남기는 일러스트를 한 번 만들어 보겠습니다.

필자가 책 표지로 그린 그림으로 설명해 보겠습니다.

19
20

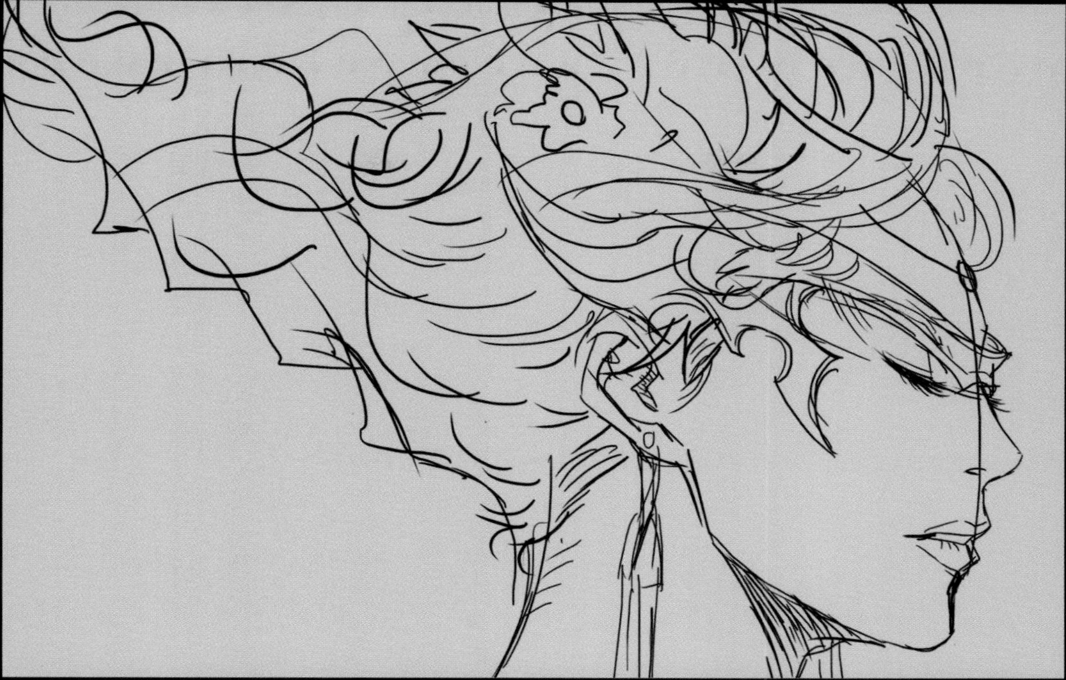

비쥬얼 컨셉 일러스트를 만들어 보도록 하겠습니다. 언제나처럼 기본 형태를 잡아 나갑니다. 필자는 여성의 옆모습을 주제로 했고 올림머리를 주 포인트로 해 브러시의 붓 자국처럼 표현하고 싶었습니다. 이마 쪽에는 여신의 장신구를 넣어 주었습니다.

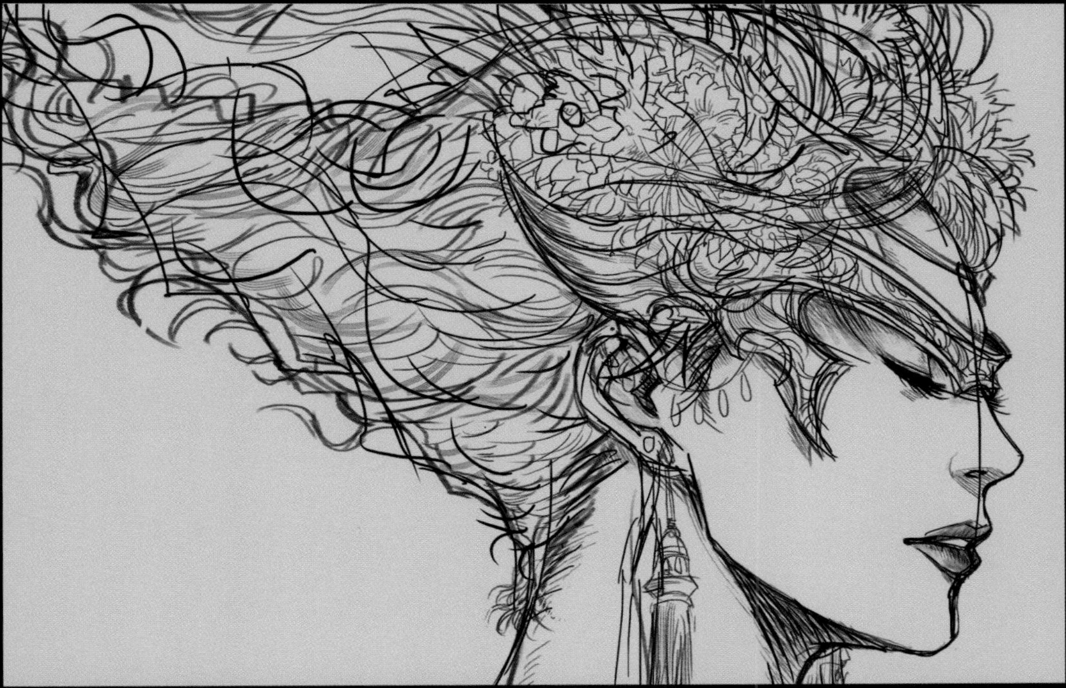

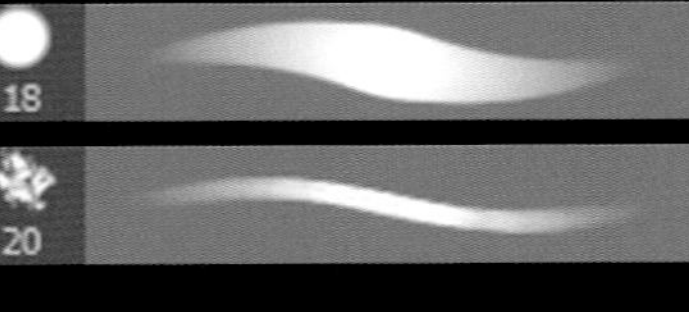

디테일한 스케치로 이어갑니다. 그리고 이마 쪽 머리부의 장신구에 꽃들로 화려함을 표현해 주었습니다. 꽃과 머릿결이 조화롭게 보이도록 작업합니다. 자칫 꽃 쪽에 너무 많은 포인트를 주면 올림머리의 시선 포인트를 잃을 수 있습니다. 크기와 대칭을 잘 맞추어 그려줍니다.

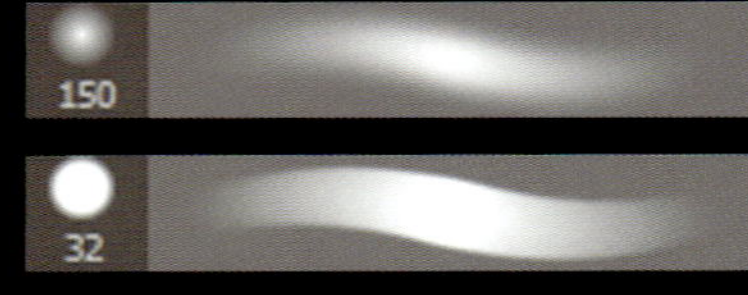

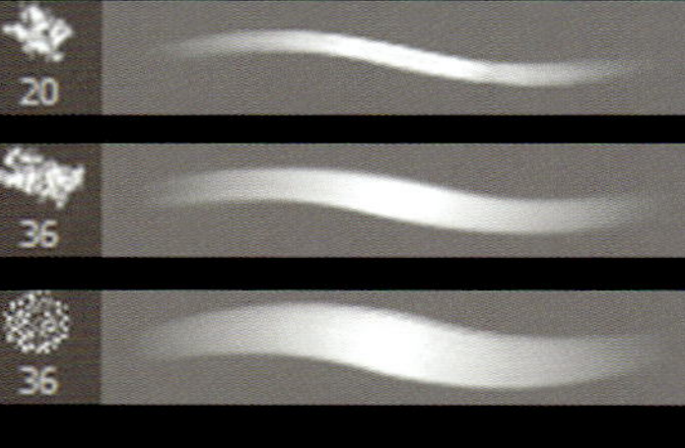

색지정을 합니다. 피부는 하얀 백옥같은 피부보다는 붉은기가 살짝 도는 피부로 컨셉을 잡아 주었습니다.
꽃들과 머릿결에 포인트를 더 주어야 하기 때문에 피부톤을 이렇게 결정해 색지정을 했습니다.

65
35
69
298
430
600
10

머릿결을 그려줍니다. 필자가 제공하는 옆 페이지의 헤어브러시를 이용해 그려 줍니다. 시선 포인트를 머리카락 쪽에 두었기 때문에 포토샵 브러시들의 느낌을 보여주는 머릿결로 큰 흐름을 잃지 않게 어느 정도 선에서 색을 다양하게 뿌려 주었습니다. 배경 레이어를 선택해 여러 가지 브러시로 배경을 그려 줍니다.

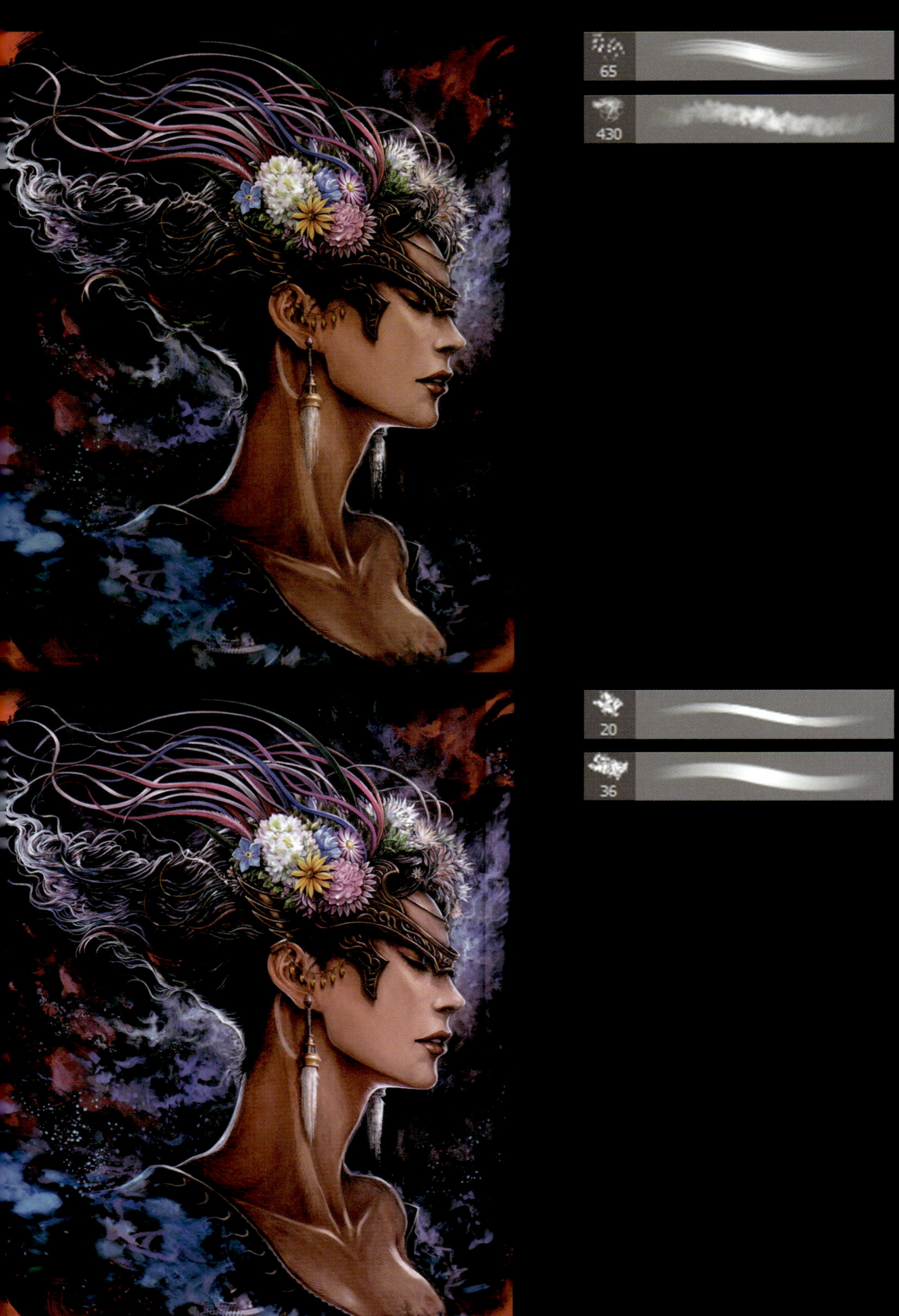

배경에 여러 브러시를 뿌려주었다면 브러시의 느낌을 65번 브러시와 430번 브러시로 정리하듯이 작업을 해 줍니다. 얼굴 쪽에서 밝은 보라색으로 퍼져서 점차 어두운 은하계의 느낌처럼 브러시로 찍어가며 만들어 보았습니다. 큰 느낌이 나왔다면 시간을 두고 지켜보며 디테일을 올려가며 마무리에 들어갑니다.

그림을 어느 정도 완성했는데 귀 부분의 형태가 맞지 않아 필자는 수정을 하고 싶어졌습니다. 이럴 때는 필터의 픽셀 유동화 기능을 이용해 간편하게 그림의 형태를 보정할 수 있습니다. 하지만 필자는 그림을 배우는 학생들이나 초심자들에게는 절대 추천하지 않는 방식입니다.
일일이 고쳐가며 자신의 그림을 수정하는 습관을 들이는 것이 초심자들에게는 더 좋다고 생각합니다. 초심자들은 픽셀 유동화 기능보다는 올가미 툴을 이용하는 걸 추천드립니다.

필자처럼 어느 정도 완성이 되었는데 뒤늦게 수정이 필요할 때는 픽셀 유동화만한 기능이 없기 때문에 필자는 사용했지만 여러분들은 일일이 손으로 고쳐가며 다시 그리는 것에 익숙해지시길 바랍니다. 한마디로 자신의 그림 실력 향상에는 별 도움이 안 되는 기능이라 생각하시면 편할 듯합니다. 귀 부분을 수정한 후 R 키를 눌러 그림을 회전시켜 그리기 편한 위치에 놓고 터치를 마무리합니다. 단축키 R은 그림을 회전해 자신이 편안 위치에 놓고 그림을 그릴 수 있는 포토샵 그림회전 단축키입니다.

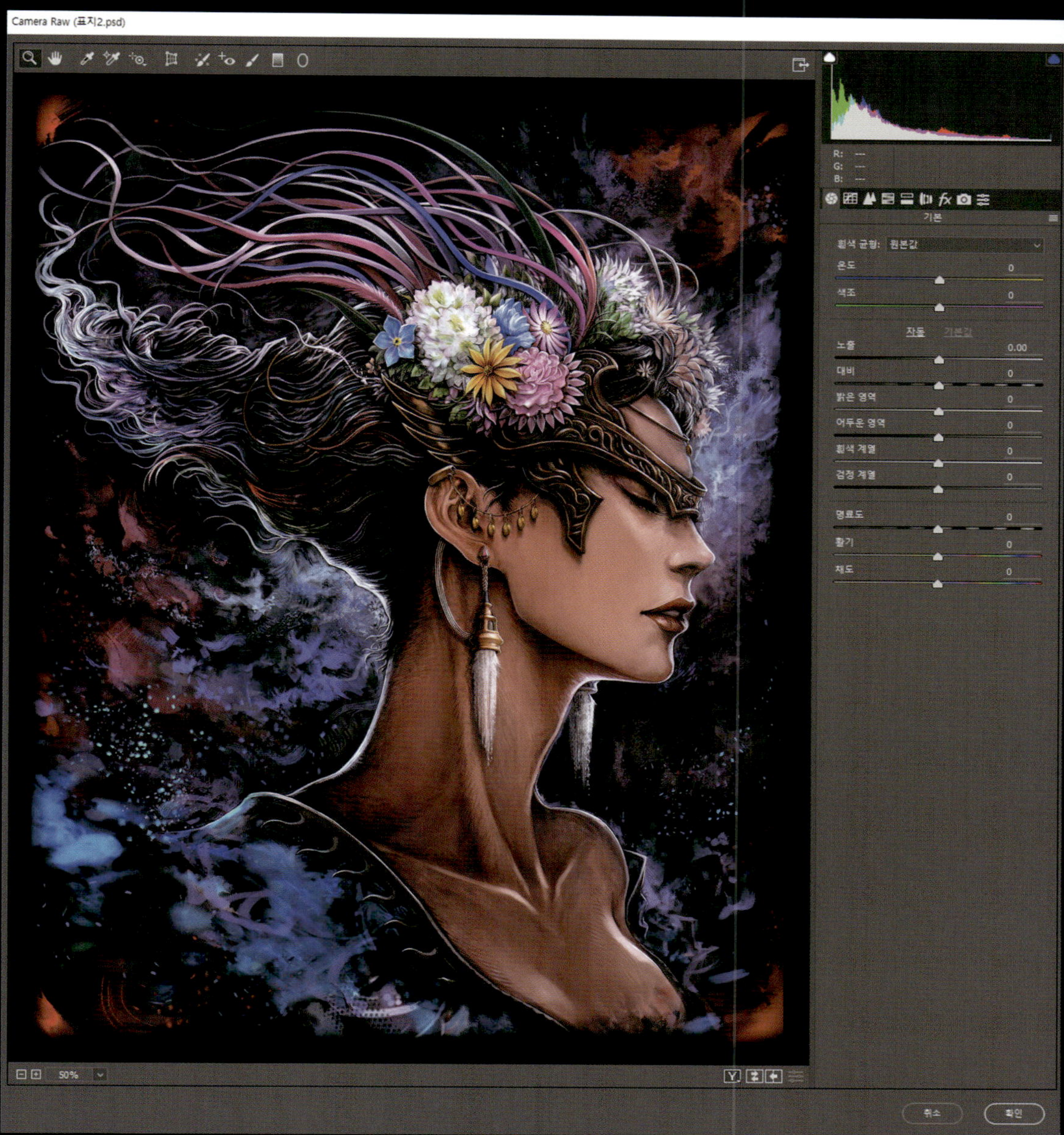

마지막으로 색감을 가장 강력하게 보정하는 필터인 카메라 로우 필터를 이용해 색 온도를 조금 차갑게 바꿔 주었습니다. 기본적인 수치 그래프 드래그만으로 깔끔한 보정이 가능한 필터입니다. 조심해야 할 점은 수치 그래프를 미세하게 움직여 자신이 그려왔던 색감의 큰 흐름을 잃지 말아야 합니다.

자, 필자가 준비한 모든 튜토리얼 과정이 끝나는 순간이구요. 다들 수고하셨습니다.

인물 모작부터 시작해
영상 캡처 장면 모작,
캐릭터 시트 작업 원화,
무기 아이템 원화,
캐릭터 바레이션,
몬스터, 크리쳐 컨셉 아트,
실전 프로젝트 6명의 캐릭터 일러스트들,
프로젝트 배경 컨셉 아트,
비쥬얼 컨셉 일러스트까지

모두 진행해 보았습니다.

필자는 다른 시중에 나와 있는 잘되어진 게임아트 교재나 포토샵 서적에서 다루는
포토샵의 기능에는 크게 중점을 두지 않았습니다.

많은 교재를 보며 공부하는 것 또한 중요하지만 자신이 그리지 않는데 실력이 늘기를
바라는 것은 절대적으로 그림 공부법에서 존재하지 않는 방식입니다.

필자는 여러분들에게 그림을 그리는 필력에 꼭 필요한 JH 브러시를 제공하고
포토샵 브러시를 활용해 다양한 컨셉 아트를 제작 경험하는 것에 목적을 두고
책을 집필했습니다.

필자의 그림 과정을 보며 여러분 자신도 그 과정을 뛰어넘어 새로운 자신만의
그림 튜토리얼 과정을 만드시길 바랍니다.

여러분들도 자신만의 프로젝트 컨셉 아트 개인 작업을
많이 해보시는 걸 적극 추천 드리며

게임 컨셉 아트 디지털 브러시 튜토리얼을 마칠까 합니다.

Outro

컨셉 아트를 배우는 사람들에게

필자는 수업 중 학생들이나 그림을 배우는 사람들에게 꼭 하는 말이 있습니다.
"항상 컨셉의 방향성을 생각하며 그림을 마무리 지을 때는 '꼼꼼한' 디테일에 신경써야 한다."
여기서 '꼼꼼함'이란 그림을 마무리할 때 디테일에 디테일을 더하라는 필자의 강조어입니다.
게임 컨셉 아트는 다른 콘텐츠의 그림들보다는 디테일에 신경을 많이 써야 합니다.
이 디테일 때문에 컨셉 아티스트들은 장시간 컴퓨터 앞에 앉아 작업을 하고 있는 것이죠.

두 번째로 필자가 그림을 배우는 사람들에게 꼭 하는 말이 또 하나 있습니다.
"그림을 그릴 때는 좋은 그림 습관과 편안히 그림 그릴 환경을 만들어라."라고 말합니다.
그럼 좋은 그림 습관이란 무엇일까요?

첫째로 그림을 그릴 때 무언가 생각이 나지 않는다면 바로 찾아보는 것입니다.
생각이 나지 않아도 그냥 막 그리는 사람들이 있습니다. 그리다 보면 뭐 어떻게 되겠지란 마인드를 가진 분들이 이런 경향이 많습니다.
하지만 모르면 모르는 것입니다. 그럴 때는 무조건 찾아봐야겠죠.

두 번째, 모를 때는 실제 사진을 보고 참고하는 것이 좋습니다.
레퍼런스 자료를 실사진으로 두는 것이 더 그림 공부에 도움이 됩니다.
옷 주름이나 갑옷, 무기류, 총기류, 건물 디자인, 자연배경, 오브젝트 등은 실사진을 참고 하십시요. 남이 그려놓은 다른 작가의 그림으로 참고하는 학생들이 많은데 남들이 그린 그림은 평상시에 많이 보시고 자신의 작품을 만들 때 무언가 막히면 참고자료를 사진으로 찾아보고 따라 그리세요. 사진은 실제 존재하는 것이기에 형태나 흐름을 정직하게 알 수 있고 참고할 수 있어 자기 해석을 조금 넣고 응용할 수 있지만 다른 작가의 그림으로 자료를 수집하면 그 작가가 한 번 해석한 걸 따라하는 것이 되기에 자기 발전에는 도움이 전혀 되지 않습니다.
그러니 다른 사람들의 그림은 평상시에 많이 보시고 자신이 작품을 만들 때는 실제 존재하는 것들에서 큰 흐름을 읽어 응용해 그리는 것을 추천합니다.

세 번째, 그림을 잘 그리기 위해서는 자기만의 편안한 공간이 꼭 필요합니다.
특히 창작과 영감의 단계를 왔다 갔다 할 때는 편안한 자기만의 공간이 있어야겠지요.
편안한 작업환경은 자신의 작품에 큰 영향을 줍니다.
자, 이렇게 좋은 그림 습관과 그림 그릴 환경의 중요성을 알아보았습니다.

그럼 학생들이 미처 자신은 좋은 습관이라 생각하고 있는 나쁜 습관들을 알아보겠습니다.
그림을 배우는 학생들과 대화하다 보면 가장 많이 나오는 말들을 적어 보았습니다.

"저는 제가 좋아하는 작가의 그림 스타일만 연구하며 그려요."
"레이어 많이 쓰면 멋지잖아요. 저는 얼굴 그릴 때도 눈, 코, 입, 다 따로 레이어에 그리거든요."
"이런 빛 느낌을 넣고 싶은데 브러시로 그리기 싫어서 그냥 닷지 툴로 문질러 버렸어요."
"저는 제가 좋아하는 한 가지 브러시로만 그림을 그려요."
"2시간 그림 그리면 3시간 쉬어야죠."
"캐릭터 그리는 건 재미있는데 배경 그리는 건 재미가 없어요."
"입체적으로 형태를 그리고 싶은데 손이 안 따라가서 그냥 이렇게 확 그어 버렸어요."
"전 야행성이라 밤에 그림이 더 잘 되거든요. 낮에는 안 그려져요."
"CG 툴 기법을 이용해서 쉽게쉽게 이미지를 조합해서 그리면 되는 거 아닌가요?"
"시대가 어느 시대인데 왜 힘들게 하나하나 찍어서 그려야 하나요?"

학생들과 대화하다 보면 가장 많이 나오는 나쁜 습관들을 말해주는 말들입니다.
위에 적혀있는 대화들을 잘 생각해보면 그림을 쉽게 쉽게 느낌적으로 그리는 학생들이
평상시 가지고 있는 생각의 습관들입니다.
컨셉 아트는 꼼꼼하게 디테일에 신경 쓰지 않는다면 결코 좋은 컨셉 아트가 나올 수 없습니다.
하나하나 그리세요. 최소 하루 4~5시간은 그리세요.
프로들은 하루아침에 뚝딱 그리는 줄 알고 착각하는 학생들이 많은데 현업의 프로 컨셉 아티스트들은
엄청난 시간과 자기 생각을 담아 그려나간다는 걸 명심하시길 바랍니다.

⬡ 피드백을 통한 실력 향상 ○

피드백을 받아가면서 그림을 그리게 되면 그 피드백이 좋은 피드백이든 나쁜 피드백이든 간에 자신의 그림을 다른 사람들은 이렇게 해석하는구나란 것을 알게 됩니다.

세상에는 수많은 사람들이 있고 자신은 이런 스타일을 좋아하지만 다른 사람들이 꼭 그 스타일을 좋아하란 법은 없습니다. 그렇기에 자신이 그린 그림을 주변의 그림 그리는 사람들에게 보여주며 커뮤니티에 올리며 생각을 공유해야 합니다. 항상 자신보다 앞서간 선배들에게 경험적인 피드백을 받음으로써 자신이 잘못 생각하고 있었던 부분들을 빨리 찾아 바른 길로 그림을 그려야 합니다.

시간은 누구에게나 공평합니다.

모든 일은 시간 싸움이듯 피드백을 받으므로써 어떻게 보면 헛수고일 수 있었던 시간을 빠르게 단축시킬 수 있다는 것입니다.

왼쪽 아래에 첨부한 그림은 저에게 컨셉 아트 수업을 들었던 한 학생의 예전 그림입니다.

예전 그림을 보며 피드백을 해주고 그림의 방향성을 잡아 주었습니다.

첫 그림은 단순한 컨셉입니다. 흔한 총을 들고 있는 레이스 소녀이지요.

방향성을 잡아주고 세계관을 같이 고민해 만들어낸 오른쪽 아래의 두 번째 그림들을 보면 확실히 스케치이지만 무언가 다르다는 것을 알 것입니다. 혼자 생각하는 것보다 누군가와 같이 자신이 생각한 세계관을 확립시켜 공유하며 그린다는 건 대단한 축복입니다.

학생의 예전 스케치

세계관을 확립하고 만들어낸 스케치

그냥 단순히 캐릭터 하나에만 신경 써서 그릴 때보다 자신의 머릿속에 자신이 생각하는 게임의 세계관이 있을 때, 단순한 스케치를 하더라도 많은 생각과 꼼꼼한 드로잉을 하게 되는 자신을 볼 수 있을 것입니다.

컨셉 아티스트는 그림만 잘 그리면 된다란 생각은 절대 좋은 생각이 아닙니다.

컨셉 아티스트는 기획자 마인드를 가지고 있어야 합니다.

많은 초심자 학생들이 그림을 그냥 느낌적으로 어느 정도만을 생각하고 그 디자인 조합으로 그림을 그리는 사람들이 많은데 정말 좋은 컨셉 아트를 만들려면 첫째로 자신이 그릴 캐릭터와 배경의 세계관을 머릿속에서 구상하고 난 뒤 디자인에 대한 고민을 해야 한다는 것입니다,

디자인에 대한 고민은 세계관이 확립되었을 때, 그 다음에 하는 것입니다. 하지만 많은 학생들은 디자인부터 고민을 합니다. 이 학생 또한 그랬던 것이죠. 피드백을 주면서 세계관 설정의 중요함을 알게 했습니다.

이런 부분의 고민은 피드백의 한 부분일 뿐입니다.

이 학생은 수업시간 그림을 그릴 때 자신이 모자른 부분을 거침없이 질문하고 많은 피드백을 통해 실력을 키워 나갔고 지금은 게임 업계에서 컨셉 아티스트로 일을 하고 있으며 필자에게 가끔가다 "그 시절 그림을 배울 때 교수님께 힘들게 배웠는데 왜 그때 힘들게 배워야 하는지 현업에 오니 알것 같습니다. 취직했다고 해서 끝이 아니네요. 컨셉 아티스트는 항상 공부해야 하네요." 하며 전화가 오곤 합니다.

필자는 프리랜서 일과 대학강의로 예를 든 학생 말고도 많은 학생들을 가르쳤고 가르치고 있습니다. 취업에 성공한 학생들은 굳이 저를 만나지 않았더라도 워낙 열심히 하는 학생들이여서 다들 취업에 성공했겠지만 그래도 그림을 배울 때 저라는 사람을 교수로 만났고 저에게 자신의 그림을 피드백 받으며 발전한 부분도 분명 있을 거라 필자는 생각합니다.

게임 컨셉 아티스트가 되기 전 저와 연이 되어 만나 스승과 제자가 되어준 학생들에게 저는 진심으로 대한민국을 대표하는 게임 컨셉 아티스트가 되길 항상 바라고 있습니다.

뒷 페이지는 제 수업을 들었던 취업에 성공한 제자들의 게임 컨셉 아트들입니다.

많은 그림과제에 힘들었겠지만 이렇게 게임 업계로 한발 나아갈 수 있어 감사하게 생각합니다.

차츰 발전하며 만들어낸 포트폴리오

장ㅇ희

최ㅇ림

조ㅇ남

전ㅇ은

이ㅇ별

조ㅇ남

조ㅇ남

조○남

김○진

김○혁

김○규

서○현

김○휘

⬡ 게임그래픽전문가 자격증 ○

끝으로 여러분들도 열심히 게임 컨셉 아트를 그려왔다면 게임그래픽 자격증에 꼭 도전해 보시길 바랍니다. '게임그래픽전문가'란 한국콘텐츠진흥원에서 시행하는 게임그래픽전문가 자격시험에 합격해 그 자격을 취득한 자에게 주는 자격증을 말합니다.

게임그래픽전문가 자격증을 취득하면 게임을 기획, 설계, 제작하고, 제작에 필요한 그래픽 운용 및 사용할 S/W를 운용, 평가, 설계하며, 기본적인 그래픽 작업을 수행하기 위한 전문기술 인력으로 인정받게 되는 것입니다.

게임그래픽전문가 자격증을 취득하면 게임화면의 그래픽에 관한 드로잉을 하고, 원화작업 및 컴퓨터 그래픽을 제작하며, 동영상 제작 등의 업무를 수행할 수 있다는 것을 국가 기술 자격증으로 증명할 수 있게 됩니다.

아래 사진은 필자가 2012년도에 응시해 취득한 게임그래픽전문가 자격증입니다.

업계 종사자들은 어차피 프로이기에 실기시험은 어렵지 않게 취득할 수 있는 시험이지만 아직 그림을 배우는 학생이나 초심자들에게는 상당히 어려운 시험이기도 합니다.

업계 종사자들이라도 필기는 어려울 수 있습니다. 저 역시 실기는 문제 없다고 생각했지만 필기는 상당히 난해하고 어려운 문제들이 조금 있어서 78점으로 필기를 통과했던 기억이 납니다.

자, 그럼 이 자격증은 어떻게 취득할 수 있는지 알아보도록 하겠습니다. 응시자격에는 제한이 없습니다. 연령, 학력, 경력, 성별, 지역 등 까다로운 제한을 두지 않습니다. 자신이 게임 그래픽 실력으로 자신이 있다면 한국콘텐츠진흥원 홈페이지(kocca.kr)에서 시험정보와 일정을 알아보고 신청할 수 있습니다.

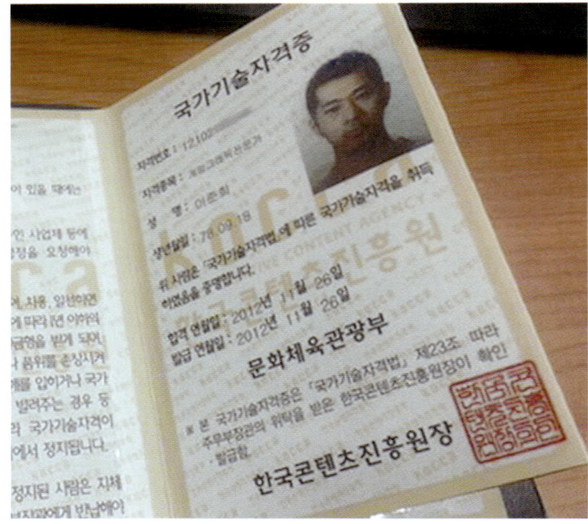

필자의 게임그래픽전문가 자격증

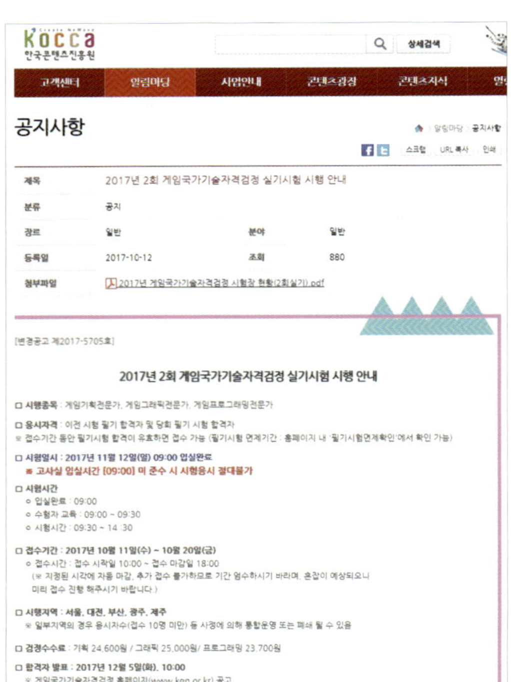

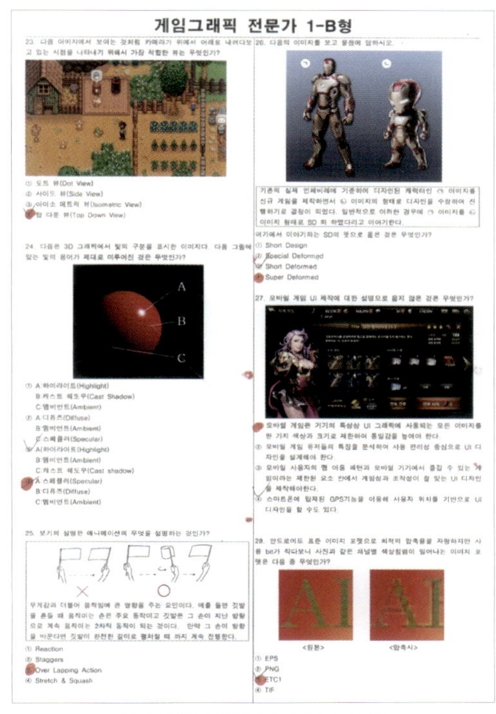

게임그래픽전문가 필기 시험지

필기시험은 게임 제작개론(10문항), 그래픽디자인론(30문항), 게임 그래픽디자인(30문항), 게임 그래픽리소스제작(30문항) 총 100문항에 시험시간은 150분입니다.

100점을 만점으로 해 매 과목 40점 이상, 전 과목 평균 60점 이상이여야 합격하게 됩니다.

필기를 합격했다면 실기는 2D분야와 3D분야 중 선택해 응시할 수 있습니다.

실기 시간은 5시간이며 100점 만점으로 60점 이상이여야 합격하게 됩니다.

시간 안에 그림을 완성해 시험감독관에게 USB에 담아 제출해야 합니다.

이 책을 구입하신 여러분들도 도전해 꼭 국가가 인정하는 게임그래픽전문가가 되어 보시길 바랍니다.

여기까지 모두 읽어 주셔서 감사드립니다.

[2D 분야 선택 1 - 컨셉 디자인]

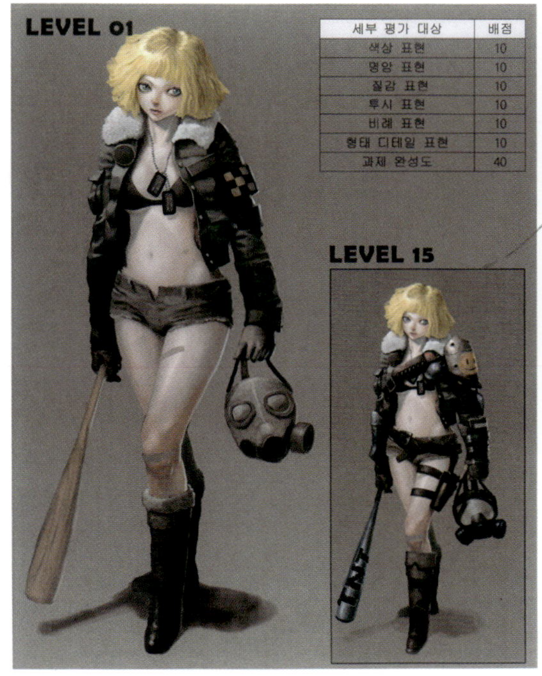

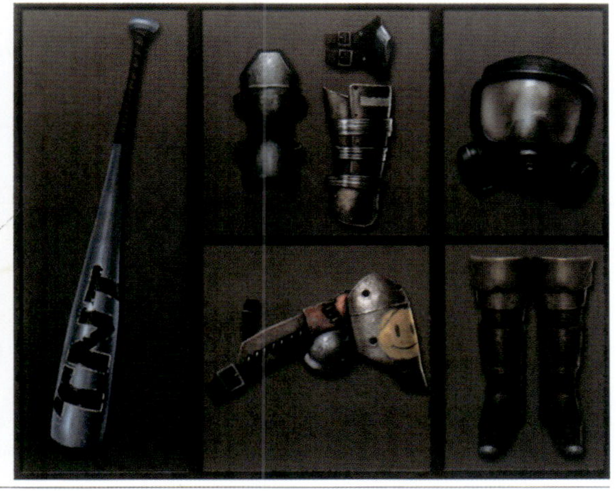

세부 평가 대상	배점
색상 표현	10
명암 표현	10
질감 표현	10
투시 표현	10
비례 표현	10
형태 디테일 표현	10
과제 완성도	40

※ 좌측의 레벨 1 수준의 캐릭터에 우측의 인벤토리에 있는 아이템 5종을 착용시켜 레벨 15 수준의 변형된 모습으로 디자인하시오. 단, 제시된 좌측의 이미지와 동일한 구도로 디자인하되, 레벨업된 캐릭터는 전체적으로 업그레이드된 형태로, 각 아이템은 제시된 형태와 재질감으로 표현하시오.

※ 제시된 레벨 15의 캐릭터는 예시임.

※ 본 이미지를 스캔할 경우 부정행위 처리.

게임그래픽전문가 실기 시험지

⬡ 게임 컨셉 아티스트의 세계로 ○

그림을 잘 그리든 못 그리든 컨셉 아트 뒤에 숨어있는 것은 그 컨셉 아트를 창작하기 위한 창작자의 아이디어입니다.

아이디어가 좋다면 그림을 그린다는 것에 두려워 하지 마세요.
무에서 유를 창조하는 일이 생각보다 상당한 성취감이 따라옵니다.

필자의 어린 시절을 떠올려보면 책가방에는 오로지 만화책뿐이었습니다.
오락실에 달려가 친구들과 동전을 넣고 게임을 하며 집에서는 골방에서 그림만 그렸던 기억뿐이군요.

여러분들은 어떠신가요.

사람들마다 다르겠지만 이 책을 구입하신 분들은 필자와 같은 공통점이 꼭 하나 있을 것이라 생각합니다.
그건 바로 그림을 그린다는 것입니다.

개인 그림 작업을 열심히 하십시오.
개인 작업에서는 본인이 '아트 디렉터'가 되는 것입니다.

그림을 많이 그리다 보면, 정확한 목적이 사라져서 그림을 그리기 싫어질 때도 있습니다.

자신만의 게임, 그림 세계관을 가지세요!
세계관을 확립한 그림을 꼭 그리시길 바랍니다.
일반적인 것에서 구체적인 것으로 디자인하며 자신의 그림 스킬을 늘려 나가시길 바랍니다.

이 책을 구입해 끝까지 읽어주신 모든 분들께

창조적인 그림 인재가 되어 게임 컨셉 아티스트의 세계로 떠나시길 바랍니다.

컨셉 아티스트들에게 유용한 사이트들

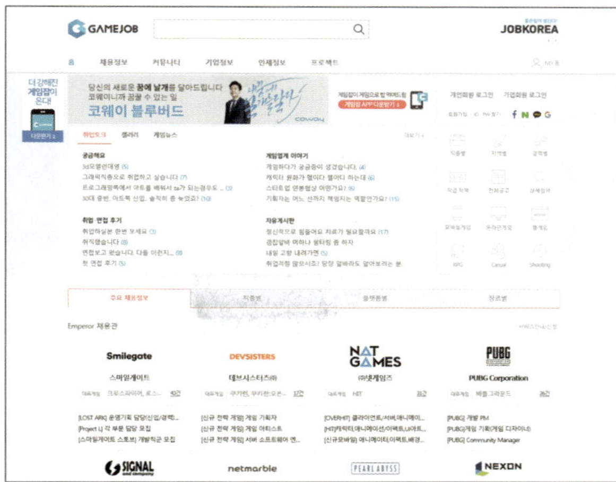

게임잡
gamejob.co.kr

국내 게임 취업 포털 사이트로 게임 업계의 취업 정보를 제공하고 취업자의 포트폴리오를 공유하는 사이트입니다.

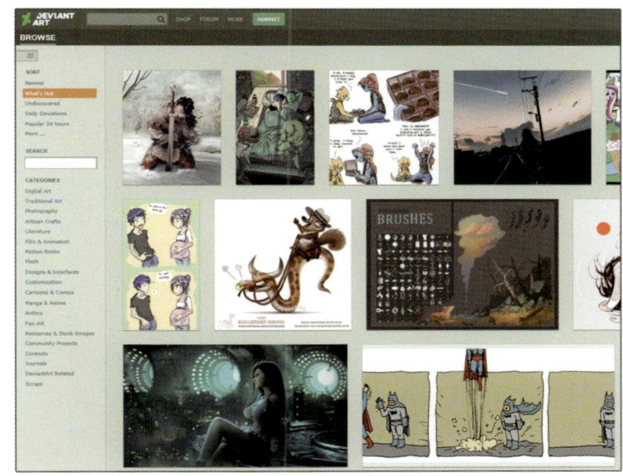

deviantART
deviantart.com

세계인들이 컨셉 아트 이미지를 공유하는 사이트입니다.

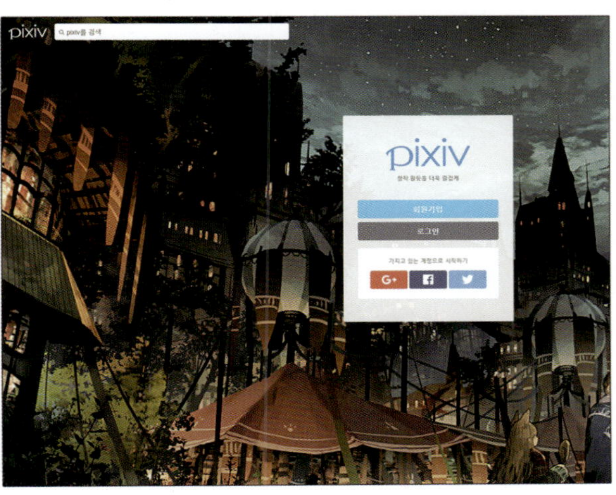

픽시브
pixiv.net

일본 컨셉 아트 커뮤니티이며 일본 컨셉 아티스트들의 작품을 감상할 수 있는 사이트입니다.

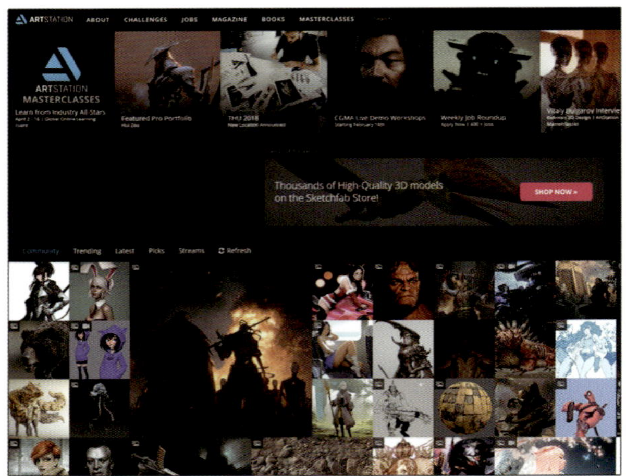

아트스테이션
artstation.com

국내 국외 컨셉 아티스트들의 작품을 감상할
수 있고 자신의 컨셉 아트를 등록할 수 있는
사이트입니다.

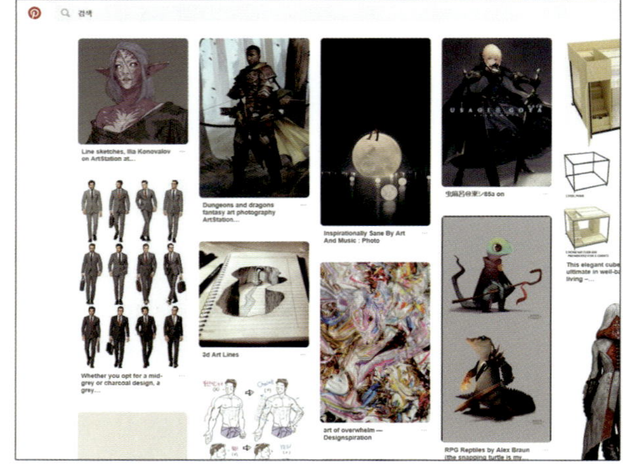

핀터레스트
pinterest.com

이미지 공유 사이트로 자신의 카테고리 설정
에 따라 다양한 이미지들을 정리하고 보관할
수 있습니다.

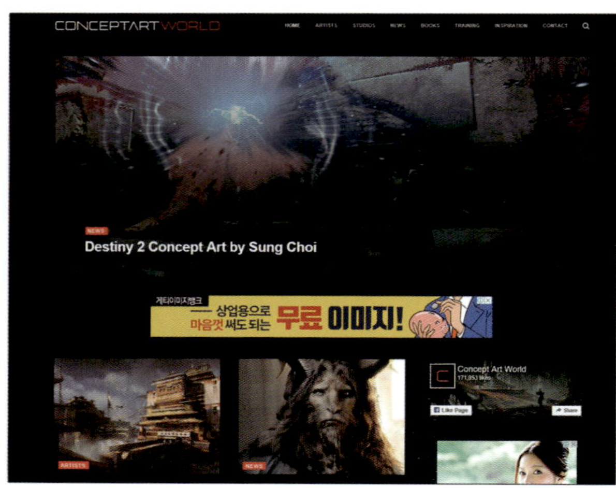

Concept Art World
conceptartworld.com

세계적인 컨셉 아티스트들의 시대적 트렌드
를 파악할 수 있도록 돋보이는 컨셉 아트를
소개하는 사이트입니다.

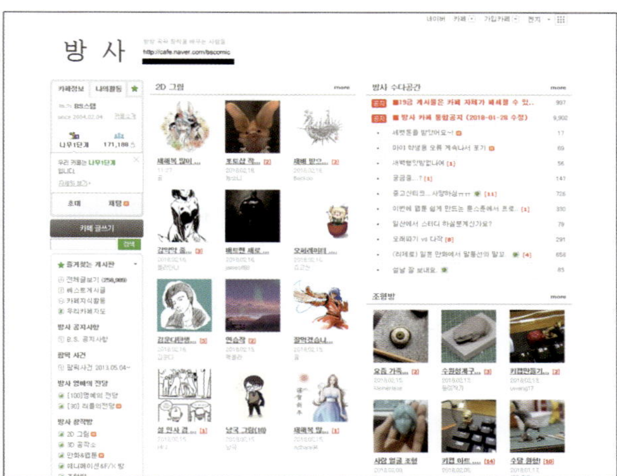

방사

cafe.naver.com/bscomic

국내 그림쟁이들의 가장 활발한 커뮤니티 사
이트입니다.

leewiART

leewiart.com

중화권 컨셉 아트들을 감상할 수 있는 커뮤
니티 사이트입니다.

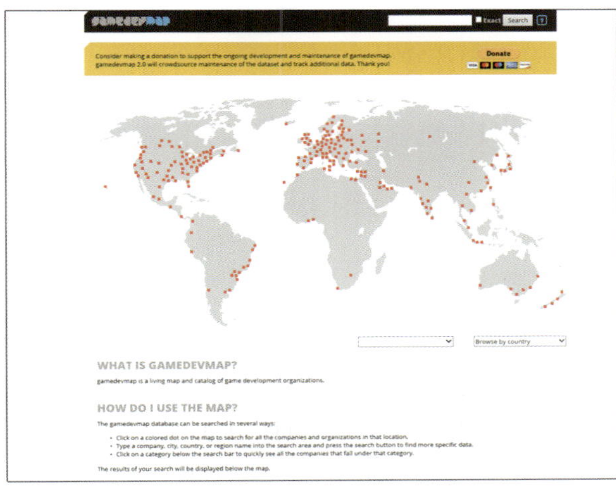

Gamedevmap

gamedevmap.com

전 세계 게임업체들의 위치와 홈페이지 등의
정보와 검색을 제공하는 사이트입니다.

필자의 끝인사

게임 그래픽은 항상 발전해 왔습니다.

초기의 콘솔시장을 이끌던 아타리 시절부터 닌텐도, 세가, 소니, 마이크로소프트의 비디오 콘솔 기기들을 거처 PC 패키지, 온라인, 모바일, 타블랫 기반의 기기들까지 플랫폼이 확장되며 게임 그래픽 기술들은 계속 발전해왔습니다.
그리고 지금은 가상현실(VR)과 증강현실(AR) 및 홀로그램 등의 발전으로 체감형으로 발전하고 있습니다. 이렇게 게임 발전에 정말 중요한 위치를 차지하는 게임 그래픽!

어찌 되었든 게임 그래픽은 발전할 것이며 그 기준점을 만들어나가는 게임 컨셉 아티스트들의 역량과 소질은 계속 중요한 역할일 것은 분명합니다.

앞으로 게임이 발전하며 어떤 형태를 취하든 그 게임의 컨셉과 디자인이 확실하지 않은 게임은 성공할 수 없습니다.

이 책을 구입하신 분들께서는 분명 게임 컨셉 아티스트가 되고 싶은 분들일 것입니다.
중요한 건 전체적인 방향성을 제시하는 게임 컨셉 아트 없인 게임은 탄생할 수 없습니다.

이 책을 구입해주신 그림을 그리시는 여러분,

자신감을 가지세요!
그리고 항상 노력하세요!

그림 그리는 소질은 타고나는 것이 결코 아닙니다.
자신이 단계적으로 자신의 소질과 역량을 만들어나가는 것입니다.

사람들은 무엇을 좋아할까?
생각하지 않은 사람은 결코 좋은 디자인을 할 수 없습니다.
필자 또한 아직 한참 모자른 그림쟁이일 뿐입니다.

여러분, 항상 생각하세요! 항상 노력하세요! 항상 그리세요!

다시 한 번 이 책을 구입해 주신 모든 분들께 감사드립니다.
끝으로 다들 하시는 일 모두 건승하시길 바랍니다!

게임 컨셉 아티스트
이준희 드림.

참고 문헌

온라인 게임 컨셉 아트에 대한 연구/ 송지원, 논문
게임 무기 컨셉 아트 단계적 방향성 제시 / 이준희, 논문
게임 컨셉 아트 디자인 북 / 안홍일 저, 한빛 미디어
디자이너'S PRO 게임 캐릭터 디자인 BY 포토샵 / 이명운 저, 길벗
게임 크리쳐 디자인 / 이대훈 저, 길벗
디지털 페인팅과 컨셉 아트 테크닉 / 미쉴돈즈 저, CGLand
컬러 앤 라이트 / 제임스거니 저, WWBOOKS
알기쉬운 크리에이티브 일러스트 / 앤드류 루미스 저, 이종문화사

IMAGE

anatomytools.com
dragons-crown.com
m.playwith.co.kr/ninesky/20180223
atlus-vanillaware.jp/osl
en.wikipedia.org/wiki/Grand_Knights_History
playstation.co.kr/psvita_portal/game/2945
live2d.com/en
ko.esotericsoftware.com
kocca.kr
wacom.com
gamejob.co.kr
deviantart.com
pixiv.net
artstation.com
pinterest.com
conceptartworld.com
gamedevmap.com
leewiart.com
cafe.naver.com/bscomic
khgames.co.kr
fengzhudesign.com/about.html
pixabay.com
zygotebody.com
iamag.co/features/character-design-collection-arms-anatomy
instiz.net/pt/780740
feral-workshop.deviantart.com
ko.aliexpress.com
goo.gl/g8J7CK
goo.gl/5yz3dS
goo.gl/aa9BU9
goo.gl/9dWQmQ
goo.gl/uhmbsr

GAME CONCEPT ART
DIGITAL BRUSH TUTORIAL
[게임 컨셉 아트 디지털 브러시 튜토리얼]

1판 1쇄 인쇄 2018년 4월 15일   **1판 1쇄 발행** 2018년 4월 20일
1판 2쇄 인쇄 2023년 3월 15일   **1판 2쇄 발행** 2023년 3월 20일

—

지 은 이 이준희
발 행 인 이미옥
발 행 처 디지털북스
정   가 30,000원
등 록 일 1999년 9월 3일
등록번호 220-90-18139
주   소 (03979) 서울 마포구 성미산로 23길 72(연남동)
전화번호 (02)447-3157~8
팩스번호 (02)447-3159

—

ISBN 978-89-6088-228-7 (13000)
D-18-10

DIGITAL BOOKS
디지털북스

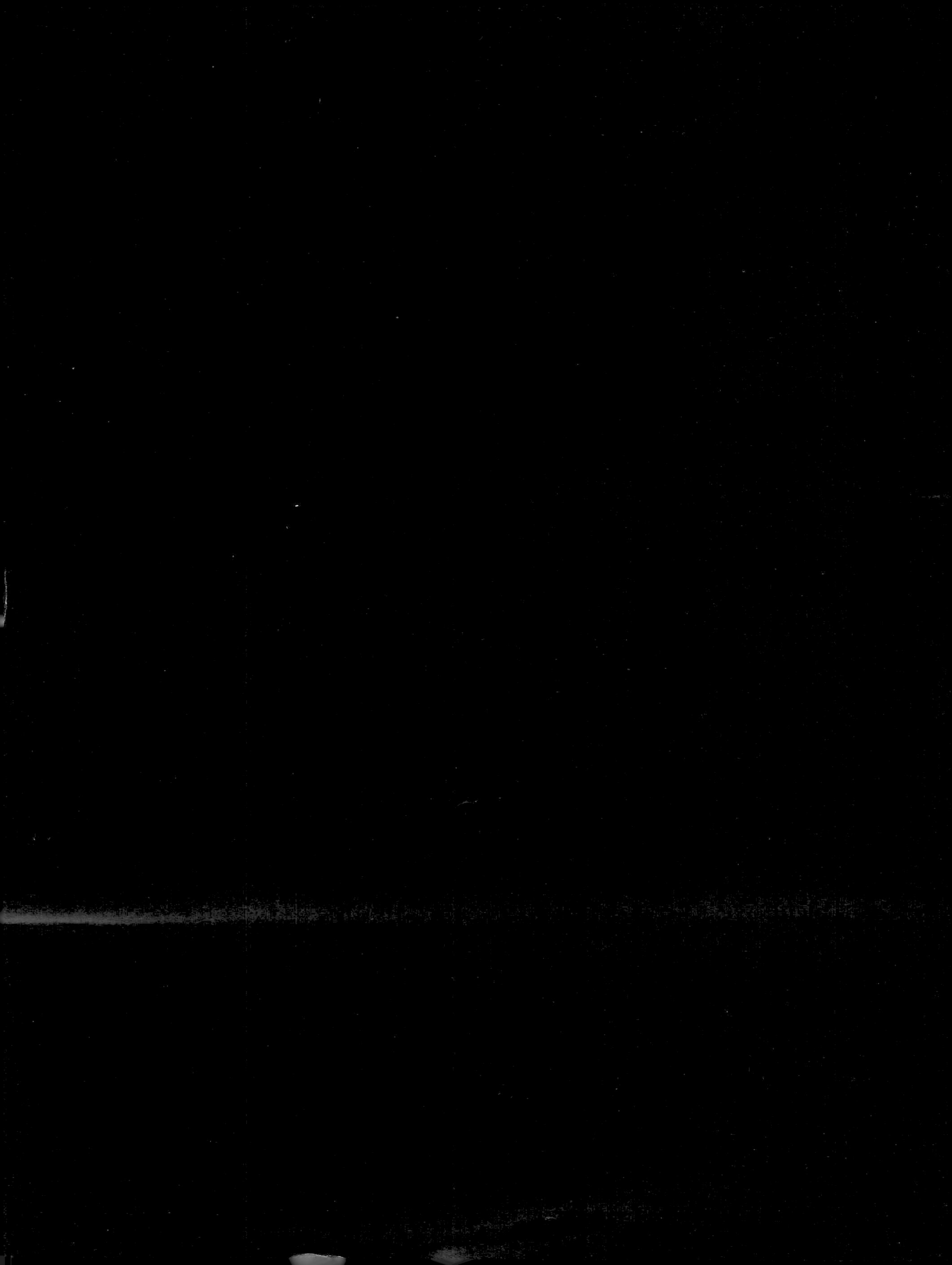